Listen to PAT METHENY

74 → 17

パット・メセニーを聴け！

堀埜浩二 KOJI HORINO

Bricoleur Publishing

はじめに

1980年代以降のジャズ界において最も影響力のある人物として、パット・メセニーの名を挙げることについては、ジャズ・リスナーの皆さんには概ね同意していただけることかと思う。'50年代から「ジャズの帝王」として君臨していたマイルス・デイヴィスが鬼籍に入ったのが1991年の9月。この段階で、'70〜'80年代に絶大な影響力を誇ったウェザー・リポートは既に解散しており（1986年）、マイルスの死をもって「ジャズの行方を提示し得るアーティスト」の地位はパット・メセニーに禅譲された、というのが筆者の見立てである。もちろんマイルスと同時代に活躍したジャズ・ジャイアンツたち、即ちジョー・ザヴィヌル、ウェイン・ショーター、ハービー・ハンコック、チック・コリア、キース・ジャレット、ジョン・マクラフリン等はマイルスの死後も精力的に活動、2007年に天に召されたザヴィヌル以外は、今なお現役だ。しかしながら年齢的にはいつ現役を終えてもおかしくないし、音楽的な影響力やライヴにおける動員についても、もはやメセニーのそれには及ばない。2000年代になってからは、ブラッド・メルドー（1970年生）やヴィジェイ・アイヤー（1971年生）、ロバート・グラスパー（1978年生）らピアノ&キーボード勢、クリス・ポッター（1971年生）やアンブローズ・アキンムシーレ（1982年生）ら管楽器勢、マーク・ジュリアナ（1980年生）やクリス・デイヴ（1973年生）らドラムス勢、サンダーキャット（1984年生）やマイケル・リーグ（1984年生）らベース勢、そしてジュリアン・レイジ（1987年生）やニア・フェルダー（1982年生）らギター勢など、「メセニー以降」の気鋭たちがジャズ界に新たな刺激と興奮をもたらしてくれてはいるが、その大衆性において、メセニーが20代で獲得した成功には遠く及ばない。こうした状況を受けて「ジャズは終わった、ジャズは死んだ」、すなわちクラシックのように伝統音楽として鑑賞されることはあっても、音楽的な進化については期待できないとする言説も散見できるが、いつの時代にも「○○は終わった、死んだ」等とすることであっさりと思考停止してしまう者が一定数いるのは、つくづく残念なことである。そのような言葉の先に、未来を積極的に照射するサムシングを見出すことは困難なのだから。

　そろそろこのあたりで、「いやいや、メセニーはジャズではなく、フュージョンではないか」との声も聞こえてきそうだが、それは正鵠を射ていない。メセニー本人の意識の中では、彼が発表しているアルバムは「インプロヴィゼーションという点では全てジャズという同じカテゴリーに入るもの」であり、「トラディショナルかトラディショナルではないかはジャズを定義する要素ではない」ということになる。この点、同時代に生きてきた筆者は、全面的に彼の意見に同意する。メセニーがデビューした'70年代の半ばには「フュージョン」という言葉は存在せず、「ジャズ・ロック」や「クロスオーバー」といった表現が適用されており、ミュージシャンの軸足がジャズ側にあれロック側にあれ、そこには「新たな音楽への希求」についての凄まじいエネルギーが感じられたものだった。「フュージョン」はその音楽的な熱量を希釈し、より商業的に扱うための「後付けの言葉」であり、いつしか創造性よりも「お洒落さ・快適さ・耳触りの良さ」が重視され、現在の「スムーズ・ジャズ」に繋がっていったとして、大きな間違いはないだろう。「スムーズ・ジャズ」においては、音楽的なチャレンジやイマジネイティヴなインプロヴィゼイションは退けられ、心地よいバックビートと多少のテンションコードによる「大人のBGM」こそが求められる。故に、その代表的なアーティストであるケニーGとその愚行――1999年のアルバム『クラシックス～キー・オブ・ケニー・G』でルイ・アームストロングの名曲『この素晴らしき世界』に自身のサックスをオーバー・ダブし、ヒットさせた――についてメセニーは、「即興音楽を前向きにやろうとする人間に対する冒涜」であると激しく批難している（2000年頃、ポーランドのテレビ・インタビューで発言。その一部が動画サイトに投稿されて物議を醸した。経緯についてはウェブサイトJAZZ OASIS.COMに詳しい。またメセニー本人のウェブサイトのフォーラムでも、数度に渡ってトピックとされている）。事情は異なるが、ジョージ・ウィンストンら一連のヒーリング＆ニューエイジ系のアーティストが「新しい音楽分野」として注目され始めた頃、キース・ジャレットが彼のソロ・コンサートにおける演奏からのそれらの音楽への影響について問われた際に、「あのような創造性のない音楽と一緒にされては困る」的なことを語っていたと記憶するが、そうしたキース・ジャレットやメセニー等の「即興音楽への敬意」こそが、ジャズという音楽の根幹を成すものであるということを忘れてはならない。

また一方では、「メセニーはジャズというより、メセニーという音楽ジャンルを築いた」というようなことをあたかも褒め言葉のように浮き足立って使う者もいるが、これも先の「ジャズは○○で終わった・死んだ」という言説を言い変えているだけで、その中身は空疎極まりない。例えば「マイルスは、マイルスという一つのジャンルである」というような表現で、一体何を語っているつもりになっているのだろう。それらは端的に、ジャズという音楽の可能性を軽んじ、このジャンルの「次なるスリル」の芽を摘んでいることにはならないだろうか。あえてここまで言及するのは、筆者は長年音楽を愛してきた者として、「音楽について語る言葉は、次なる創造に向けての捧げ物であるべきである」と大真面目に考えているからである。

20以上のグラミー賞を獲得し、発表したアルバムは高い完成度をキープし続け、ジャズ・チャートのトップを飾り、その次なる動向が常に注目されるようなアーティストとして、パット・メセニーは40余年の間、休むことなく現役として活躍している。極めてストイックかつ意識的に、「ジャズという音楽を進化させること」に人生を捧げてきた彼の作品を鳥瞰できるような書籍が、雑誌や学習者のための楽譜集以外では我が国に存在しなかったことは、彼の日本での人気を考えてみれば不思議なことではある(その一因としてアルバムを発表するタイミングでさまざまなメディアにメセニーのインタビュー記事が掲載され、メセニー自身の言葉で明晰に語られていたから、という事情も大きいとは思われる)。

一昨年の春に本書と同じ出版元から上梓した拙書『ももクロを聴け!』は、ももいろクローバーZ

の「音楽の素晴らしさ」についてきちんと書いてくれる人が誰もいなかったので、筆者が「自分が読みたいと思うものを書いた」という1冊であった。今回もそれと筆者の動機は全く同じであり、本書はメセニーの音楽を通史的に味わうための1冊として構想している。

筆者のスタイルとして、音楽の中身に入っていくために一部で楽曲のキー（主調）や転調、コード進行、楽器の奏法、その他の音楽的な解説が加わることがあるが、あまり実学的な意味合いで触れているつもりはない。あくまで一歩踏み込んで聴く際の参考になれば、という程度である。故に、その手の分析に興味のない方は読み飛ばしてもらっても構わない。なお調性やコード進行の表記については、*PAT METHENY SONG BOOK* や *THE PAT METHENY REAL BOOK*（共に*HAL・LEONARD CORPORATION*）に概ね準じている。このような「本人監修の楽曲の楽譜集」がオフィシャルに発売されていることは、ジャズ、特に作曲を志す学習者にとっては僥倖《ぎょうこう》だろうし、決して安い本ではないが強くお勧めしておく。

なお実際に楽曲をリスニングする際には、できればスピーカーで、可能な限りの大音量で聴くことも重要である。メセニーの音楽世界を十全に理解するためには、その優れた録音による空間設計を正確に知ることが必要になるということも、心得ていただきたい。

それでは、1人のジャズ・アーティストによる40余年の音楽の旅。どうぞ最後までのんびりとお付き合いください。

CONTENTS
目次

CONTENTS
目次

Listen to PAT METHENY

74→17

パット・メセニーを聴け！

堀埜浩二 KOJI HORINO

※収録しているディスクは、パット・メセニーの重要なディスコグラフィーと著者が選定したものであり、必ずしもパット・メセニーの参加作品の全てを採り上げているわけではありません。
※紹介順は基本、アルバムのリリース順ではなく、レコーディングの日付を優先しています。
※掲載しているディスクは概ねオリジナル盤を採り上げていますが、一部、例外もあります。
※タイトル等の表記については、日本盤がリリースされているものはできるかぎり日本盤のタイトルを併記していますが、輸入盤についてはその限りではありません。
※本文中に出てくるアルバム・タイトル、並びにアーティスト名は、日本盤がリリースされているものは日本盤のタイトルを、アーティスト名はカナ表記にしていますが、日本盤が未リリースの作品、アーティストは原題で表記しています。
※各アルバム収録曲の収録時間は、本書制作時の実音時間を元にしていますので、ジャケット等に表記されたものと異なる場合があります。
※パット・メセニー自身のソロ、共作、グループ作品以外の、他のアーティストの作品への参加作については、基本的にはメセニーが参加している曲のみを採り上げています（曲名と参加ミュージシャンのクレジットも同じ）。
※本文中の＊印は、本文末に注釈を記載しています。
※多くの場合、パット・メセニーは単に「メセニー」、パット・メセニー・グループは「PMG」と表記。その他の人名や楽器の名称等の表記は、ジャケット等のクレジット表記に準じています。

メセニーがメセニーになるまで

ディスクガイドを始める前に、まずはメセニーのデビューまでの経緯を確認しておこう。

パット・メセニー（PATRICK BRUCE METHENY）は1954年8月12日、アメリカはミズーリ州リーズ・サミットのユニティ・ヴィレッジに生まれている。同地はアメリカ中部の小さな町だが、ミズーリ州最大の都市であるカンザスシティに近接していることが、メセニーの初期のキャリア形成に大きく影響する。母方の祖父がプロのトランペッターで、父親もトランペッター、母親は歌手という音楽一家に生まれたため、5歳長兄のマイク・メセニー[*1]の指導の下で8歳からトランペットを始める。メセニーがギターに惹かれたきっかけは、まず9歳の頃に友人宅でエレクトリック・ギターを見せられたことが大きい。'60年代の当地でエレクトリック・ギターを目にすることは稀であり、その赤く輝くギター（友人の父の持ち物だった）の美しさに魅せられた彼は、ほどなく同世代の多くのティーンエイジャー同様に、『エド・サリバン・ショー』に出演したビートルズに影響され、両親に「ギターを買ってほしい」と懇願するが、「それは悪魔に魂を売ることだ」と断られる。その後、11歳の時のクリスマスプレゼントが「自分のお金でならエレキを買っても良い、という許可だった」というエピソードからは、当時のメセニー家の雰囲気も伺える。その時、彼の持っていた予算は60ドルだったが、75ドルで売られていたギブソンのES-140（ホロウボディ）を父親が値切ってくれたおかげで、最初のギターを無事に手に入れることができた。しかしこのギターは祖父に会うために家族で飛行機に乗った際に荷物として預けたところ、ケースの中でバラバラになってしまった。幸い航空会社が弁償してくれたお金で、今度はフェンダーのムスタング（ソリッドボディ）を購入するのだが、これがあまり自分には合っていないと感じ再び父親に相談して売却し、代わりに念願のギブソンES-175（ホロウボディ）を手

序

にする。[*2] 以上より、メセニーはまずもってホロウボディのエレクトリック・ギター、つまり「ジャズギターのサウンド」からスタートしたことを、指摘しておきたい。

メセニーの最初のギター・アイドルは、ウェス・モンゴメリーだった。兄のマイクから、マイルス・デイヴィスの『フォア・アンド・モア』を聴かされてバットで殴られたような衝撃を受けて即座に「ジャズという音楽」に魅せられた後、今度はウェスの『ハーフノートのウェス・モンゴメリーとウィントン・ケリー・トリオ』でジャズ・ギターの洗礼を受ける。この2枚のアルバムがいずれもライヴ・レコーディングだったことは、決して偶然ではない。彼がジャズに魅せられた大きな理由は、両ライヴ盤における「インプロヴィゼイションの熱量と興奮」にこそあった。1968年、13歳のメセニーはカンザスシティ・ジャズ・フェスティバルでウェス本人にも会い、しばらくはウェスのクローンのようなプレイをしていたという。ウェスのプレイの直接的な影響については本文中でも触れるが、ここではビートルズ、マイルス・デイヴィス、ウェス・モンゴメリーの3者がメセニー初期の直接的なルーツであり、そこに彼の家族が敬愛していたグレン・ミラーの音楽や、故郷で自然と耳にしたカントリー・ミュージックなどの要素が加わっていくわけだ。

さて、カンザスシティはレスター・ヤング所縁[*3]の地であるが、当地でジャズをプレイするということは、ビバップについて多くを学ぶことでもあった。15歳でオルガン・トリオに入って活躍していたメセニーは、ダウン・ビート・マガジンのスカラーシップを得て1週間のジャズ・キャンプに参加し、ハンガリー出身のギタリストであるアッティラ・ゾラーに出会う。独学でギターを学んできたメセニーにとって、ゾラーは最初に学んだプロフェッショナルな先生であった。そのゾラーはジム・ホールとロン・カーターを観るべきだと、メセニーをニューヨークに招いている。この頃にはメセニーの興味の対象は、オーネット・コールマンやジョン・コルトレーン等のサックスプレイヤー、ビル・エヴァンスやハービー・ハンコック、マッコイ・タイナー等のピアニスト、そしてマイルスはもちろん、フレディ・ハバードやクリフォード・ブラウン等のトランペッターへと広がっており、ハードバップからモード、フリーへと目まぐるしく駆け抜けていった当時のジャズの息吹をたっぷりと味わっていた。そしてこの段階で、トランペットやサックスといったブレスが必要である管楽器の「息遣い」の重要性を認識していたことも、メセニーがメセニーとなるための大きなポイントであった。彼が影響を受けたとする3枚のギター・アルバム、ウェスの前述のアルバムと『ダウン・ヒア・オン・ザ・グラウンド』、ケニー・バレルの『ブルース：ザ・コモン・グラウンド』は、全てウェスとケニーのホーンライクなプレイに満ちたものだ。その先にジム・ホールのよりモダンなハーモニーや、ラリー・コリエルの「何でもアリな過剰さ」をプロットすると、メセニーのプレイ・スタイルが浮かび上がってくるだろう。そのラリー・コリエルが在籍していたゲイリー・バートンのグループのサウンドにこれまでのジャズにはない新たな可能性を感じ、メセニーはアメリカ中西部出身の自分が奏でるべき「オリジナルなジャズ」の原型を見い出す。

18歳になってカンザスシティのクラヴでプレイしていたメセニーに瞠目《どうもく》したのは、マイアミ音楽大学の学部長のビル・リー[*4]だった。ビルはメセニーにスカラーシップを与えフロリダ州のマイアミに迎えて同校に入学させるが、程なく彼を新設したエレクトリック・ギター科の講師とした。ここでメセニーは、ジャコ・パストリアス、マーク・イーガン、ダン・ゴットリーブ、ウィル・リー、ハイラム・ブロック[*5]、スティーヴ・モーズ[*6]らに出会っている。そして1973年、カンザス州のウィチタのジャズ・フェスティバルにゲストとして迎えられ

序

たメセニーは、同フェスティバルに出演することが決定していたゲイリー・バートンとの共演を目的に、マイアミからカンザスへとバスで向かったのだったから、なんというアグレッシヴさなのか。

バートンに出会ったメセニーはさっそく、「僕はあなたのバンドの曲なら、全てプレイできます」と自らを売り込む。バートンも最初は疑心暗鬼だったが（当時は最先端であったバートンの音楽を、学生が簡単にプレイできるとは思えなかったのだろう）、メセニーがWALTER Lという曲名を挙げたので、その疑念はたちまち払拭。同じステージに立って大いに感銘を受ける。そしてメセニーに、バートンの拠点であり、よりハイレベルなミュージシャンと共演できるボストンに移ることを提案するのだった。以降の歩みについては、バートンとの共演盤『リング』（→P18）から、追っていくことにしよう。

＊1／マイク・メセニーは1949年、ミズーリ州リーズ・サミット出身のトランペッター。マイク・メセニーが参加したアルバム『シークレット・ストーリー』はP116。

＊2／メセニー初期のギターの変遷については、2015年『Vintage Guitar® magazine』におけるDan Forteによるパット・メセニーへのインタビュー記事より。

＊3／1909年、ミシシッピ州出身のサックス&クラリネット・プレイヤー。カウント・ベイシー楽団のメンバーとして活躍。ベイシー楽団のスター・プレイヤーとして後進に多大な影響を与えている。1959年没。

＊4／1929年、テキサス州出身のピアニスト、作・編曲家。セッション・ベーシストとして高名なウィル・リーの父親。

＊5／1955年、大阪府堺市生まれのギタリスト。2歳でアメリカへ移り、マイアミ音楽大学時代にメセニーに学ぶ。ニューヨークに進出後はボブ・ジェームス、ディヴィッド・サンボーン、マーカス・ミラー等と共演。2008年没。

＊6／1954年、オハイオ州出身のギタリスト。マイアミ音楽大学で学んだ後、ディキシー・ドレッグスを結成し、カントリー風味を加えたジャズ・ロックで高く評価される。現在はディープ・パープルのギタリストとして活動。メセニーはマイアミに移った初日に彼のプレイを、2日目にジャコ・パストリアスのプレイを見て、心臓が止まるかと思う程のショックを受け、リーズ・サミットに帰りたくなった、と自らのウェブサイトのフォーラムで語っている。

JACO PASTORIUS/
PAT METHENY/
BRUCE DITMAS/PAUL BLEY

1974

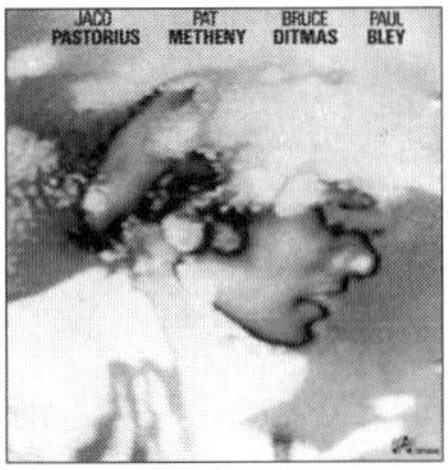

① VASHKAR 9:55
② POCONOS 1:00
③ DONKEY 6:28
④ VAMPIRA 7:15
⑤ OVERTONED 1:04
⑥ JACO 3:45
⑦ BATTERIE 5:12
⑧ KING KORN 0:29
⑨ BLOOD 1:28

①・③・⑤・⑦・⑧ by Carla Bley,
②・④・⑥ by Paul Bley,
⑨ by Annette Peacock
Improvising Artists

□ 1974 年 6 月 16 日録音
□ プロデューサー：ポール・ブレイ
□ 録音スタジオ：ブルー・ロック・スタジオ
（アメリカ、ニューヨーク）
□ レコーディング・エンジニア：ジャン・ラッスバン
□ ミキシング・エンジニア：デビッド・ベーカー
□ 参加ミュージシャン
ジャコ・パストリアス：エレクトリック・ベース
パット・メセニー：エレクトリック・ギター
ブルース・ディトマス：ドラムス
ポール・ブレイ：エレクトリック・ピアノ

ジャズロックするメセニーが微笑ましい非公式作

本作を取り上げるかどうかについては、それなりに迷った。というのは、メセニーのオフィシャルなレコーディング・デビューはあくまで次掲のゲイリー・バートン・クインテットの『リング』であり、本作はいわばスタジオ・リハーサルであり、アルバムとしての発表を前提とはしていなかったからだ。発売元のレーベル「インプロヴァイジング・アーティスツ」はポール・ブレイ[*1]が立ち上げたレーベルで、同レーベルからはブレイ自身のアルバムの他に、サム・リヴァースやリー・コニッツ、スティーヴ・レイシー、サン・ラ等のアルバムがリリースされていることから、そのレーベル・カラーが読み取れよう。当時、既にポール・ブレイはソロ・アーティストとしてジャズ界の先端におり、無名時代のジャコ・パストリアスとメセニーからすると「尊敬する先輩から誘われた」ということで、ライヴやレコーディングへの参加を断る理由はなかった。このメンバーでニューヨークのグリニッジ・ビレッジで1カ月に渡ってギグを行い、その合間にリハーサルが録音されていた。故に本作をレコーディング・デビューとされるのは、ジャコパスとメセニーにとっては不本意に違いない。実際に演奏されている音楽についても、2人のキャリアの中で重要なものではないし、「幻の名盤」では金輪際ない。あくまで1974年時点での「ジャコパスとメセニーの成熟度の違い」を知る上での資料として、またカーラ・ブレイによる楽曲があるので、取り上げる意味が無くはない……と判断した。

そのカーラ・ブレイによる①から、アルバムはスタート。ジャコパスのベースとポール・ブレイのエレピ（フェンダー・ローズ）がドヨ～ンと一撃。すかさずブルース・ディトマスのハイハットがスペイシーに斬り込むこのムードは、明らかにマイルス・デイヴィスの『イン・ア・サイレント・ウェイ』*2を意識したもの。ここにメセニーがワウギターで漂うのだが、ラリー・コリエル*3的なトーンとプレイが微笑ましい。つまりこの段階では、メセニーの個性は未だ確立されていなかった、ということ。一方でジャコパスは既にして「ジャコパスたるサウンド」を放っており、アップテンポになる3分50秒あたりからは完全にそれとわかるフレーズが登場する。ここからメセニーも熱くなっていき、5分45秒あたりで繰り出すアトーナル《無調》なフレーズは、僅かに手探り感があるもののメセニーらしいものだ。同じくカーラによる③では前衛風味の4ビートでスウィングするメセニーのソロが聴けるのだが、3分40秒あたりからの3連符にメセニー的なフレーズが聴かれる。しかしながらギター・サウンドそのものは「メセニー固有の音」ではない。メセニーがメセニーになった理由の一つにそのギター・サウンドがあるが、それが確立されていない時点の音が確認できるところに、このアルバムの最大の価値がある。

＊1／1932年11月生まれ、カナダのモントリオール出身のピアニスト。耽美的なプレイからフリー、シンセサイザーの導入まで幅広い試みで、キース・ジャレットにも影響を与えたとされる。1972年のアルバム『オープン、トゥ・ラヴ』はメセニーのフェイバリット。2016年没。
＊2／1968年リリース、所謂「エレクトリック・マイルス」初期の代表作の一つ。ギターにはジョン・マクラフリンが参加。
＊3／1943年4月、テキサス州出身のギタリスト。ジャズにロックやカントリーの要素を取り入れたフュージョン・ギターの創始者的な存在で、ゲイリー・バートンのグループではメセニーの先輩にあたる。2017年2月没。

RING
THE GARY BURTON QUINTET
WITH EBERHARD WEBER

1974

『リング』
ゲイリー・バートン・クインテット

① MEVLEVIA 6:02
② UNFINISHED SYMPATHY 3:05
③ TUNNEL OF LOVE 5:34
④ INTRUDE 4:53
⑤ SILENT SPRING 10:36
⑥ THE COLOURS OF CHLOE 7:13

① by Mick Goodrick, ②・③・④ by Mike Gibbs,
⑤ by Carla Bley, ⑥ by Eberhard Weber
ECM Records

□ 1974年7月録音
□ プロデューサー：マンフレート・アイヒャー
□ 録音スタジオ：トンスタジオ・バウアー
（ドイツ、ルートヴィヒスブルク）
□ チーフエンジニア：マルティン・ヴィーラント
□ 参加ミュージシャン
ゲイリー・バートン：ヴィブラハープ
ミック・グッドリック：ギター
パット・メセニー：ギター、エレクトリック12弦ギター
スティーヴ・スワロー：ベース
ボブ・モーゼズ：パーカッション
エバーハルト・ウェーバー：ベース

PMGサウンドの原型が聴ける重要作

ゲイリー・バートンのアドバイスでボストンに移り、彼の根回しにより19歳にしてバークリー音楽大学の講師となったメセニーだが、即座にバートンのバンドに加入したわけではなかった。バートンのバンドは、ミック・グッドリック[*1]という当時のボストンではベストのギタリストを抱えていたからだ。グッドリックを迎えた1973年のアルバム『マレット・マン』[*2]は、チック・コリアやキース・ジャレット、カーラ・ブレイ等の楽曲が、若き日のエイブラハム・ラボリエルのベースを加えたアンサンブルによって弾ける、ポップ感覚と芸術性が高レベルで融合した充実作であった。ボストンに進出後、野心家のメセニーは自ら売り込んでクラヴでのギグを行うようになっていたが、グッドリックともたびたび共演。そのプレイに大いなる刺激を受けつつ、「いつバートンのバンド

に入れてもらえるのか」と考えていた。そんなある日、メセニーが楽器店でエレクトリック12弦ギター（フェンダーのコロナドⅫ）を発見。そのサウンドを耳にしたバートンは、「これだ！」とばかりにメセニーをセカンド・ギタリストに迎えてクインテット編成とし、本作をレコーディングする。おそらくバートンはエレクトリック12弦ギター特有の「音の揺らぎ」による、ドラッギーな効果に着目したのだろう。それはマイク・ギブスやカーラ・ブレイといった新感覚のジャズ作曲家による、当時のバートン・グループのレパートリーが要請するものだった。

①はグッドリックによる幻想的な楽曲。バートンのヴァイブを中央に、右チャンネルに淡々とアルペジオを弾くメセニーと気ままに泳ぐエバーハルト・ウェーバーのベースを、左チャンネルにテーマを奏でるグッドリックとボトムを支えるスティーヴ・スワローのベースを配し、ボブ・モーゼズはドラムスでカラーリングを行う。12弦ギターの効果が早くも現れているが、更に面白いのは②。明らかにマハヴィシュヌ・オーケストラの『ミーティング・オブ・ザ・スピリット』を意識した作品で、グッドリックのプレイも心なしかジョン・マクラフリン風味に。アブストラクトなテーマを持つ③は、ウェーバーのフィーチャリング・ナンバー。5弦エレクトリック・アップライトベース独特のサウンドがミステリアスに響く。ここまでメセニーはアンサンブルに加わるのみだったが、グッドリックが抜ける④で、モーゼズと共に遂に大フィーチャーされる。前半の2分33秒までがモーゼズによるイマジネイティヴなドラムソロ、後半はメセニーの多重録音による展開で、左右チャンネルで自由に飛翔するフレーズに既に「メセニーらしさ」が現れている。オリエンタル情緒がユニークな⑤で再びアンサンブルに徹するが、ウェーバーの代表曲⑥はPMGの原型のような組曲的作品。グッドリックのソロも絶好調で、ウェーバーやグッドリックがメセニーに与えた影響がいかに大きかったかがわかる好例だろう。

＊1／1945年6月、ペンシルバニア州出身のギタリスト。教育者としても高名で、バークリー音楽大学でビル・フリゼールやジョン・スコフィールド、マイク・スターン等を育てている。
＊2／1947年7月、メキシコシティ出身のベーシスト。クラシック・ギターを学んでいたが、バークリー音楽大学に入ってからベースにスイッチ。腕利きのセッション・ミュージシャンとして、ポップスからジャズ、フュージョンまで、膨大な参加作品リストを誇る。

DREAMS SO REAL
MUSIC OF CARLA BLEY
GARY BURTON QUINTET

1976

『ゲイリー・バートン・プレイズ・カーラ・ブレイ』
ゲイリー・バートン・クインテット

① DREAMS SO REAL 6:19
② ICTUS/SYNDROME 10:23
③ JESUS MARIA 3:44
④ VOX HUMANA 7:00
⑤ DOCTOR 4:13
⑥ INTERMISSION MUSIC 6:29

All music by Carla Bley
ECM Records

□1975年12月録音
□プロデューサー：マンフレート・アイヒャー
□録音スタジオ：トンスタジオ・バウアー
（ドイツ、ルートヴィヒスブルク）
□チーフエンジニア：マルティン・ヴィーラント
□参加ミュージシャン
ゲイリー・バートン：ヴィブラフォン
ミック・グッドリック：ギター
パット・メセニー：エレクトリック12弦ギター
スティーヴ・スワロー：ベース
ボブ・モーゼズ：ドラムス

初期メセニーの鮮やかなスキルが堪能できる名盤

タイトルが示す通り、才媛カーラ・ブレイ[*1]の作品集。ゲイリー・バートン自身は作曲ができないわけではないのだが、若い作曲家を積極的に起用することで、自らが刺激を受けながらジャズという音楽の「新たな風景」を創造し続けた。カーラやマイク・ギブスの「複雑だがどこか既視感のあるユニークな作品」をバートンが採り上げなかったら、現在のジャズの風景は随分と変わったものになっていただろう。バートンがカーラの楽曲だけでアルバムを録音するのは1969年の『葬送』に続いて本作で2枚目になるが、その『葬送』ではラリー・コリエルがフィーチャーされ、お得意のコリエル節をゴリゴリと炸裂させていた。本作ではメセニーとミック・グッドリックの2ギターに取って代わるが、なんと言っても耳を惹くのはメセニーの急成長である。前作ではたったの1曲しかメセニーのソロはフィーチャーされていなかったが、ここでは②・⑤・⑥の3曲でソロを任され、グッドリックの出番はかなり減っている（その理由については後述する）。

タイトル通りにドリーミーな①で和んだところに、ガツンとヴァイブとドラムスがユニゾンでテーマを奏でる②が放たれる。バートンのソロも縦横無尽だが、そのバックで高速4ビートを刻むスワローがあまりにも強力。再びのテーマの後、テンポを少し落とした変形ブルースSYNDROMEへとメドレーで移行。ここではメセニーが快調にスウィングする。お得意の3連符フレーズも頻出し、高音部での「泣きの半音チョーキング」も登場。プレイ内容そのものは完全に「初期メセニーのサウンド」になっている。8分40秒あたりからグッドリックのソロも登場するが、メセニーとのコントラストを意識して、抽象的なフレーズを不埒に撒き散らす。③はバートンのヴァイブによる完全ソロの美しいバラード。④はバンド全員によるドラッギーなバラードだが、カーラも含め、当時は皆さん相当にキメていたはず。そんな中、唯一ドラッグには手を出さなかったのがメセニーで、バートンは「個人的に知るミュージシャンで、ドラッグやアルコールに手を出さなかったのはキース・ジャレットとメセニーだけ」と述べている。[＊2]

⑤もカーラお得意の変形ブルースで、リズムも変形4ビートとしてスウィング感を抑制、その上でメセニーが繰り広げるソロはオーネット・コールマンの影響を強く感じさせるもので、その芸風の広さに驚くほかない。ラストの⑥は浮遊感のあるコード進行のジャズワルツで、3分9秒から登場するメセニーのソロは、バートンに引けを取らないイマジネイティヴなもの。短いモチーフを発展させながらも3連符やダブルストップを効果的に散りばめ、見事にストーリーを描いている。数あるバートンのアルバム中、真の名盤といえる必聴の1枚だ。

＊1／1936年5月、カリフォルニア州出身の作曲家、ピアニスト、オルガニスト。1957年にポール・ブレイと結婚した頃から、ポスト・バップを代表するジャズ作曲家として頭角を現わす。現在の伴侶はスティーヴ・スワローで、近年はアンディ・シェパードのサックスを迎えたトリオで室内楽的な作品を発表。

＊2／『ゲイリー・バートン自伝』（論創社・2017）、309。

BRIGHT SIZE LIFE
PAT METHENY

1976

『ブライト・サイズ・ライフ』
パット・メセニー

① BRIGHT SIZE LIFE　4:45
② SIRABHORN　5:27
③ UNITY VILLAGE　3:38
④ MISSOURI UNCOMPROMISED　4:13
⑤ MIDWESTERN NIGHTS DREAM　6:00
⑥ UNQUITY ROAD　3:36
⑦ OMAHA CELEBRATION　4:17
⑧ ROUND TRIP/BROADWAY BLUES　4:58

All music by Pat Metheny
Except Tracks ⑧ by Ornette Coleman
ECM Record

□ 1975年12月録音
□ プロデューサー：マンフレート・アイヒャー
□ 録音スタジオ：トンスタジオ・バウアー
（ドイツ、ルートヴィヒスブルク）
□ チーフエンジニア：マルティン・ヴィーラント
□ 参加ミュージシャン
パット・メセニー：
6弦ギター、エレクトリック12弦ギター
ジャコ・パストリアス：フレットレスベース
ボブ・モーゼズ：ドラムス

メセニーの「名盤数え唄」の始まりを告げるデビュー作

本作はメセニーの初リーダー作だが、「デビュー作」と呼ぶ方が、むしろ適切かと思う。弱冠21歳のメセニーがここで繰り広げた音楽のスケールやイマジネーションは、既にしてバートン・グループのそれを超えているし、ギタープレイの面でも、サウンド並びにフレーズ的に「現在に繋がるメセニーのスタイル」を確立しつつ、ジャズの未来というものを鮮やかに照射していた。同時にメセニーの本質的な嗜好が、ピアノやキーボードの不在ゆえハーモニー的により自由度の高いギタートリオにあるということも、本作は雄弁に語っている。長いキャリアの中で、彼は数多くのギタートリオ作品を送り出しているが、その「原点」がここにあるわけだ。

さて。ジャズ・ミュージシャンは多くの場合、まずは他人の作品でレコーディング・デビューする。これはジャズという音楽が徒弟制度に根ざしているが故なのだが、まずは知名度のあるアーティストがサイドメンとしてライヴやレコーディングで起用。そこである程度の実績を積んで実力を認められた段階で、「そろそろリーダー作を」とバンドリーダーやプロデューサーから勧められて自分名義のアルバムを出す、という流れだ。現在ではそれ程強固な徒弟制度には根ざしていないものの、例えばロックやポップスといったジャンルにはない、ジャズ独特の「伝統の受け継ぎ方」がこの徒弟制度にある。[*1] メセニーの場合も例外ではなく、ゲイリー・バートンの下で修行しつつもそのチャンスを虎視眈々と窺っていた。メセニーの才能を高く買っていたバートンも「そのつもり」であったので、本作は『ゲーリー・バートン・プレイズ・カーラ・ブレイ』の録音後すぐに、同じスタジオで録音されている。愛すべき子飼いのメセニーの初リーダー作。録音に立ち会ったバートンは当然プロデューサーとして、レコードには然るべき形でクレジットされると思っていた。しかしながら、出来上がったアルバムのジャケットにはバートンの推薦文こそあれ、正式なプロデューサーとしてのクレジットはマンフレート・アイヒャーのみで、バートンの名は見当たらない。この点、バートンは自伝でしっかりとボヤいているが、[*2] この非情な仕打ちはおそらく「ＥＣＭのプロデューサーはあくまで自分１人」というアイヒャーの独断によるものと思われる（アイヒャーは良くも悪くも強力なエゴイストであり、だからこそＥＣＭはそのレーベルカラーを保ち続けている）。一方でメセニーにとっても、このトリオは１９７４年頃からバートンのバンドがオフの時にニューヨークやボストンでギグを行っていたメンツ、即ちジャコ・パストリアスのベース、ボブ・モーゼズのドラムスによる「バートン・グループとは異なる、自身のオリジナルなギタートリオ」なわけで、師匠の影は「あってもなくても別に良い」というところだった。特にマイアミ大学時代の音楽仲間であるジャコパス（まだウェザー・リポートへの加入以前）をわざわざドイツに呼び寄せ、３歳年上の彼をレコーディング・デビューさせた[*3]のだから、この時点でメセニーのプロデュース・センスも師匠のバートンを超えていたと思わざるを得ない。

アルバムはメセニー、ジャコパス、モーゼズのトリオによるライヴ感溢れる一発勝負の４曲（①・④・⑦・

⑧）と、そこにわずかながら多重録音を加えた3曲（②・⑤・⑥）、そしてメセニーのギターのみの多重録音による1曲（③）の、計8曲から成る。多重録音なしのトリオ曲では、右チャンネルにメセニー、左チャンネルにジャコパスがきっちりと定位されているので、サウンドの視界は実にスッキリしており、モーゼズのドラミング——特に空間を自在に往き来するシンバルワーク——が冴え渡り、緊密なインタープレイの様子がたっぷりと味わえる。ECMならではの上品なリヴァーブの効いた録音は楽曲テイストとも噛み合っており、若き俊英ギタリストのデビュー作のフレッシュネスに、大きく貢献している。しかしながらモーゼズ自身は本作におけるサウンドをあまり気に入っておらず、「俺たちはクラプトンのいたクリームみたいなパワートリオだったのに、ECMはそれを軽量級にしちまったのさ」と語っている。[*4] 確かに実際はそうだったのだろうが、この「軽めの爽やかなサウンド」があったからこそ、メセニーのソロデビューは成功したのだ。それをイマイチわかっていないあたりが、根が完全にヒッピーであるモーゼズらしさではあるのだが。

挨拶代わりとなる①はアルバムのタイトル曲であり、初期メセニーの代表曲。バークリーの講師時代に練習曲として書かれたもので、メロディーは爽やかポップ路線なのだが、いきなり5度音程の連続技というトリッキーなスタート。キーはギター向きのDメジャー。[*5] まずはテーマからソロまでをコード進行に忠実に、軽快に弾き飛ばしていく。ゆったりしたノリの8分音符と3連符を軸に、時折スピーディーな16分音符をスラーで捻じ込んだソロはその音色とあいまって、これまでのどのギタリストにもなかった浮遊感で聴く手を引き込んでいく。そう、若くしてかような「引きの美学」をマスターしたことで、メセニーはその他のギタリストと明確に一線を画したのだ。対照的にジャコパスは「俺はさぁ」な力技の人であり、そのコントラストも本作の大きな魅力。テーマのBメロで繰り出される必殺のジャコパス・グルーヴ、これを放ちたいがためにメセニーは彼を呼んだはず。当時のゲイリー・バートン・グループのベーシストだったスティーヴ・スワローは畏敬すべきベーシストだが、外連味がなく裏方に徹するタイプ。故にジャコパスの「カリスマ性」を、メセニーは自身のソロデビューに華として添えようと判断したわけで、なんという計算高さなのか。そのジャコパスのベースソロは、テーマのメロディーを高域でなぞって入り、すぐさま「必殺技のショーケース」に突入。絶妙なビブラートによる歌心、速いフレーズでのスピード感、ハーモニクスやダブルストップなど、全てがオンリーワンなものであり、何度聴いても痺れるものがある。

このトリオの本領は④・⑦・⑧といったより調性感の薄い曲で、さらに強力に発揮される。ダイナミックなリズムに4度音程の上昇フレーズが印象的な④、Eメジャーでスタートしながらコロコロと転調していく複雑なコード進行なのにアドリブパートはオープンEの一発で自由に展開する⑦、一転してオーネット・コールマンによる⑧ではユニゾンでテーマを綴った後、メセニーとジャコパスがそれぞれの仕方で空間を歪めていく。2分30秒から始まるジャコパスとモーゼズのデュオによる展開は一瞬たりとも気を抜けない展開で、ジャコパスの一生においてもベストプレイの一つと言え、モーゼズの「俺たちはパワートリオ」との発言に充分な説得力を持たせる。さらにトリオに多重録音を加えた②・⑤・⑥では「ギタートリオにおけるサウンドの拡張性」を示し、③では多重録音によるギターデュオで高い作曲能力とインプロのスキルを誇示するのだから、その心憎さといったらない。何度も言うようだがメセニー、この時点で21歳なのだ。

「名盤数え唄」のスタートを飾る本作の魅力は、40余年を経た現在も全く色褪せていない。どころか、ジャコパス亡き今、ますます輝きを増しているように思う。そのジャコパスとの共演は、ジョニ・ミッチェルの『シャドウズ・アンド・ライト』（→P44）で再び実現、両者共にさらに進化した姿を見せてくれる。

＊1／クラシック界も似たようなところがあるが、多くの場合、同じ楽器での師弟関係によるところがジャズと異なる。
＊2／『ゲイリー・バートン自伝』（論創社・2017年）313
＊3／レコーディング日程は『ジャコ・パストリアスの肖像』の方が先だが、リリースは本アルバムが先行。
＊4／*PAT METHENY The ECM YEARS,1975-1984*, 53
＊5／6弦ギターのレギュラー・チューニングの場合、4・5弦の開放弦が使え、かつ1弦がメセニーお好みの2度の音。

PASSENGERS
THE GARY BURTON QUARTET
WITH EBERHARD WEBER

1977

『パッセンジャーズ』
ゲイリー・バートン・カルテット

① SEA JOURNRY　9:14
② NACADA　4:15
③ THE WHOPPER　5:34
④ B&G (MID WESTERN NIGHTS DREAM)　8:26
⑤ YELLOW FIELDS　7:02
⑥ CLAUDE AND BETTY　6:15

① by Chick Corea, ②・③・④ by Pat Metheny,
⑤ by Eberhard Weber, ⑥ by Steve Swallow
ECM Records

□ 1976年11月録音
□ プロデューサー：マンフレート・アイヒャー
□ 録音スタジオ：タレント・スタジオ
（ノルウェー、オスロ）
□ チーフエンジニア：ヤン・エリック・コングスハウク
□ 参加ミュージシャン
ゲイリー・バートン：ヴィブラ・ハープ
パット・メセニー：エレクトリック・ギター
スティーヴ・スワロー：ベース・ギター
ダン・ゴットリーブ：ドラムス
エバーハルト・ウェーバー：ベース

高度な楽曲とアンサンブルで飽きさせない、バートン・グループでのラスト作

メセニーがバートンのバンドに在籍したのは、1974年の夏から'77年の冬までのおよそ2年半。従って'76年11月録音の本作は、バンド脱退の少し前の録音ということになる。実は前作の録音時点で、ミック・グッドリックはバンドを脱退して教職活動に戻ることを表明していた（それが前作でメセニーを大きくフィーチャーした一つの理由でもあったのだろう）。続いて録音された『ブライト・サイズ・ライフ』でソロへの足がかりを得たメセニーは、ＥＣＭとの契約も続行。'77年の2月にはセカンド・アルバムの録音も決定しており、独立が「ほぼ見えている」状況にあった。マイアミ時代の仲間であるダン・ゴットリーブをドラムスに迎えて更に若返ったバートンのカルテットは、再びエバーハルト・ウェーバーを迎え、ＥＣＭの本拠地であるタレント・スタジオに入る。

本作でメセニーは3曲のオリジナルも提供しており、ウェーバーとともに大きくフィーチャーされている。

本作における重要曲は、なんと言っても③と④だろう。B♭/CとA♭Maj9/B♭という2つの分数コードによるソロのバンプ部分がそのままイントロになった③はエバーハルト・ウェーバーに捧げられた曲で、頻繁に転調するAメロの浮遊感がクセになる。バートンが求める「インプロの素材としての高度な楽曲」の理想形であり、弟子の成長がよほど嬉しかったのだろう、バートンのソロは絶好調。右チャンネルで暴れるウェーバーは、ちょっと蛇足の感ありだが。続くメセニーのソロでもウェーバーはじっとしていないが、あまり気にならない。これは左右チャンネルにうまい具合に音が分離しているのと、ウェーバーが多少控えめなのが功を奏している。④は『ブライト・サイズ・ライフ』でも演奏されていたレイジーな曲だが、バートンのヴァイブが加わることで調性感がより強くなっている点に注目。スワローの滋味深いソロに続き、メセニーとバートンがマイナーキーで泣きのフレーズを連発。ラストコーラスではウェーバーの弾くテーマメロディーに寄り添うコード・バッキングが見事で、メセニーのアンサンブル志向が伺える。

①はチック・コリアによるリズミックな作品で、当時のライヴでも人気の曲。ここではメセニーのソロはないが、その進化した姿は2009年の『クァルテット・ライヴ！』（→P240）で聴くことができる。②はメセニーによるバラードで、カーラ・ブレイの作風を自らのスタイルに消化。⑤はウェーバーの曲だが、2分44秒あたりで『想い出のサン・ロレンツォ』（→P32）所収のPHASE DANCEのイントロのフレーズを弾いており、そのままソロに突入。このヴァイヴがピアノに変わればまんまPMGのサウンドとなることから、メセニーがバートンのグループで学んだことの多くをPMGに持ち込んでいることがよくわかる。アルバムはスワローによる幻想的な⑥で幕を閉じるが、ここでは2人のベーシストがスペースを分け合うアンサンブルがこよなく美しい。そしてメセニーはウェーバーとゴットリーブを連れてバートンの下を去り、自身のセカンド・アルバムへと向かう。そこに待っているのは最強の相方、ライル・メイズなのであった。

WATERCOLORS
PAT METHENY

1977

『ウォーターカラーズ』
パット・メセニー

① WATERCOLORS 6:28
② ICEFIRE 6:07
③ OASIS 4:02
④ LAKES 4:43
⑤ RIVER QUAY 4:56
⑥ SUITE : I. FLORIDA GREETING SONG 2:30
II. LEGEND OF THE FOUNTAIN 2:28
⑦ SEA SONG 10:16

All music by Pat Metheny
ECM Records

□ 1977年2月録音
□ プロデューサー：マンフレート・アイヒャー
□ 録音スタジオ：タレント・スタジオ
（ノルウェー、オスロ）
□ チーフエンジニア：ヤン・エリック・コングスハウク
□ 参加ミュージシャン
パット・メセニー：ギター、12弦ギター、15弦ハープギター
ライル・メイズ：ピアノ
エバーハルト・ウェーバー：ベース
ダン・ゴットリーブ：ドラムス

メセニーの限りない音世界の原型が見出せる

1953年11月、ウィスコンシン州ウォーソーキーに生まれたライル・メイズは、メセニーの1歳年長にあたる。ギタリストの父とピアニストの母を持ち、幼少時よりピアノを始め、14歳で地元教会のオルガニストを務めるレベルに達する。ノース・テキサス大学在学時には大学所属の名門ビッグバンド、ワン・オクロック・ラブ・バンドに参加。自作曲を提供してレコーディングされた『LAB 75』は、グラミー賞にノミネートされた秀作であり、現在のボブ・ミンツァー[*1]のビッグバンドにも通じる高度なアレンジやファンキーなエレピソロなど、若き日のメイズの才能が炸裂している（同アルバムのベーシストはマーク・ジョンソン[*2]）。

メセニーとの出会いは、1976年のウィチタ・ジャズ・フェスティバルでの出来事だった。メイズはノース・

テキサス大学のコンボで、メセニーはゲイリー・バートンのバンドでフェスに出演し、互いの演奏に強いシンパシーを抱く。そして同年7月、メセニーは自身がリーダーとして出演するボストンでのクラヴギグに、この気鋭のピアニストを迎える。メンバーはベースがスティーヴ・スワロー、ドラムスがダン・ゴットリーブという、バートン・カルテットのリズム隊だった。[*3] 好感触を得たメセニーは、続くシカゴとカンザスシティでの10回に渡るコンサートにもメイズを誘う。リズム隊はベースがマイク・リッチモンド、[*4] ドラムスがボブ・モーゼズへと変わっていたが、メセニーは既にこの頃には、メイズを自らのニューバンドに迎える気でいたのだろう、翌年1月からの米中西部から東海岸へのツアーにもメイズは同行している（リズム隊はリッチモンドが残り、ドラムスがエリオット・ジグマンド[*5]にスイッチ）。そして2月、メセニーはメイズとゴットリーブを従え、更には敬愛するエバーハルト・ウェーバーにも声を掛けて、理想的なメンバーでオスロでのレコーディングに臨んだ。

本作はメイズとの初共演盤であることから「パット・メセニー・グループ（PMG）の原点」として認識されているが、PMGに限らず後年のさまざまなメセニーの音世界の原型を見出すことができ、それよりもむしろタイトルどおりに「水」をテーマとしたコンセプト・アルバムと捉えるべきだろう。収録曲のタイトルもなんらかの形で水に関するものであり、アルバムジャケットもその世界観を表している。またサウンド全体のカラーに大きく貢献しているのはウェーバーであり、メイズはここではアコースティック・ピアノのみを演奏、曲作りには参加していない。初期PMGサウンドのエポックはなんと言っても「ジャズ・インプロヴィゼイションとアメリカーナの邂逅」であり、これはメセニーとメイズという米中西部出身の2人による極めて意識的な「企て」であった。故に本作は、メセニーが当時のECMのレーベルカラーに忠義を尽くした作品であるとも言える（PMG以降はアルバムを重ねるごとに、マンフレート・アイヒャーの好みから離れていく）。

ルバートで入るイントロがアルバムのオープニングにふさわしい①は、メセニーがメイズを誘ったボストンでの最初のギグで既に披露されていた曲。テーマ部分はバートン時代のTHE WHOPPERにも通じる転調の連続による複雑なもので、変拍子も容赦なくブチ込まれている。にもかかわらず、リスナーの耳には複雑さよりも爽やかな透明感が届けられ、この作曲センスは所謂「ギタリストのもの」ではない。またソロパートのコードチェンジはA♭Maj7×2小節、Gm7×2小節を4回繰り返したのち、4度上に転調してD♭Maj7×2小節、Cm7×2小節をやはり4回繰り返し、B♭m7→E♭7のキメ2回で4小節という、メセニー曰く「シンプルでありながらオープンエンド」なもの。好みのコード進行で存分にフロウするメセニーも良いが、それを受けてキース・ジャレット・マナーで歌心満点のメイズが圧巻だ。なお本作のバンド演奏曲での楽器の定位は全て、左にメセニー、右にウェーバー、中央にメイズとゴットリーブというもので、実はピアノを省けば『ブライト・サイズ・ライフ』と同じサウンドバランス。このあたりに、「自身とウェーバーを対比させる」というメセニーの意図が明確に読み取れる。

LPではB面の1曲目を飾っていた⑤は、メセニーによる「ポップな歌モノ系」の傑作で、こちらはシカゴとカンザスシティでのツアーで披露されている。ゴットリーブがソフトに刻むストレートな8ビートに乗ってメセニーが奏でるテーマが、切なくも美しい。ソロはテーマのコード進行のままで行われるが、メセニーもメイズも敢えてジャズから距離を置き、シンプルかつポップに歌い切る（当時はFM局でも頻繁にオンエアされていた）。

④と⑦もバンド全員による楽曲だが、まず④はピアニストのジェームズ・ウィリアムズ[*6]のために書かれた曲。インプロの素材となることが意識され、アドリブパートはコルトレーン・チェンジ[*7]的なコード進行を持つ。長尺の⑦は1972年という最も旧いタイミングで書かれたもので、メセニーがマイアミに到着したその日、初めて海を見た印象に基づく曲。スケール感豊かにルバートで展開するが、ウェーバーがアルコで奏でるメロディーを自在にバンドが彩ってゆく作風は、後のTHE BAT part II（『オフランプ』所収→P58）等にも通じる。ここでのウェーバーのベースの役割を、PMGではシンセサイザーやスキャット・ヴォーカルが担うようになるわけだ。

12弦ギターによる②は、メセニーの完全なインプロヴィゼーションによるソロ（故に楽譜集にも未収録）。ギルドのスターファイヤーの弦を全て外し、最低弦以外は巻弦を排して、ライトゲージを張って高いメジャー・ペンタトニックになるようにチューニング。そのオリジナルな調弦から導かれたメロディーは、現在の42弦ピカソ・ギターによる演奏にも直結する。続く③では15弦のハープギターが登場するが、⑦と同様にウェーバーがルバートで奏でるメロディーを、多重録音によるアルペジオで飾っていく。この幻想的な③と⑦が、ポップな①及び⑤とコントラストを為すように配されることで、本作ならではの世界観が生まれている。

残る⑥は組曲の形をとるが、前半がギターとドラムスのデュオによるフリー・インプロヴィゼイションで、ゴットリーブもここぞとばかりに攻撃を仕掛ける。ドラムスとのデュオはメセニーのライヴにおける大きな見せ場だが、その初期の姿がここにあるわけだ。後半は一転して15弦のハープギターによる叙情的なギターソロ。重厚な低音を響かせた上でリリカルなラインを丁寧に綴っていくのだが、こちらは後年のバリトン・ギターによるソロ作品『ワン・クワイエット・ナイト』（→Ｐ２２０）や『ホワッツ・イット・オール・アバウト』（→Ｐ２５０）へと発展。こうした「ジャズにおけるギター・サウンドの拡張」も、メセニーの大きな功績なのである。

＊１／１９５３年、ニューヨーク州出身のサックス&クラリネット・プレイヤー、作・編曲家。ジャコ・パストリアスのビッグバンドのアレンジャー兼ソロイストとして活躍後、自身のビッグバンドも率いて、高度なアンサンブルを聴かせる。イエロージャケッツのメンバーでもある。

＊２／１９５３年、ネブラスカ州出身のベーシスト。19歳の頃からフォートワース交響楽団やノース・テキサス大学のワン・オクロック・ラブ・バンドで活躍。１９７８年にピアノのビル・エヴァンスのトリオに抜擢、トリオ最後のベーシストとなる。リーダー作も多数。

＊３／*PAT METHENY SONG BOOK*, ４３８〜４３９

＊４／１９４８年、ペンシルバニア州出身のベーシスト。ホレス・シルバー、スタン・ゲッツ、ギル・エヴァンス等との共演で知られる名手。

＊５／１９４５年、ニューヨーク州出身のドラマー。'70年代にカリフォルニアに移って頭角を現し、スティーヴ・スワローやビンス・ガラルディ等と共演。その後ニューヨークに戻り、ビル・エヴァンス・トリオのドラマーとなる（ベースはエディ・ゴメス）。現在はニューヨーク大学等で教鞭も執る。

＊６／１９５１年、テネシー州メンフィス出身のピアニスト。同地のピアノの巨匠、フィニアス・ニューボーン・ジュニア直系のプレイで、自らのカルテットの他、アート・ブレイキーとの共演作も数多く残している。２００４年没。

＊７／１９６０年のジョン・コルトレーンのアルバム『ジャイアント・ステップス』の表題曲で用いられた、ビバップを進化させたコード進行の技法。主調から長3度離れたコードに進む前にツー・ファイヴを挟むことで、強力な転調感が得られる（同曲冒頭はB♭Maj7→A♭m7→D♭7→G♭Maj7と進行）。ジャズ学習者はこれをクリアすれば1人前と見なされる。

PAT METHENY GROUP

1978

『想い出のサン・ロレンツォ』
パット・メセニー・グループ

① SAN LORENZO 10:14
② PHASE DANCE 8:18
③ JACO 5:34
④ APRILWIND 2:09
⑤ APRIL JOY 8:14
⑥ LONE JACK 6:41

①・②・⑥ by Pat Metheny & Lyle Mays,
③・④・⑤ by Pat Metheny
ECM Record

□1978年1月録音
□プロデューサー：マンフレート・アイヒャー
□録音スタジオ：タレント・スタジオ
（ノルウェー、オスロ）
□チーフエンジニア：ヤン・エリック・コングスハウク
□参加ミュージシャン
パット・メセニー：6 & 12弦ギター
ライル・メイズ：ピアノ、
オーバーハイム・シンセサイザー、オートハープ
マーク・イーガン：ベース
ダン・ゴットリーブ：ドラムス

ジャズを青空の下で響かせ、時代の最先端に躍り出る

このアルバムを初めて聴いた時のことは、今も鮮明に覚えている。高校時代、当時行きつけのジャズ喫茶でのこと。JBLのパラゴンで新旧のジャズをガッツリと鳴らす店にこのアルバムが響き渡ったとき、その場の空気は一変。地下にあったので昼でも薄暗かったその店に、明らかに爽やかな風が吹いたのだ。その時店にいた客は一斉に顔を上げて、アルバムジャケットを見つめた。パット・メセニー・グループはこのように衝撃的な形で、我々の前に姿を現したのだった。当時、おそらくは日本全国で同じようなことが起こっていたと思われる。

同時代にジャズ界をリードしていたウェザー・リポートは、前年にアルバム『ヘヴィー・ウェザー』を発表してシーンを大きく揺るがせており、このアルバムのサウンドもその影響下にあった。しかし聴感上のニュアンスは全く異なり、ひたすら爽やかでスコーンと突き抜けており、ジャズという音楽において多くのファンが惹きつけられてきたところの「特有の屈折感」が本作には全くない。筆者もメセニーのことはこのアルバム以前に既に知っていたが、それまでに聴いてきた彼のサウンドとも別次元だった。メセニーはこのアルバムでジャズを、酒や煙草やドラッグといったナイトクラヴの猥雑さから完全に断ち切り、広大な青空の下で響かせたのだった。故にパット・メセニー・カルテットではなく、パット・メセニー・グループというバンド名にしたのも、意図的なものである。PMGは「発明」であり、ジャズというジャンルの可能性を音楽的にも商業的にも大きく開いてくれたのだ。

さて。前作のレコーディング直後の1977年3月に、グループはベーシストとしてマーク・イーガン[*1]を迎えた。これはダン・ゴットリーブの提案だったが、メセニーにとってもイーガンはマイアミ時代の旧知の仲。ジャコ・パストリアスの影響でエレクトリック・フレットレス・ベース（フェンダーのプレシジョン）を手にするイーガンは、『ブライト・サイズ・ライフ』でのジャコパスも、『ウォーターカラーズ』でのエバーハルト・ウェーバーもどちらも弾きこなし、同世代の若さで激しいロードツアーも乗り切れる最適任者だった。このメンバーで同年6月にニューヨークのソーホーで最初のギグを行うとたちまち口コミで評判を呼び、サンフランシスコ、シアトル、シカゴ、ニューヨーク、ボストン等の大都市をツアー。会場がクラブであれコンサートホールであれ、自分たちでセッティングし、ギグが終わったらまた自分たちで片付けるという学生バンドのノリであったが、各地で絶賛を浴びた。当時の演奏の様子は動画サイト等でも確認できるが、エネルギッシュな演奏は今の耳で聴いても圧倒的なものだ。メセニーは同ツアーで12弦エレクトリック・ギターをバートン時代とは異なるスタイルでアンサンブルに使用し、ライル・メイズは新たな武器としてオーバーハイムの4ヴォイス・シンセサイザーを採り入れ、レギュラーバンドならではの高度なアレンジによる新たな楽曲を増やして、満を持してレコーディングに臨む。

①はメセニーとメイズの初共作。前作『ウォーターカラーズ』収録のICEFIREのチューニングで、冒頭のハーモニクスなどお気に入りのフレーズを思いつき、そこにメイズが新たなメロディーを加えて、2人で発展させて

完成した同曲は、テーマ・セクションの長さが4分半を超えるという、コンボ・ジャズにおいては前例のないもの。先に「ウェザー・リポートの影響」と記したが、冒頭のジャコパスを思わせるベースラインに加えて、2分あたりでリズムがダイナミックになっていく部分の、メロディーがハーモナイズされて進むところに、その影響がより顕著だ。ジョー・ザヴィヌル[*2]が「ジョージ・シアリング[*3]のスタイルだ」と語っているこの手法は、少人数のコンボがビッグバンド的なサウンドを得るための定番技となる。そして本曲では、メイズが唯一のソロイストとしてたっぷりとフィーチャーされる。前半はE♭ペダルの空間にゆったりと音を散りばめるように、リズムが徐々にダイナミックになる後半はメロディーを積み上げ、遂には音のカスケイドへと至るドラマティックなソロは、悶絶モノの美しさ。続くアンサンブルによる郷愁を誘うメロディーで大泣きさせるために、あえてメイズのピアノのみをフィーチャーしたメセニーの英断が光る。

人気曲の②は、ギターによる必殺のオスティナートが印象的だが、ナッシュビル・チューニングを試している時に思いついたフレーズが発展したもの。メセニーはこの曲によって、「自分たちが何処へ向かうべきかが見えた」と語っている[*4]。メロディーは極めてシンプルで、ソロのコード進行はBm9×4小節とB♭Maj7#11×4小節が交互に出るという、インプロ向きのもの。メセニーお得意の2つのコード間を3連符のアルペジオで駆け抜けるフレーズ、メイズの展開する小節線を大胆に跨ぐフレーズ、いずれも抜群のセンスだが、適所にズバッとスネアをブチ込んでくるダン・ゴットリーブにも注目。エンディングではゴットリーブがいよいよ大暴れし、ロック的な興奮をもたらす。なおクラシック・ギタリスト、アンドリュー・ヨークの有名なギター曲『サンバースト』は本曲にインスパイアされたもの。メセニーの歌モノ魂が炸裂する③は、ジャコパスの1976年のファースト・ソロアルバムに収録されたファンク・チューンCOME ON, COME OVERのホーン・アンサンブルのフレーズを変形させてAメロに使い、ジャコパスへの敬意を表している。マイナーキーにおけるメセニーの「泣きのソロ」が堪能できるが、イーガンのベースソロもメロディック。

④と⑤は組曲的なメドレー。④は単独のギターソロ曲なのだが、⑤へのプレリュード的扱いになっている。曲が書かれたのは⑤が先で、なんと１９７２年のカンザス・シティ・ジャズ・フェスティバルのために作曲されたという、メセニー最初期のオリジナル。これがメジャー・レーベルで初めてオフィシャルに録音されたものとなり、１９７５年にヴァイブのデヴィッド・フリードマン*5がアルバム『ウィンター・ラヴ、エイプリル・ジョイ』に、ヒューバート・ローズをフィーチャーして収録している。故にメセニーは本曲を*Pat Metheny Song Book*の1曲目に置いているのだが、オリジナルの楽譜に忠実に演奏しているのはフリードマンのヴァージョン。ＰＭＧでは冒頭にイーガンの弾くメロディーが加えられ、メセニーはＡメロで楽譜にある最初3音（Ｇ、Ｃ、Ｄ）を省いている。また3分15秒からは②のエコーのようなパートを新たにプラス。これにより、アルバム・トータルの世界観の核として②が位置付けられるというカタチになる。こういうところにも、ＰＭＧの「企て」が見える。

ラストの⑥はメセニーの圧倒的な俊足ギターソロが味わえる、シンプルな歌モノの曲。インタールードとして分数コードの平行移動によるキメのセクションを設けることで、バンドが一体になって猛突進するかのような効果を得ている。プレイするのが楽しいため、メセニーはトリオでも頻繁にこの曲を採り上げている（↓Ｐ１９８）。

＊1／１９５１年、マサチューセッツ州出身のベーシスト。10歳でトランペットを、15歳でベースを始め、マイアミ音楽大学時代に完全にベースに転向。ジャコパスやデイブ・ホランド等に学ぶ。ＰＭＧ脱退後は、ダン・ゴットリーブとのエレメンツで活躍、リーダー作もコンスタントに発表。

＊2／１９３２年、オーストリアのウィーン出身のキーボード・プレイヤー。１９６１年にキャノンボール・アダレイのクインテットに加入して頭角を現し、『マーシー・マーシー・マーシー』のヒットをもたらす。マイルス・デイヴィスとの共演からウェーザー・リポート、ザヴィヌル・シンジケートと、ジャズとキーボードの可能性を追求し、２００７年11月没。

＊3／１９１９年、イギリス出身のピアニスト。生後間もなく盲目となるが、3歳からピアノを始め、18歳頃からプロとして活動。１９４７年にアメリカに渡り、「シアリング・サウンド」と呼ばれる独自の奏法を確立。スタンダード曲『バードランドの子守唄』の作曲者でもある。

＊4／*PAT METHENY SONG BOOK*, ４３９

＊5／１９４４年、ニューヨーク州出身のパーカッショニスト。主にヴァイブとマリンバを演奏。名門ジュリアード音楽院に学び、ニューヨーク・フィルやメトロポリタン・オペラのオーケストラでも活躍。ジャズではウェイン・ショーターやジョー・チェンバース等と共演、同じ楽器のデイヴ・サミュエルズとのマレット・デュオでも人気を博している。『ウィンター・ラヴ、エイプリル・ジョイ』は彼のリーダーデビュー作。

ルーツ剥き出しで、ジャズとアメリカーナを邂逅《かいこう》させる

ＰＭＧのデビュー作はビルボードのジャズ・チャートで５位を獲得する成功を収め、メセニーは一躍ＥＣＭの看板アーティストになった。あくまで芸術性を重んじ、安易な商業主義には走らないＥＣＭといえども、次作に期待するのは当然だろう。メセニーの音楽がウケるということはもはや十分に分かったので、メセニーが次作をリーズ・サミット時代に得た音楽的ルーツであるカントリー・ミュージックの影響をストレートに表現したプライベートな作品にすることに対して、アイヒャーに反対理由はなかった。ギターの多重録音によるソロアルバムでは、ＥＣＭのカタログではビル・コナーズの『Theme To The Gaurdian』[*1]という実績もあった。結果として本作は、ビルボードのジャズ・チャートで３位という更なる好成績を残し、メセニーは完全に勢いづくことになる。

NEW CHAUTAUQUA
PAT METHENY

1979

『ニュー・シャトークァ』
パット・メセニー

① NEW CHAUTAUQUA 5:17
② COUNTRY POEM 2:31
③ LONG-AGO CHILD / FALLEN STAR 10:17
④ HERMITAGE 5:37
⑤ SUEÑO COM MÉXICO 5:36
⑥ DAYBREAK 8:40

All music by Pat Metheny
ECM Record

□ 1978年8月録音
□ プロデューサー：マンフレート・アイヒャー
□ 録音スタジオ：タレント・スタジオ
（ノルウェー、オスロ）
□ チーフエンジニア：ヤン・エリック・コングスハウク
□ 参加ミュージシャン
パット・メセニー：エレクトリック6弦&12弦ギター、
アコースティックギター、
15弦ハープギター、
エレクトリック・ベース

タイトルチューンでもある①は、彼の曾祖父が「シャトークァ」なる旅芸人グループのメンバーだったことにちなんだもの。[*2] 本曲におけるメセニーの試みは「ジャズにギターのかき鳴らしのテクニックを採り入れること」と、「シンプルなトライアド[*3]で曲を作ること」だった。その2つの試みを合体させた①で、本アルバム全体の風景が見渡せる。Bメロの同音反復によるフレーズは以降の作曲やソロでも頻出、メセニーのトレードマークとなるもの。続く短い②はナッシュビル・チューニングを活かしたソロ・インプロヴィゼイション。スリー・フィンガーによるアルペジオから、メロディーを綺麗に浮き立たせる右手のテクニックが素晴らしい。

10分を超える長尺の③では、メセニーにしては珍しいスライド・ギターが聴ける。「コードからデザインした楽曲シリーズの一つ」とのことで、楽譜にもメロディーはなくコード進行のみが表記されているが、Fマイナーのヨナ抜き短音階による和風のインプロを繰り広げているのが面白い。

アルバムで一番の名曲は④だろう。オーストリアの名ジャズクラブ、エルミタージュで書かれたもので、冒頭のFadd6×2小節とE7/F×2小節のアルペジオが格調高く響く。本作中で最もジャジーなナンバーゆえ、チャーリー・ヘイデンの『カルテット・ウエスト』[*4]では1曲目に収録されており、そちらも必聴。続く⑤は同型のアルペジオをオスティナートで鳴らしながらコードの色彩を変えていく手法が新鮮で、後年オーケストリオンによるライヴ（→P248）でも採り上げられている。ラストの⑥は4分10秒までが長いイントロ、そこからポップで胸キュンなメロディーが奏でられる「歌モノ」で、キュートなメセニーここに極まれり。

＊1／1975年のアルバム。コナーズは1949年カリフォルニア州出身のギタリストで、チック・コリアのリターン・トゥ・フォーエバーでロック・スピリット満開で活躍の後、同アルバムでは一転してアコースティック・ギターで静謐なサウンドを奏でた。
＊2／*PAT METHENY SONG BOOK*, 439
＊3／ルートの音に3度と5度を乗せた、3音構成の和音のこと。
＊4／1987年のアルバム。メンバーはチャーリー・ヘイデン（ベース）、アーニー・ワッツ（サックス）、アラン・ブロードベント（ピアノ）、ビリー・ヒギンス（ドラムス）。メセニーやオーネットをジャズ・スタンダードと並べることで、「新時代のアメリカン・ソングブック」を形成した名グループ。

AMERICAN GARAGE
PAT METHENY GROUP

1980

『アメリカン・ガレージ』
パット・メセニー・グループ

① (CROSS THE) HEARTLAND 6:53
② AIRSTREAM 6:18
③ THE SEARCH 4:48
④ AMERICAN GARAGE 4:10
⑤ THE EPIC 12:57

All Music by Pat Metheny & Lyle Mays
ECM Record

□ 1979 年 6 月録音
□ プロデューサー：パット・メセニー
□ 録音スタジオ：ロングヴュー・ファーム
（アメリカ、マサチューセッツ）
□ チーフエンジニア：ケント・ネバーガル
□ 参加ミュージシャン
パット・メセニー：6 弦 & 12 弦ギター
ライル・メイズ：ピアノ、オーバーハイム、
オートハープ、オルガン
マーク・イーガン：ベース
ダン・ゴットリーブ：ドラムス

初のアメリカ録音、パワー全開のサウンドと迫熱のソロに絶句

メセニーの音楽が「フュージョン」とされる根拠となったのが、彼の全作品の中で最もポップかつロックな本作の存在ではないかと察する。何しろこのタイトル、このジャケットだ。売れ線狙いの軽い音楽だと思われても仕方がない。もはやＥＣＭ本来のカラーとはすっかり離れてしまったが、それこそがメセニーの狙いだった。「２日で録音して１日でミックス」を基本とするＥＣＭのアルバム制作におけるポリシーに対して、オーバーダビング等も含めて時間をかけたいというメセニー及びＰＭＧの想いが乖離した結果、本作では遂にメセニー自身がプロデュースを手掛け、アイヒャーはエグゼクティヴ・プロデューサーとしてクレジットされるのみとなる。

本作でメセニーが真っ先に行ったことは「ＥＣＭサウンドを離れること」だった。そのために、まずはアメリカで録音することに決め、バークリー時代の生徒でありロンドンでレコード・プロデュースを手掛けていたリチャード・ナイルズ[*1]に、「LAで良いレコーディング・エンジニアを知らないか」と声をかけた。ナイルズはレオ・セイヤーの録音で良い仕事をしていた売れっ子のウンベルト・ガティカをレコメンドするが、残念ながらスケジュールが合わなかったため、ガティカは友人のケント・ネバーガルを紹介した。当時ネバーガルはリタ・クーリッジのアルバムを仕上げたところで、そのサウンドを気に入ったメセニーは彼をエンジニアに雇って、マサチューセッツ州ニュー・ブルックフィールズにあるロングヴュー・ファーム・スタジオ[*2]に入る。アルバムジャケットの裏面にあるガレージバンドそのもののゴキゲンなポートレイトもこのスタジオで撮影されたものだが、本作のために用意した曲は全てメセニーとメイズの共作であり、グループの結束力がより強化していることが窺えるグッドショットだ。なおメイズは本作で、ヤマハのコンボオルガンYC-20とエレピのCP-20を使用しており、サウンド全体をより軽やかにしている点も、しっかりと聴き取っていただきたい。

『ニュー・シャトークァ』の成功を受けて、サウンドにさらなるアメリカン・テイストを加え、かつライヴバンドとしてのPMGのエネルギーをもパッケージせんとする意図は、まず①に明確に現われる。3度を省いたGコードによるキラキラしたアルペジオに乗せてメセニーが、ほどなくイーガンも加わって奏でるメロディーは、完全にカントリーのそれだ。1分過ぎからゴットリーブのシンバルが重なり、本格的なアンサンブルに突入すると、各楽器がカノンのように同じフレーズを追いかける。いつになくタムを回すゴットリーブは突っ込み気味で勢いを増していくが、2分37秒からクールダウンし、イーガンがたっぷりしたビブラートとともに甘いメロディーを歌い上げる。ここから4分57秒のメセニーのソロまでの約2分半、じんわりと空気を浄化していくようなアレンジは、まさしくオーケストラのセンス。続くメセニーのソロもジャズ的なリックを一切封印し、ポップそのもので元気一杯に弾け、そのままビシッと爽快なエンディングへと向かう。

PMGが更に突き抜けた地点へと進化したことがわかるのが、メセニー自身が「当時のベスト・コンポジション」としている②だ。楽曲タイトルはアメリカでは知らぬ者がいない高級キャンピングカー・ブランドに因むものだが、ジャケットの表写真でフィーチャーされているあたり、本曲がいかに自信作であるかの表れだろう。メセニーはサビのフック・メロディーは思いついていたものの、そこからの展開が見えなかったところを、メイズが受けてイントロやAメロを書き加え、ポップかつインプロ向きの「歌モノ」として完成させた。まずイントロ、E♭Maj7→Dm7→Cm11→Gm11とダイアトニックで下降するキメがキャッチーだが、繰り返しではラストのコードのみC/Dに置き換え、Aメロ頭のトライアドGに解決させる教科書的な流れが愛おしい。そのAメロをピアノが奏でるのだが、抜群のニュアンスでメロディーをフロウさせることにより、リピートで出るメセニーのお膳立てをするメイズの良妻賢母ぶりを確認されたし。Bメロでキーが E♭に転調、A♭Maj7から入るウェザー流儀のコード付随型メロディーにイーガンが歌うように絡む。続いて登場するメセニーのソロは、クロマティックを挟むもののコード進行に忠実に、良い意味で譜面に書かれたような完璧なストーリー展開で、広大な草原を鮮やかに駆け抜ける。特に3分10秒あたり、短いモチーフのリピートからダブルストップに持っていくあたりの歌心を、決して聴き逃してはならない。望郷感に満ちたブリッジを挟んで再びメイズが健気にお膳立てした後、メセニーが短くテーマを演奏してエンディングへと向かう。ここではサビのセクションの上で、メセニーがより熱量を高めて歌い捲り、何度聴いても最高に泣けるソロだ。まだまだ行くか、というところでフェイドアウトするのが何とも心憎い。

LPではA面ラストを飾る③も、引き続きキーはGメジャー。ジャズでは珍しい12/8のタランテラ的[*3]なビートに、オーバーハイムのロングトーンによる牧歌的メロディー、メイズの流麗なピアノソロが乗っかっていく。2分48秒からのインタールードはユニゾンによるプログレ風味が新鮮だ。④はアルバムのタイトルチューンで、表面上は「PMGによるストレートなロックンロール」の趣。ゴットリーブがご陽気にカウントダウンしてスタートするが、キーはGメジャーながら、Aメロ以降でキーがあちこちにランブリングしていくあたり、やはりメセニーは一筋縄ではいかない。必殺のギター&ドラムスのデュオの後、2分35秒ではビートルズの『ゲット・バック』のリフも登場。本曲がPMGのユーモラスな一面をショウオフするための楽曲であることを、わかりやすく伝える。全員が存分にはっちゃけて、再びテーマからイントロのリフに戻ってサクッと終了し、⑤に向けて場を温める役割を果たす。その⑤は、リハーサルマークによるセクションが14に及ぶ複雑な構成を持つ大作。何もモチーフのない「白紙の状態」から、メセニーとメイズが完全に共作で書き上げた初の作品となる。[*4] ざっと構成を確認すると、まずは短いイントロに続いて、メインテーマである「歌モノ」としてのAメロとBメロが登場。そこから雪崩れ込むアップテンポのサンバ・セクション、同テンポで疾走するピアノとギターのソロ、新たなインタールード、再現部としての「歌モノ」パート（ベースをフィーチャー）、コーダでのバラード・セクションと仄かにブルージーになるギターソロ、インタールードの再帰、拡張されたサンバ・セクションからの感動的なアウトロ、となる。各セクションが有機的に繋がっており、メセニーとメイズが創造する「音楽の旅」に、完全にノックアウトされるだろう。そして最も情け容赦ないのが、メイズのソロだ。2分53秒から3コーラス、たっぷりと繰り広げられるピアノソロは、バンドのダイナミクスも手伝って圧倒的な感動を呼ぶ（何回か感極まって叫んでいるのはゴットリーブか）。続くメセニーのソロで一息つけるぐらいだから、ここでのメイズは完全に鬼神と化している。この凄まじい演奏を「フュージョン」の一言で片付ける神経は、筆者には全く理解できない。そして本作で、PMGは遂にビルボードのジャズ・チャートでトップの座を獲得する。

＊1／ここでの記述の多くは、リチャード・ナイルズのウェブサイト（http://richardniles.com/）による。
＊2／同スタジオでは、後にJ・ガイルズ・バンドのヒット・アルバム『フリーズ・フレーム』（1981年）等が録音されている。
＊3／イタリア期限の主に3/8及び6/8拍子の、イタリアはナポリを起源とする無窮動の舞曲。クラシックの楽曲では、マリオ・カステルヌオーヴォ＝テデスコのギター曲が有名。
＊4／*PAT METHENY SONG BOOK*, 439

管楽器に漸近《ぜんきん》するための、新たなギタートーンを求めて

メセニーの音楽を特徴づける最大のポイントと思われるのは、そのギターサウンドである。彼の透明感と浮遊感のあるギターサウンドがデジタル・ディレイの使用によるものであることは有名だが、そこへ進む前に、まずは独特のピッキングから得られた「トーンそのもの」について話しておくべきだろう。

ギタリストにとってピッキングは、基本的なトーンを決定するための要素であり、その違いが個性に直結する。映像作品などでも確認できることだが、メセニーは右手の人差し指と中指を並べ、親指とで挟んでピックを持つ。そしてティアドロップ型のピックの「背の側の丸い部分」を使い、器用に弦を弾《はじ》いていく。このようなピッキング・スタイルは全く一般的ではなく、メセニーも早い段階でギターを習っていたら、所謂「普通の弾き方」に矯正されてはずだ。ピック弾きを始めた初心者にとって最初の関門は、弦にアタックする際にどうしてもピックがブレること（弦に負ける）で、結果としてピックを落とすことが多くなる。おそらくメセニーは初心者の頃、よりしっかりとピックをキープするために中指を添えるようになったのだろう。「背の側の丸い部分」を使う理由についても同様で、尖った部分だとアタックが強くなり、ピックを振り抜く際に負荷がかかるのだが、丸い部分だと引っ掛かりが少ないためより緩やかに振り抜けるし、トーンそのものも丸く甘いものになる。同時に「フレットボードに対しての垂直の振動」が加わることになるため、ギターという楽器の構造上、より太いトーンが得られる。ピッキング・スタイルこそ異なれど、ウェス・モンゴメリーの右手の親指のピッキングに近い弦振動を、メセニーは獲得したわけだ。その上で、ソフトからハードまでアタックを自在にコントロールし、必要以上にボリューム・コントロールに頼らずとも、広いダイナミックレンジでの表現が可能になっている。

メセニーが初期から使用しているギター・アンプはアコースティック社の１３４モデルで、同社は真空管を使用しないソリッド・ステート（トランジスタ等を使用）のアンプで知られており、ボリュームを上げても歪みがなく、明るくクリーンな音色が得られる。１３４モデルは4基の10インチスピーカを備え、

メセニー・サウンドの真実 Part.1

最大出力は125ワットとパワフルで、エフェクトとしてリヴァーブとトレモロを装備していた。独特なピッキングとアコースティック134の組み合わせで、1974年の時点でメセニー・トーンの「基本部分」は概ね完成していたと言えよう。なおジャコ・パストリアスもアコースティック社のアンプの愛用者であり、彼は早い段階でいかなるセッションにも自前のアンプを持ち込んでいたというのは有名な話だ。

デジタル・ディレイの使用については、アルバム『ウォーターカラーズ』のミキシングの際に、スタジオにあったレキシコン社のデジタル・ディレイを使用したことがきっかけとなっている。レキシコン社の初代デジタル・ディレイのモデルは1971年発売のデルタT-101だが、表パネルにレキシコンのロゴが入って販売されたのはその改良機のデルタT-102からなので、タレント・スタジオでヤン・エリック・コングスハウクが使っていたのはおそらくデルタT-102だろう。それまでの録音では、ギター・アンプのリヴァーブ、あるいは各スタジオにあったリヴァーブが使われていたわけで、ゲイリー・バートン・グループでの3枚のアルバム、及び『ブライト・サイズ・ライフ』は、デジタル・ディレイ導入以前の「リヴァーブ処理の進化の過程」であるということを指摘しておこう。

メセニーはデジタル・ディレイを、あくまで「管楽器の鳴りのような、あちこちから音が響くようなサウンド」にするために用いており、コーラス・エフェクトによる揺らいだサウンドは「嫌い」とハッキリ語っている。特に一つのスピーカーから同時に異なるピッチの音が鳴る状態をメセニーは許せず、1994年までのセッティングは、ストレートな音と2台のレキシコン・プライムタイムによって14マイクロ秒と26マイクロ秒にずらした音を、3台のアンプから出すという凝ったものになっていた。あくまで「アコースティックなサウンドを得るためにテクノロジーを駆使する」という点にこだわっていたわけで、これはメセニーがこの先も各種のシンセサイザーを含むあらゆる最新機材を導入していく際の、変わらぬポリシーとして貫かれていく。

SHADOWS AND LIGHT
JONI MITCHELL

1980

『シャドウズ・アンド・ライト』
ジョニ・ミッチェル

(DISC 1)
② IN FRANCE THEY KISS ON MAIN STREET　4:14
③ EDITH AND THE KINGPIN　4:10
④ COYOTE　4:58
⑦ AMELIA　6:40
⑧ PAT'S SOLO　3:09
⑨ HEJIRA　7:52

(DISC 2)
① BLACK CROW　3:52
④ FREE MAN IN PARIS　3:20
⑥ FURRY THINGS THE BLUES　5:35

※パット・メセニー参加曲のみ

All Music by Joni Mitchell
Except DISC 1 ⑧ by Pat Metheny
Elektra Records

□ 1979年9月録音
□ プロデューサー：ジョニ・ミッチェル
□ 録音：サンタ・バーバラ・カウンティ・ボウル（アメリカ、カリフォルニア）
□ エンジニア：アンディー・ジョンズ＆ヘンリー・レヴィー
□ 参加ミュージシャン
ジョニ・ミッチェル：エレクトリック・ギター、ヴォーカル
パット・メセニー：リード・ギター
ジャコ・パストリアス：ベース
ドン・アライアス：ドラムス
ライル・メイズ：キーボード
マイケル・ブレッカー：サックス

ジャコパスと久闊《きゅうかつ》を叙し、ブレッカーと邂逅する瞬間を捉えたドキュメント

なんたるスーパーバンドなのか。ジャコパスもマイケル・ブレッカー[*1]もドン・アライアス[*2]も天に召され、ジョニ・ミッチェル[*3]も奇病と闘病中である今となっては、このライヴアルバムが残されていること自体に、全音楽ファンは深く感謝すべきだろう。しかもこのライヴの映像盤もあり、若き日のメセニー、ジャコパス、マイケルがステージに並ぶシーンはリアルタイムで観た当時から痺れまくったものだが、現在は更にその価値を高めている。

一方でメセニーは、ミッチェルとのライヴツアーを心から楽しみつつ、「フェラーリに乗っているのに街中のブロックをうろうろしているようなもの」とのフラストレーションも抱えていた[*4]。当然だろう。これだけのメンバーが揃いながら全員参加による曲は限られ、メセニーの出番も半分程度なのだから。故にここでは、メセニーが不参加の曲も必聴！であることを前提に、メセニーの参加曲だけを取り扱うことにする。

まずディスク1の②だが、オリジナル・ヴァージョンはミッチェルの1975年のアルバム『夏草の誘い』の1曲目。そこではロベン・フォード[*5]のギターが大きくフィーチャーされ、ブルースとビバップをブレンドした絶妙のプレイを披露していた。対するメセニーは自らのスタイルを崩さず、ジャコパス必殺のグルーヴに乗って、水を得た魚のごとく軽快に飛ばしていく。いずれ劣らぬ名演だ。⑦から⑨は、メセニーのソロ⑧をブリッジとする17分半程のメドレー。ミッチェルの弾き語りに始まる⑦の後半から繊細なバッキングで絡み、5分59秒からエンディングのソロに流れ、そこから完全にメセニーとメイズの世界に持ち込む⑧は、アルバムの大きなハイライト。⑨ではブレッカーが珍しくソプラノ・サックスでフロウし、このバンドが何処へでも行けることを示している。

ディスク2ではメセニーの出番はさらに減るが、なんといっても④が最高過ぎるので全てを許そう。ジャコパスとアライアスの極太のビートの上に、メセニーとメイズがＰＭＧマナーのアンサンブルを敷き詰めるフリーウェイを、マイケルが制限速度を無視してハイパーなファンク・フレーズで駆け抜けていく。たった3分強とはあまりに勿体なく、メセニーの先の発言も確かにわかる。がしかし、ここはミッチェルのターフゆえの辛抱。メセニー&メイズは大人しくカラーリングに徹しつつ、『ウィチタ・フォールズ』（↓Ｐ52）の世界を先取りする。


*1／1949年、ペンシルバニア州出身のサックス・プレイヤー。兄のランディ・ブレッカーとのブレッカー・ブラザーズ、マイク・マイニエリとのステップス等で活躍。ジョン・コルトレーン以降の最重要サックス・プレイヤーとして後進に影響を与える。2006年没。

*2／1939年、ニューヨーク州出身のパーカッショニスト。マイルス・デイヴィスの『ビッチェズ・ブリュー』への参加を機に、無数のセッションに参加した名手。主にコンガをプレイ。2006年没。

*3／1943年、カナダのアルバータ州出身のシンガー&ソングライター。フォーク歌手としてスタートするが、アルバム毎に音楽性の幅を広げ、'70年代後半にはジャコパスとのコラボレーションで『逃避行』などの3部作を発表。現在は奇病モルジェロンズ病と闘病中。

*4／*PAT METHENY The ECM YEARS,1975-1984*, 152
*5／1951年、カリフォルニア州出身のギタリスト。'70年代にトム・スコット率いるLAエクスプレスで頭角を現し、数多くのスタジオセッションに参加。近年はコンテンポラリー・ブルースの名手としてリーダーアルバムを発表。

80/81
PAT METHENY

1980

『80/81』
パット・メセニー

(DISC-1)
① TWO FOLK SONGS
1ST 13:17
2ND 7:31
② 80/81 7:28
③ THE BAT 5:58
④ TURN AROUND 7:05

(DISC-2)
① OPEN 14:25
② PRETTY SCATTERED 6:56
③ EVERY DAY (I THANK YOU) 13:16
④ GOIN' AHEAD 3:56

All Music by Pat Metheny,
Except DISC-1 ① by Charlie Haden,
④ by Ornette Coleman,
DISC-2 ① by P.Metheny, Jack Dejohnette,
Dewey Redman, C.Haden, Michael Brecker,
Final Theme by P.Metheny
ECM Record

□ 1980年5月録音
□ プロデューサー：マンフレート・アイヒャー
□ 録音スタジオ：タレント・スタジオ
（ノルウェー、オスロ）
□ チーフエンジニア：ヤン・エリック・コングスハウク
□ 参加ミュージシャン
パット・メセニー：ギター
チャーリー・ヘイデン：ベース
ジャック・ディジョネット：ドラムス
デューイ・レッドマン：テナー・サックス
マイケル・ブレッカー：テナー・サックス

ジャズ界を震撼させ、次代の航路を示した大作

メセニーにとってジョニ・ミッチェルとのツアーの最大の成果は、マイケル・ブレッカーとの出会いであった。意気投合した両者が早いタイミングでの共演を望むのは必定だったが、ECMにとってもドル箱であるメセニーの次作は、早ければ早いほど都合が良い。PMGは曲作りやアレンジにどうしても時間を要するため、よりラフな形でのセッションをレコーディングすべく、メンバーが集められた。チャーリー・ヘイデン[*1]とデューイ・レッドマン[*2]というキース・ジャレット[*3]のアメリカン・カルテットのメンバーに、チャールズ・ロイド[*4]やマイルス・デイヴィスのバンドでジャレットとは昵懇《じっこん》のジャック・ディジョネット[*5]。メセニーにとって憧れのレジェンド達であるが、これは即ち「オーネットとジャレットの築いたジャズの新たな風景」に、メセニーとマイケルが加わるという建て付けとなる。

このレコーディングの結果にマンフレート・アイヒャーは大いに満足。アルバムを2枚組とすることを決意し、メセニーにとって自己名義では初の2枚組アルバムが生まれることになった。マイケルをフィーチャーしたディスク-1①とディスク-2③、レッドマンをフィーチャーしたディスク-1②、両者が並び立つディスク-1③とディスク-2①・②、ギタートリオによるディスク-1④、ギターの多重録音によるディスク-2④と、5パターンの編成による演奏はいずれも充実の極みで、メセニー、ブレッカー共に「人生を変えるような体験だった」と口を揃えていることにも大いに納得できる。なお本作はよく「メセニーによる本格的なジャズ作品」として紹介されるが、ここまでを読み進めていただいた方には、それが短見であることについては説明を要しないだろう。

アルバムの評価を決定づけたのはなんと言っても、最長のトラックであるディスク-1①だ。当時、メセニーが取り組んでいた「ギターのかき鳴らしを活かした曲」がいきなり登場。キーはDメジャー、テーマの構成はAABAの典型的な歌モノ、出だしのコード進行はD→Cadd9→G/B→G/Aとなるが、オープンDの感覚に近い。ディジョネットが叩き出すヤル気満々のリズムに乗ってマイケルが雄々しいテーマを吹き、続いてメセニーがアコギによるインプロでサラリと繋ぐ。ここまでで曲のステートメントが確立。1分45秒からいよいよブレッカーのソロに突入するのだが、このソロこそ彼が生涯に残した数多くの演奏におけるベスト・オブ・ベストの一つ。軽く吹きながらしていくかと思いきや、突如スケールアウトしてフリーキーに咆哮して度肝を抜くこの瞬間は、聴く度に堪らない興奮をもたらす。メセニーはマイケルが何をしようがお構いなしでギターをかき鳴らしを続けるのだが、この「オープンだがクールな煽り」こそ、メセニーの企図だった。ただならぬテンションにディジョネットも次第に興奮して、スネアをビシバシと打ち込んでいく。マイケルが下がった後はリズム隊によるヴァンプがしばらく続くが、再びのテーマとともに復活するマイケルが更なる無茶をするので、10分30秒あたりからはディジョネットもサディストと化して全力でドラムキットの破壊に向かう。「してやったり」とばかりに12分20秒からメセニーが軽めのかき鳴らしでクールダウンさせると、ヘイデンが野太い音色で長閑なテーマを奏で、これまでの興奮が嘘のようなセカンドパートへ。ここでようやくメセニーのアコギによるソロが出るが、珍しくベンドを多用したカントリー風味で歌い切り、約21分のトリップを和やかに終える。

レッドマンをフィーチャーしたタイトルチューン、ディスク-1②は典型的なオーネット流儀の演奏。キーEbのコード無しオープンを基本に、ユニゾンでのテーマの後、メセニーはシグネイチャー・トーンのエレクトリックで自在にフロウする。続くレッドマンも無敵の夢遊病者ぶりで、メセニーはほぼ放置プレイに徹するが、5分40秒あたりから徐々にレッドマンに寄り添っていくバッキングセンスに注目。レッドマンとマイケルの2テナーによるバラードのディスク-1③では、メセニー、ヘイデン、レッドマンがソロをリレー。全員の歌心を、ディジョネットが美しくシンバルで彩っていく。続くディスク-1④はギタートリオによるオーネットの曲で、軽快なスウィングに乗ってモチーフを発展させていくという、メセニーのスキルのショーケース。当時こんなプレイをしていたのはメセニーだけで、ギタリスト達は全員ブッ飛ばされたものだった。

ディスク-2は全員によるインプロの①からスタート。まずはメセニーとディジョネットによる高速4ビート・デュオから入るが、同音反復フレーズの嵐で攻め込むメセニーに対し、負けじとディジョネットがドバズバと絡むバトルが圧巻。5分40秒からはレッドマンとディジョネットがバトル、ヘイデンがこれに追従し、サックストリオの状態で疾走する。いつになく攻撃的なヘイデンのソロを挟み、10分25秒からは遂にマイケルが駆けつける。ここに全員が気ままに絡んでいきながらハチャメチャ化、収束用にとメセニーが用意した短いテーマをユニゾンし、ディジョネットを残して去っていく。

やはり全員によるディスク-2の②は、ボブ・バーグとのギグ用に書かれたもの。[*6] ここではメセニー、マイケル、レッドマンのユニゾンによるテーマからソロを回し、テーマに戻るというオーソドックスな構成の演奏が聴かれる。フリーながらソウルフルに歌うレッドマンのソロが実に鯔背《いなせ》。

そしてアルバムは後半のハイライト、ディスク-2の③へと進む。メセニーとマイケルがルバートで奏でるメロディーがこよなく美しいバラードは、アルバム中で最も作り込まれた構成を持ち、ギターの多重録音も手伝ってPMGにマイケルが迷い込んだようなムードだが、それもそのはず。この曲はPMGのツアー中の1979年にブレーメンのホテルで書かれており、本作でマイケルを迎えることが決まった際、真っ先に彼の演奏をイメージしてピックアップされた曲なのだ。インテンポになって4分8秒から始まるユニゾンによるセカンドテーマの息もピッタリで、続くマイケルのソロはコード進行に忠実ながら、得意の速射砲フレーズを連発。ディジョネットも遠慮なく煽るため、バラードであることをすっかり忘れてアツく盛り上がっていく。それをにこやかに見守るメセニーがアルペジオでクールダウンさせ、再びルバートでの演奏に戻る。圧倒的な感動を呼ぶ13分。

ラストはメセニーの多重録音ソロによるディスク-2④でアルバム全体のコーダとして機能するが、ピースフルなこの曲があるから再度、頭からアルバム全体を聴きたくなるのだ。

マイケルとメセニーのコラボレーションは、2007年1月にマイケルが天に召される直前まで続いていく。その第1歩を刻んだ本作が、今世紀のジャズ界の航路を示す灯光となったことは間違いない。

*1／1937年、アイオワ州出身のベーシスト。1959年にオーネット・コールマンの、1967年にキース・ジャレットのカルテットに参加。カーラ・ブレイらとのリベレーション・ミュージック・オーケストラ等、バンドリーダーとしても活躍。2014年没。

*2／1931年、テキサス州出身のサックス・プレイヤー。1967年にニューヨークに進出。同郷のオーネット・コールマンのカルテットと並行して、キース・ジャレットのカルテットでも活躍。2006年没。

*3／1945年、ペンシルバニア州出身のピアニスト。チャールズ・ロイド、マイルス・デイヴィス等との共演後、イマジネーションに満ちたソロ・インプロヴィゼイションで一世を風靡。近年はジャック・ディジョネット、ゲイリー・ピーコックとのトリオで活動。

*4／1938年、テネシー州出身のサックス・プレイヤー。キース・ジャレットやジャック・ディジョネットを従えた1966年のアルバム『フォレスト・フラワー：ライブ・アット・モンタレー』のヒットで脚光を浴び、現在までコンスタントに活躍を続けるレジェンドの1人。

*5／1942年、イリノイ州出身のドラマー。チャールズ・ロイドのカルテットで脚光を浴び、マイルス・デイヴィスの『ビッチェス・ブリュー』など、多数のセッションに参加。50年間にわたってトップドラマーとして君臨している。

*6／*PAT METHENY SONG BOOK*, 439

TONINHO HORTA
TONINHO HORTA

1980

『トニーニョ・オルタ』
トニーニョ・オルタ

⑤ PRATO FEITO　6:33
⑩ MANOEL,O AUDAZ　5:58

※パット・メセニー参加曲のみ

EMI-ODEON

□ 1980年8月録音
□ 録音地：リオ・デ・ジャネイロ（ブラジル）
□ プロデューサー&ディレクター：ミゲル・プロプチー
□ エグゼクティブ・プロデューサー：
ロナルド・バストス&トニーニョ・オルタ
□ 参加ミュージシャン
トニーニョ・オルタ：ギター、ヴォーカル、パンデイロ
パット・メセニー：ギター
ジャミル・ジョアネス：エレクトリック・ベース
ロベルト・シルバ：ドラムス
ジョゼ・ホベルト・ベルトラミ：オバーハイム
ヴァギネル・チソ：アープ・オムニ
ロベルチーニョ：ドラムス
ロー・ボルジェス：ヴォーカル

盟友トニーニョをバックに弾き捲る

1980年8月、PMGはツアーでリオ・デ・ジャネイロへと赴いた。会場は2万人規模のスポーツアリーナで、マーク・イーガンが参加したラスト・コンサートとなった。[*1] メセニーはリオには当初は3日程の滞在予定だったが、結果、現地の音楽に触れるべく3週間滞在。その間に、ミルトン・ナシメントやそのバンドのギタリストであったトニーニョ・オルタ[*2]、そして前年の3月に日本でのコンサート[*3]でアイヒャーを通じて紹介されたナナ・ヴァスコンセロスらのライヴに触れ、大いに刺激を受ける。もとよりメセニーは、アマチュア時代からブラジル音楽に強い共感を覚えており、アントニオ・カルロス・ジョビン[*4]を作曲家のフェイヴァリットとして崇敬していた。

本作はメセニーのリオ滞在時に、トニーニョに請われて参加したもの。その2曲では、トニーニョはヴォーカルとナイロン弦ギターによるバッキングに徹して、ソロイストの座を完全にメセニーに渡すことで深い敬意を示す一方で、メセニーもトニーニョを「ボサノヴァ・ギターのハービー・ハンコック」と賞賛している。[*5]

何と言っても必聴なのは⑤。当時のブラジルでは最強のリズム隊に加え、「アジムス」のジョゼ・ホベルト・ベルトラミ[*6]がオバーハイムで彩りを添えるという豪華極まりない布陣での1曲。およそ6分半、テーマからロングソロまで全編に渡って弾き捲るメセニーが圧巻だ。ミックスもメセニーが中心で、軽快なサンバのリズムに8分音符でゆったりと乗っかり、次第に高揚していく2分20秒あたりからベルトラミがオバーハイムで煽りにかかる瞬間が堪らない。一旦はテーマに戻るが、たぶんトニーニョは「もっと行け！」とばかりに目配せして、4分過ぎからセカンド・ソロに突入。得意の素早いペンタトニックも盛り込み、エンディングに向けてゴキゲンにフロウしていく。もしこれを聴いていない人がいるとしたら、大きな忘れ物と言えよう。ラストを飾る⑩は、トニーニョと同郷のミナス・ジェライス州出身のヴォーカリスト、ロー・ボルジェスを大フィーチャーした明るいMPB《ムジカ・ポプラール・ブラジレイラ》ナンバー。メセニーは前半、歌に寄り添うようにフィルインし、曲のムードを高めていく。2分58秒以降からエンディングまでがギターソロで、彼が「歌モノ」で披露する定石として、コード進行のインサイドで鼻歌風にメロディーを展開していく。他曲も全て素晴らしく、トニーニョのジャジーなトーンによるソロもたっぷりとフィーチャーされているので、本盤を見つけたら即入手を。なおメセニーは、トニーニョの1989年の『Moonstone』にも参加。タイトル曲で美しいギターデュオを披露している。

*1／*PAT METHENY The ECM YEARS,1975-1984*, 166
*2／1948年、ブルジルのミナス・ジェイラス州出身のギタリスト、ヴォーカリスト。ソロ作品も多数。
*3／1979年3月の「ECMスーパー・ギター・フェスティバル」。PMG、ジョン・アバークロンビー・カルテット、エグベルト・ジスモンチ＋ナナ・ヴァスコンセロスの3組がステージを分けた、伝説のコンサート。
*4／1927年、リオ・デ・ジャネイロ出身の作曲家。あまりにも偉大な、ボサノヴァの創生者の1人。
*5／*PAT METHENY The ECM YEARS,1975-1984*, 166
*6／1946年、サンパウロ州タトゥイー出身のキーボーディスト。クロスオーバー・ジャズトリオのアジムスを率いて活躍。1975年の『Azymuth』以降、コンスタントにアルバムを発表。2012年没。

AS FALLS WICHITA, SO FALLS WICHITA FALLS
PAT METHENY & LYLE MAYS

1980

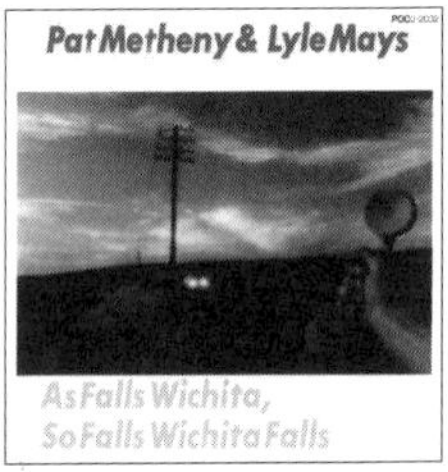

『ウィチタ・フォールズ』
パット・メセニー ＆ ライル・メイズ

① AS FALLS WICHITA, SO FALLS WICHITA FALLS 20:44
② OZARK 4:02
③ SEPTEMBER FIFTEENTH (DEDICATED TO BILL EVANCE) 7:44
④ IT'S FOR YOU 8:20
⑤ ESTUPENDA GRAÇA 2:48

All Music by Pat Metheny & Lyle Mays
ECM Record

□ 1980年9月録音
□ プロデューサー：マンフレート・アイヒャー
□ 録音スタジオ：タレント・スタジオ（ノルウェー、オスロ）
□ チーフエンジニア：ヤン・エリック・コングスハウク
□ 参加ミュージシャン
ライル・メイズ：ピアノ、シンセサイザー、オルガン、オートハープ
パット・メセニー：エレクトリック&アコースティック6弦&12弦ギター、ベース
ナナ・ヴァスコンセロス：ビリンバウ、パーカッション、ドラムス、ヴォーカル

次なるPMGサウンドに繋がる、メイズとのデュオ・アルバム

メセニーをリアルタイムで聴いてきた者の実感として、彼は盟友であるジャコ・パストリアスが加入していたウェザー・リポートのサウンドを常に意識していたように思う。特に当時のウェザー・リポートでは、ジョー・ザヴィヌルがシンセサイザーを次々に導入してジャズコンボのサウンドを大胆に拡張、ビッグバンドにも劣らないスケールで圧倒的な評価を得ていた。「ザヴィヌルよりも一世代若い自分達なら、ジャズの可能性をもっと拡張できるはず」、野心家のメセニーがそう考えるのは自然な成り行きだった。スタジオそのものを一つの楽器と捉え、ポリフォニック・シンセサイザーによるオーケストレーションとさまざまなギターのオーバーダビングにより、メセニーとメイズが共有するアメリカ中西部の風景を、あたかもムービーのように描く。本作の初期のア

イデアは、そのようなデュオ・アルバムだった。そこに、アイヒャーの紹介で出会っていたナナ・ヴァスコンセロス[*1]が「大地の要素」として加わることで、テクノロジーとヒューマニズムが融合できると考えた（ナナの起用は、当初は1、2曲のつもりだった）[*2]。アルバムジャケットのクレジットが「with Naná Vasconcelos」となっているのは、以上の経緯による。故に本作はECMの「常識」を超えて、ベーシック・トラックのレコーディングに3日、オーバーダビングとミックスに2日を要して完成された。

タイトルチューンの①は、LPの際にはA面の全てを費やされた20分オーバーの大作。タイトルはスティーヴ・スワローによるもので、元々はステージで演奏する前の15分程度の「出囃子」的なものとして発想された素材であった。そこに、メセニーとメイズが日頃から書き留めていたスケッチを集めて発展させて完成。共作のスタイル的には『アメリカン・ガレージ』のTHE EPICの手法が引き継がれているわけだが、メイズが「ドナ・サマー・ベース」と呼んでいる八分音符によるG音のペダル上に乗っかるメロディーも、THE EPICと共通するムードだ。メイズは本曲を「大虐殺から世界が再建していくストーリー」と語っており[*3]、前半のSEによる爆発音や群衆のざわめきはかなり描写的な要素となる。2分36秒からはギターのアルペジオとシンプルなベースラインがバッキングの軸となり、ここにギターとプロフェット・シンセサイザーの悲しいメロディーが乗っかる。ナナによるヴォイスやパーカッションもカラーリングとして大きな効果を発揮するが、6分38秒あたりからのトーキング・ドラムによるソロ（リズムに合わせて口ずさむヴォイスも聴こえる）で本領発揮。次第にオーバーハイムが複雑なコードで動いていくが、このあたりは後に『シークレット・ストーリー』（→P116）へと発展していく。

11分あたりからリズムの主役はナナのカシシ[*4]となり、メイズは教会風のオルガンを奏でる。12分19秒からはメセニーがベースでディステニー感のあるメロディーを奏で、再びギターとシンセによるメロディーが登場し、キメのフレーズで一旦収束。14分以降は長いコーダのような扱いで、分厚く重ねられたオーバーハイムが雲の切れ目から光が差し込むようなシーン描き、SEで子供たちの歓声が被さっていく。14分42秒あたりから、"Thirty

″Eight″、″Forty Two″、″Fifty Five″、″Three″と続くメセニーのヴォイスが意味ありげだが、これは楽曲の進行を確認するためにテープに入れていたタイムカウントを活かしたものらしい。[*5] そしてエンディングに向けて救済のオルガンが徐々にボリュームをあげていき、浮遊感のあるF/Gのコードをフェルマータし、約20分のサウンドスケープは安らかに終わる。この間、ジャズ的なインプロヴィゼイションは一切なし、という潔さだ。故にアルバムのリリース当時、本作は『80/81』とのあまりの落差ゆえ、「メイズ主導のアルバム」と評されることが多かったが、これは明らかな誤認。そのような振れ幅の大きさこそが、メセニーという音楽家のスケールなのであり、他のジャズ・ミュージシャンと袂を分かつ最大のファクターなのだから。時間が許せばぜひ一度、THE EPIC、本曲、そして『ザ・ウェイ・アップ』（→P222）を続けて聴いてほしい。メセニーとメイズによる楽曲構成のアイデアの発展が、楽器のテクノロジーや録音方法、更にはメディアの進化等としっかりと歩調を合わせていることが、手に取るように理解できるはずだ。

残る4曲はいずれも、重厚な①とは対照的にポップなもの。メセニーは典型的なバランス人間なので、ファンサービスの意味合いも強いのだろう。特に②などは『ニュー・シャトークァ』のピアノ版的なキャッチーさを備えているので、A面の1曲目でも何ら問題ない。いや、②を先に持ってきた方が端的に売れ筋だろう。しかし本作でメセニーが強くレコメンドしたいのは、あくまで①でチャレンジした世界観及びサウンドだ。そうしたメセニーの考えにアイヒャーは同調したわけで、当時のECMレーベルの懐の広さも感じずにはいられない。

その②は、おそらくはほとんどがメイズのアイデアによるものなのだろう、楽譜集には掲載されていない。カントリーとショーロをミックスしたようなアップテンポのアコースティック・ピアノのソロを、ナナがビリンバウで刻むリズムにより推進力を強化。メセニーのギターとベースはテーマ部で軽く添えられ、おいしいところでオートハープがシャラ～ンと爽快に鳴らされる。メイズのピアノソロは相変わらず端正かつ流麗で、左手のコードが自在にシンコペートするので、グイグイと惹き込まれていく。

そして渾身の名曲③が来る。前半のバラード部分は1977年にメイズが、後半のワルツ部分は1974年にメセニーが、それぞれに書いていたメロディーを繋ぎ合わせて1曲に仕上げたものだが、その作曲中の1980年9月15日にビル・エヴァンスが天に召されたため、エヴァンスに捧げられた（こうした経緯により、メセニーのファンはエヴァンスの命日を記憶している）。ギルドのナイロン・ストリングス・ギターとメイズのクラシック・スタイルのピアノがマッチした名演で、ライヴで頻繁に演奏されている。

12弦ギターのかき鳴らしと美しいメロディーの④も人気曲だが、本曲は1977年、メセニーとメイズによる初の共作。メセニーはゲイリー・バートンのグループを抜けてからPMG結成までの短期間、メイズとともにマリーナ・ショウ[*6]のツアーに参加していた。その際に2人で書き上げていたテーマ部分に、本アルバムに収録すべく中間部を書き加えて仕上げた。ナナのヴォーカルも大きくフィーチャーされており、これが以降のPMGの大きな武器になっていく。後半でようやく、本アルバムで初めてのギターソロが登場。軽いリズムに乗ってメセニーがフロウする。本曲は当時のライヴにおいても重要なレパートリーとなっており、そこではメセニーのソロをゴットリーブが推進力のあるサンバでバックアップし、盛り上がりを見せている。ラストの可憐な小品⑤でもナナのヴォーカルが聴かれるが、録音は④より前なので、⑤がメセニー自身の名義による初のヴォーカル曲ということになる。

*1／1944年、ブラジルのレシーフェ出身のパーカッション・プレイヤー。1960年代にミルトン・ナシメントと共演、1978年にエグベルト・ジスモンチとの共作『輝く水』をECMより発表。2016年没。
*2／『スイング・ジャーナル』1981年8月号、フレッド・ブーシャードによるライル・メイズのインタビューより。
*3／*PAT METHENY SONG BOOK*, 440
*4／カポエイラなどで用いられる、細い木で編んだ容器に豆や木の実、小石等を入れたアフリカン・パーカッション。
*5／*PAT METHENY The ECM YEARS,1975-1984*, 175
*6／1942年、ニューヨーク州出身のジャズシンガー。1960年代より活動をスタート。1975年のアルバム『フー・イズ・ジス・ビッチ・エニウェイ』はフリー・ソウルの傑作。

THE SONG IS YOU - RECORDED AT WOODSTOCK JAZZ FESTIVAL

ANTHONY BRAXTON, CHICK COREA, JACK DEJOHNETTE, PAT METHENY, LEE KONITZ, MIROSLAV VITOUŠ

1981

(DISC-1)
③ ALL BLUES 22:47

※パット・メセニー参加曲のみ

DOUGLAS

□1981年9月19日録音
□録音地：ウッドストック・ジャズ・フェスティヴァルにおけるライヴ
□参加ミュージシャン
チック・コリア：ピアノ
アンソニー・ブラクストン：アルト・サックス
ジャック・ディジョネット：ドラムス
リー・コニッツ：アルト・サックス
パット・メセニー：ギター
ミロスラフ・ヴィトウス：ベース

レジェンドの前で遠慮しつつも、ギター・シンセを咆哮させた貴重な記録

セルフ・プロデュースの能力に長けたメセニーは、自身のプロジェクトでは全てを完璧にコントロールする反面、他人の土俵に上がる時は無防備になる。特にジャズ・レジェンド達に誘われた時は気安く従ったがそこには彼なりの計算があり、必ず共演者から音楽的なサムシングを得ようとしていた。この2枚組ライヴは、おそらくはジャック・ディジョネットがメセニーに声を掛けて参加することになったもの。メンツはチック・コリア[*1]とアンソニー・ブラクストン[*2]というサークルの2人、御大リー・コニッツ[*3]、ウェザー・リポートを脱退したミロスラフ・ヴィトウス[*4]とくれば、参加する価値アリとメセニーが判断したのも無理はない。メセニーの参加曲はディスク-1の③だけだが、ギターソロがフィーチャーされた長尺の演奏で後半ではギター・シンセが投入されることもあ

り、ここで紹介することにする。なお本作の映像盤では、ナナ・ヴァスコンセロスのビリンバウのソロが抜粋されており、デューイ・レッドマンとメセニー、ディジョネット、ヴィトウスによるオーネット・コールマンの『ブロードウェイ・ブルース』の熱演が収められている。逆に、③のメセニーのソロはまるっとカットされている。

お馴染みのリフが少し早めのテンポで出るが、すぐにテーマには入らず、ディジョネットとヴィトウスが軽くひと暴れ。ほどなくコリアが全体を仕切るようにピアノでテーマを弾き始めるあたり、フリーなセッションらしい良い意味での出鱈目なムードが楽しい。先行ソロはメセニーで、1分56秒から必殺のトーンをウッドストックの空に響かせる。ディジョネットはメセニーを煽り、コリアもヴィトウスも不気味に蠢く。先輩たちが束になって仕掛ける攻撃を受けながらも、お得意のフレーズでマイペースなメセニーがクール。続くソロはコニッツで、メセニーは時折バッキングを入れるが、コリアが遠慮なくブロックコードをブチ込むのを見て弾くのを止めて戦況を見守る。ブラクストン、コリアと続くソロ回しの間もじっと我慢で、アヴァンギャルドに走っていきながらもグルーヴを崩していない演奏は、このメンツなので当たり前とはいえなかなかのもの。そして軽くクールダウンし、ヴィトウスのアルコによるソロに入ったところで、メセニーがGR303に持ち替えてSE的なフレーズを少し放つ。ヴィトウスのアルコと混じっているので目立つことなく遠慮がちに少ししか弾かないのがキュートだが、そのサウンドは確実に新しい。ディジョネットの豪快なソロの後のテーマで、遂にギター・シンセが高らかに叫んで、全員によるエンディングでのドシャメシャにも咆哮してきっちりと付き添う。他の曲の演奏も悪くないので、持っておいて損はない1枚（2枚組ですが）。

＊1／1941年、マサチューセッツ州出身のピアニスト&キーボード・プレイヤー。1968年にマイルス・ディヴィスのバンドに加入。脱退後はサークルでフリージャズ、リターン・トゥ・フォーエバーでブラジリアン・テイストのジャズを披露。現在に至るまで、ジャズ界のトップを走り続けている。

＊2／1945年、イリノイ州シカゴ出身のサックス・プレイヤー。AACM（Association for the Advancement of Creative Musicians）で活動後、サークルに参加。主にフリージャズ・シーンで活躍。

＊3／1927年、ブラクストンと同郷のシカゴ出身のアルト・サックス・プレイヤー。レニー・トリスターノの薫陶を受けた「クール派」の巨人。

＊4／1947年、チェコスロヴァキア出身のベーシスト。ウェザー・リポートの初代ベーシストで、現在もECMから意欲的な作品を発表。

OFFRAMP
PAT METHENY GROUP

1982

『オフランプ』
パット・メセニー・グループ

① BARCAROLE 3:15
② ARE YOU GOING WITH ME ? 8:47
③ AU LAIT 8:32
④ EIGHTEEN 5:08
⑤ OFFRAMP 5:59
⑥ JAMES 6:47
⑦ THE BAT part II 3:50

All Music by Pat Metheny & Lyle Mays,
except ①・④ by Metheny & Mays & Nana Vasconcelos
ECM Record

□ 1981年10月録音
□ プロデューサー：マンフレート・アイヒャー
□ 録音スタジオ：パワー・ステイション
（アメリカ、ニューヨーク）
□ チーフエンジニア：ヤン・エリック・コングスハウク
（⑤のみグラッグ・ランスフォード）
□ 参加ミュージシャン
パット・メセニー：ギター・シンセサイザー、ギター、シンクラヴィア・ギター
ライル・メイズ：ピアノ、シンセサイザー、オートハープ、オルガン、シンクラヴィア
スティーヴ・ロドビー：アコースティック＆エレクトリック・ベース
ダン・ゴットリーブ：ドラムス
ナナ・ヴァスコンセロス：パーカッション、ヴォイス、ビリンバウ

前人未到の境地へ踏み込んだ、グラミー初受賞の傑作

ＰＭＧは本アルバムから、全く新しいフェイズに突入する。後にメセニー自身も「初期のＰＭＧは今聴くと大学生が演奏しているよう」であり、「今でも鑑賞に耐えるのはオフランプだけだろう」と語っている。[*1] ここまでの時点で、メセニーとメイズが企てた「ジャズとアメリカーナの邂逅」は一通りの成果を残し、マーケットにも受け入れられた。ならば、そろそろ自分たちは次なる未知の世界へ進むべきだろうと2人は考えた。好奇心と創造力の塊のようなメセニーとメイズは、ギター・シンセサイザーとシンクラヴィア[*2]という新たなテクスチャーを得て大いに興奮していた。加えて、ナナ・ヴァスコンセロスの「大地の声」を高次元で融合させることで、必ずや次の地平を見ることができる――以上のようなメセニーの明確な意思は、楽器のクレジットのトップにギター・

シンセサイザーを掲げ、メイズと共にシンクラヴィアの名を挙げて、ナナを「スペシャル・ゲスト」として扱っていることからも、読み取ることができる。結果として本作で、彼らは1983年の第25回グラミー賞においてベスト・ジャズ・フュージョン・パフォーマンス賞を受賞し、ジャズ界の頂点に立つことになる。

時系列に戻ろう。1980年の夏、ブラジルへのツアーを最後にグループを抜けたマーク・イーガンの後任の座には、メセニー、メイズ、ゴットリーブの3人の共通の友人であったスティーヴ・ロドビー*3が座る。ジャコパスの明らかな影響下にあるイーガンとは異なり、ロドビーはアコースティック・ベース（ウッドベース）とエレクトリック・ベースの両刀使いであり、よりオーソドックスなプレイを信条としていた。『80/81』でチャーリー・ヘイデンと共演したメセニーは、改めて「ジャズ楽器としてのウッドベース」の必要性を感じ、エゴのあまりないシンプルで力強いボトムを求めていた。その意味でロドビーはうってつけの存在であった。ウッドベースのサウンドを加えることで、PMGはアコースティック・ジャズから最新テクノロジーを駆使したオーケストレーションまでを自在に往還できる。同時にロドビーにはサウンド全体を見渡せるセンスもあり、コ・プロデューサーとしても適任。メセニーとメイズに次ぐ「第3の男」として、ロドビーは以降のPMGで欠かせない存在となっていく。

P126で詳述するが、ギター・シンセがメセニーにもたらしたものはとてつもなく大きい。最初に手にした楽器がトランペットであったメセニーは、ギターにおいても管楽器のような「ブレスのある演奏」を信条としていた。同時に、ロックの影響下にある多くのギタリストが用いていたディストーション・サウンドは、「ロングトーンは得られるものの、個性がなくワンパターン」であると判断して、採り入れていなかった。そこにトランペットのようなロングトーンと高音が得られて、メセニーのスライドを多用するプレイ（ウェス・モンゴメリーの影響）がしっかりと活かせる楽器として、ギター・シンセが現れたのだった。彼の変わらぬポリシーである「新たなギターサウンドの希求」に、これほどピッタリの楽器はなかった。本作でギター・シンセが大々的にフィーチャーされるのは、必然だったと言えよう。その「未知のサウンド」に全てのギタリストが戦慄を覚えたのは、我が国での本作リリース当初のタイトルが『愛のカフェオーレ』と題されていたこととの落差も大きかったように思う（名タイトルです）。

アルバムはシンクラヴィアによる機械的なリズムの上でギター・シンセが咆哮する①からスタート。②への導入部としての短い曲だが、これまでのPMGの面影の全くないサウンドで、当時「PMGは一体、何処へ行くのか？」と誰もが疑問符を浮かべたものだった。一聴するとメイズが敷き詰めるコードの上でメセニーがインプロを繰り広げているようにも聴こえるが、実際にはしっかり作曲されたものであり、共作者としてナナがクレジットされているのはビリンバウによるカラフルなオブリガートへのリスペクトだろう。

そして現在に至るまで劣らぬ人気を誇るメセニーのキラーチューン②が、ここでついに降臨する。シンクラヴィアに出会って最初に取り組んだ曲で[*4]、当初は「フリートウッド・マック[*5]・チューン」と呼ばれていたように、フリートウッド・マックの代表曲『リアノン』と共通するCマイナー上でのメランコリックなコード進行がヒリついた空気を醸す。リズムは軽いボサノヴァとエレクトロの融合で、シンクラヴィアとギターによる淡々としたオスティナートがじわじわと効いてくる。そこにシンセとナナのヴォーカルによる最高に切ないメロディーが乗っかったこの瞬間、ジャズという音楽はまたしてもメセニーの手によって更新されたのだ。続くメイズのシンセソロはたっぷりの揺らぎを加えて、聴く者の胸を締め付けていく。満を持して半音上のC♯マイナーに転調し、メセニーが「パラパ〜」とシンセで見参。完璧なコントロールで「新たな歌」を高らかに響かせていき、5分20秒で更に半音上のDマイナーに転調。ギターでは不可能だった高音でありったけのメロディーを積み上げて泣かせてくれる。何度聴いても飽きることのないこの名ソロの前に、我々はひたすらひれ伏すのみである。「クックッ」と燃え尽きるラストではメイズがピアノの高音部で応じ、感動の余韻を残しつつ静かに曲の幕が閉じられる。

負けず劣らずの名曲である③は、近年は演奏される機会が少ないのが残念。メイズが中心になって作った曲なので楽譜集では扱われていないが、複雑に入り組んだ変拍子のリズムとクロマティックで動くメロディーは映画音楽さながらに揺蕩《たゆた》う。テーマに絡むナナのヴォイスやSEの凄まじいイマジネーションにも注目。2分29秒からは拍子が安定、メセニーのシグネイチャー・トーンによるソロが紡がれていく。②で思い切り泣かせた分、ここでは無駄のないフレーズでの緩やかなフロウが美しい。続くメイズも、ソロとはいえないような散文的な音を空間に配置していき、曲のムードをキープ。曲を通じての重厚なベースに、ロドビーのウッドベース効果が大きく現れていることも聴き逃してはならない。なお本曲は、メイズが自身のライヴ・レパートリーとしている。

LPリリース時のA面はメランコリックに進んだため、B面の冒頭にはアップテンポでロックな④が置かれた。メセニーは「ビーチ・ボーイズ的」*6とするが、タイトルはスティーヴ・ライヒの『18人の音楽家のための音楽』に因むもので、メイズがギターで作ったというリフの展開が主軸となるあたりのミニマルな雰囲気は、確かにライヒ的な面もある。高速でのドライヴにドンピシャの爽快極まりない1曲だ。

以降もギターシンセでオーネットの世界をより過激に拡張した⑤、②と並んでメセニー・ソングブックを代表する⑥(メイズのピアノソロがあまりにも絶品)、『80/81』の収録曲をシンクラヴィアとギター・シンセ、ナナのヴォーカルでシネマティックに再現した⑦と全曲が大傑作。これまでとは異なるテイストながらPMGの新境地を飾る本作の価値はいささかも揺るぐことなく、今なお聴くたびに発見と感動をもたらしてくれる。

*1/『ジャズライフ』2005年2月号、パット・メセニーへのインタビュー記事より。

*2/シンクラヴィアはFM音源のシンセサイザーとサンプラー、シーケンサー、ミキサーの機能を備えた電子楽器で、デジタル・オーディオ・ワークステーション(DAW)の元祖。アメリカのニューイングランドデジタル社が開発したもので、1979年の「シンクラヴィアII」から、アメリカの音楽業界に普及。当時の価格はフルセットで1億円を超えるという高価なものだった。

*3/1954年、イリノイ州出身のベーシスト。12歳よりベースを始め、高校時代にサマーキャンプで出会ったことでメセニー等と意気投合。PMGの外でも、メセニーのアルバムにはプロデュースワークでほぼクレジットされている。

*4/*PAT METHENY SONG BOOK*, 440

*5/1967年、イギリスで結成されたロックバンド。当初はブルース色が濃かったが、1974年にカリフォルニアに拠点を移し、スティーヴィー・ニックスをフィーチャーしたポップ路線に変更して大ブレイク。『リアノン』は1975年のアルバム『ファンタスティック・マック』の代表曲。

*6/ザ・ビーチボーイズは1961年結成のロック・グループ。代表曲は『カリフォルニア・ガールズ』『サーフィンUSA』など。

TRAVELS
PAT METHENY GROUP

1983

『トラヴェルズ』
パット・メセニー・グループ

(DISC -1)
① ARE YOU GOING WITH ME ? 9:19
② THE FIELDS, THE SKY 7:47
③ GOODBYE 8:19
④ PHASE DANCE 8:03
⑤ STRAIGHT ON RED 7:27
⑥ FARMER'S TRUST 6:26

(DISC -2)
① EXTRADITION 5:43
② GOIN' AHEAD / AS FALLS WICHITA, SO FALLS WUCHITA FALLS 16:17
③ TRAVELS 5:02
④ SONG FOR BILBAO 8:24
⑤ SAN LORENZO 13:35

All Music by Pat Metheny & Lyle Mays,
Except DISC-1 ②・③・⑥ ,DISC-2 ①・②・④ by P.Metheny
ECM Record

□ 1982 年 7 月、10 月、11 月録音
□ プロデューサー：パット・メセニー&マンフレート・アイヒャー
□ 録音地：ダラス、フィラデルフィア、サクラメント、ハットフォード、ナコドーチス
□ レコーディング・エンジニア：ランディ・エズラッティ
□ ミキシング・エンジニア：ヤン・エリック・コングスハウク
□ 参加ミュージシャン
パット・メセニー：ギター、ギター・シンセサイザー
ライル・メイズ：ピアノ、シンセサイザー、オルガン、オートハープ、シンクラヴィア
スティーヴ・ロドビー：アコースティック&エレクトリック・ベース、ベース・シンセサイザー
ダン・ゴットリーブ：ドラムス
ナナ・ヴァスコンセロス：パーカッション、ヴォイス、ビリンバウ

ライヴ盤のクオリティを更新した、超弩級の2枚組

ＬＰのリリース当時、いったいこのアルバムを何回聴いたことだろう。あまりのリピートに溝がすり減って音質はかなり劣化。そろそろ買いなおそうかなぁ…という頃に、ＣＤが登場。都合よく紙ジャケ盤を入手したのだが、如何せん素晴らしいデザインのジャケットが小さすぎて有り難みに欠ける。仕方がないとはいえ、このイマジネーションを掻き立てるジャケットの存在が本作を'80年代におけるジャズライヴ屈指の名盤に仕立てていることに大きく貢献しているのであり、最初にＬＰを手にしていて良かったとしみじみと思う。

本作は『オフランプ』の北米カヴァーツアーの５都市でのコンサートから、ベストテイクを選んで構成されたライヴ盤だ。オーバーダビングは一切なし、正真正銘の一発勝負からのベストテイク集と、オーソドックスなジャ

ズマナーを堅持している。故に当時のライヴのセットリストとは曲順が大きく異なるが（ライヴのオープナーは毎回ディスク－1④であった）、それが大正解だったと強く思う。『オフランプ』で大泣きさせてくれたディスク－1の①の頭のスネアが「スタトン」と打ち鳴らされ、観客がざわめいた瞬間の会場の興奮がそのままこちら側に伝わってくるからだ。そしてすぐさま気づくのは圧倒的な音の良さ。各楽器の定位、シーケンスと手弾きのバランス、サウンドの奥行き、ダイナミクスと、何処をとっても当時の全ジャンルのライヴ・レコーディングの中で最上級のクオリティ。スタジオ録音と比べても遜色ない完璧なサウンドをライヴにおいても実現していたのだから、メセニーの「出音へのこだわり」は凄まじい限り。当時のPMGは、巨大な野外会場やコンサートホールでライヴを行うクラスになっており、専属のツアースタッフや機材にも潤沢な予算をかけることができたのだろう。以降、メセニーは「完璧なサウンドも含めてのスペクタクル」としてライヴを行うことがデフォルトになる。

更に加えて、収録された半数以上の曲が新曲で構成されているのも抜かりのない話だ。ディスク－1の②・③・⑤・⑥、ディスク－2の①・③・④の7曲はスタジオ盤に未収録の新曲。このあたり、明らかにライヴアルバムを発表することを前提として、曲を書き加えていったのだろう。当時のライヴのセットリストにはIT'S FOR YOUやOZARK、JAMES、AMERICAN GARAGEなどの既発曲も含まれていたのだが、あえて多数の新曲をアルバムに入れることで、「単なるツアーの記録としてのライヴ盤を作るつもりはない」という意思が示されている。

では順に聴き進めていこう。ディスク－1の①は先にも少し触れたが、ここでのメセニーのソロはスタジオ盤とは異なるライヴならではの熱量がグッとくるもので、特にソロの頭のフレーズの力強さには、誰もが乙女のように眼をキラキラさせて「一生付いていくから」と誓ったことだろう。その余韻も束の間、ナナのビリンバウを大きくフィーチャーした②が登場する。ここではビリンバウがペダルポイントとしての役割を果たしており、メセニーはお馴染みの同音反復で軽く応じてから、アメリカーナなプレイに移行。すかさずメイズがアコースティック・ピアノで爽やかな風をサーキュレイトし、メセニーも舞い上がっていく。ナナはたまらず歌い出し、テーマに入るとゴットリーブもドライヴを強める。そして3分25秒からは、メセニーとナナが変幻自在のデュオを披露。エレキのかき鳴らしでコードを展開していくあたりの格好良さ。いったいメセニー以外の誰がこんなプレイができるというのだろう（強いて言えばジム・ホールがこれに近いか？）。

バラードの③は、ナナのヴォーカルをフィーチャーするために書かれたもの。ミルトン・ナシメントの楽曲にも通じるムードの中、ダブルストップを多用して昇天していくメセニーのソロがひときわ美しい。ここで一旦、グッドバイしたので拍手をカット。次の④は再びコンニチワ的な拍手から元気にスタートする編集もうまい。定番曲だがライヴだけに3連符フレーズを多めに放ってアツくなるメセニー、長いブレスで一気呵成に弾き抜けるメイズ、ともに文句なしの演奏。さまざまなパーカッションでカラーリングに努めるナナのセンスにも注目。

更に盛り上がるのがサンバチューンの⑤だ。リズム隊がここぞとばかりにリオのカーニバル状態で飛ばすところに、シンセとギターが高音部でシャラ～ンとコードを弾くイントロに胸が高鳴る。キーはBマイナーで、Aメロは2拍3連に終始するが、Bメロで早いペンタトニックのリフにシンクラヴィアによるシーケンスがバッキングで絡むあたりが新機軸。サビは平行調のDメジャーで明るくなり、メロディーはすべてのノートを食って前のめりしていく。ソロではメイズのピアノをフィーチャー。こういうリズムの上で弾かせたらメイズは宇宙一。次々と湧き出てくるフレーズをコロコロとローリングさせていく展開は圧巻だ。そしてリズム隊によるソロで大爆発し、エンディングではメセニーがテーマを軽く崩して弾き流す。こりゃもう踊るしかないですな。

ディスク-1のラストを飾るバラードの⑥は、タイトルのイメージが広がるシネマティックなナンバー。メセニーの弾くオヴェイションのナイロン弦ギターを包むメイズのオーケストレイション、そこにナナがピヨピヨと笛などで加わり大地の彩りを添える。淡々とルート音を沈ませていくロドビーも渋過ぎる。

そのロドビーがタイトルを考案したディスク-2の①[*1]はギターシンセを全編にフィーチャーした新曲。Cマイナーのジャジーなコード進行のワルツで、本作までのPMGにはなかったスタンダード風味であり、これがギター・

シンセで演奏される事でフレッシュな印象を与える。メセニーは絶好調で弾きまくり、ジャズ・ドラマーとしてのゴットリーブのスティック捌きが冴えるが、テーマに戻る前の短いソロもお見事。続く②は大作『ウィチタ・フォールズ』の導入部に『80/81』で披露したギターソロを使った、ライヴ仕様の展開。3分を経過しドナ・サマー・ベースが入ってくるあたりから次第に『ウィチタ・フォールズ』の世界に移行し、テーマ部ではナナのヴォイスが大活躍。ライヴでは、やたらとヘリコプターのSEが飛び交っている。オリジナルを完全再現するのはライヴではもどかしいと判断し、物悲しいテーマの2回目でスパッと終わるあたりにメセニーの美学が窺える。

タイトルチューンの③は、メセニーのスタンダード曲として末長く演奏され続け、多数カヴァーされている名曲の初演。Gメジャーのシンプルなコード進行は完璧なアメリカーナだが、『ウィチタ・フォールズ』のミックス時にレインボー・スタジオにあったスタンウェイのピアノで思いついたもの。[*2] ゴットリーブの丁寧なブラシワークに乗ってゆったりとメロディーを綴るメセニーの脳裏には、いつも故郷のリーズ・サミットの風景が広がっていたことだろう。よく人生は旅に例えられるが、ジャズは「音楽という名の旅そのもの」とも言える。メセニーが本作のタイトルを『トラヴェルズ』としたことは、人生とジャズにまつわる旅についてのフラクタルな意味合いを表現したかったのに違いない。

軽快なラテンリズムが貫かれる④も、ライヴでのアンコール・チューンとして以降も頻繁に演奏される楽曲だ。マッコイ・タイナー[*3]にインスパイアされているため、正式タイトルが決まるまでMcCoyと呼んでいたらしい。[*4] 最終的にはPMGが初めてのスペイン・ツアーで訪れたビルバオの街に因んだタイトルが冠された。インプロ向きのシンプルなコード進行ゆえ、メセニーもメイズも奔放なソロで飛ばしている。ラストの⑤はオリジナル以上にルバートを多用したエモーショナルなバンド演奏と、メイズのリリカルなピアノに聴くたびに泣かされる。「音楽という名の旅そのもの」の名盤、限界越えの大音量で必ず通しで聴くべし！

＊1 ＊2／*PAT METHENY SONG BOOK*, 440
＊3／1938年、ペンシルヴァニア州出身のピアニスト。1960年よりジョン・コルトレーンのカルテットに参加、数多くの名盤を残す。
＊4／*PAT METHENY SONG BOOK*, 441

REJOICING
PAT METHENY
w/CHARLIE HADEN & BILLY HIGGINS

1984

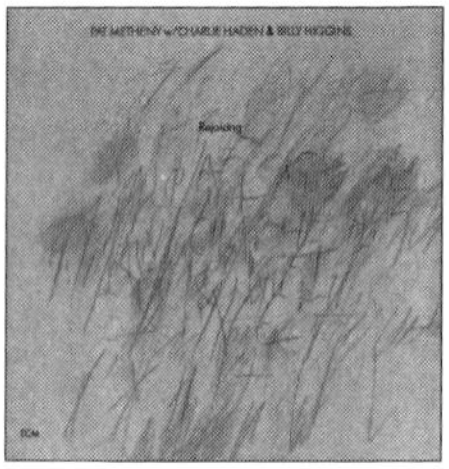

『リジョイシング』
パット・メセニー

① LONELY WOMAN 6:50
② TEARS INSIDE 3:50
③ HUMPTY DUMPTY 5:42
④ BLUES FOR PAT 6:03
⑤ REJOICING 3:20
⑥ STORY FROM A STRANGER 5:53
⑦ THE CALLING 9:48
⑧ WAITING FOR AN ANSWER 2:17

① by Horace Silver, ②・③・⑤ by Ornette Coleman, ④ by Charlie Haden, ⑥・⑦・⑧ by Pat Metheny
ECM Record

□1983年11月録音
□プロデューサー：マンフレート・アイヒャー
□録音スタジオ：パワー・ステイション
（アメリカ、ニューヨーク）
□チーフ・エンジニア：ヤン・エリック・コングスハウク
□参加ミュージシャン
パット・メセニー：ギター
チャーリー・ヘイデン：ベース
ビリー・ヒギンス：ドラムス

オーネットの世界が、メセニーのギターでさらに進化

メセニーは本作を「最悪のレコード」であり、「ＥＣＭを離れる原因になった」としている。理由は主にマンフレート・アイヒャーとの確執だ。１９８３年の７月からメセニーは、畏敬するチャーリー・ヘイデンのベースとオーネット門下のビリー・ヒギンスのドラムスという文句なしのメンバーを引き連れて北米をツアー。そのエネルギーとスピリットに溢れたギグに大いに満足していた。そこにアイヒャーは無理な録音スケジュールを詰め込み、わざわざコングスハウクを呼び寄せて、大量のリヴァーブを纏わせた。スタジオの空気は最悪で、「自分たちとテープには、ダークブールーのバリアーがあった」とさえ言わせている。*1

ではこれが失敗作かというと、私たちリスナーの耳には決してそうは聴こえない。確かに当時のこのメンバーのポテンシャルやダイナミクスを考えると、明らかにリヴァーブ過多であり、もっと生々しい音であれば……とは思う。しかし演奏そのものに瑕疵は全くなく、このメンバーならではの深淵な世界、このアルバムだけの魅力がある。つまり本作の時点で、メセニーの要求するレベルやクオリティは、リスナーのそれを遥かに超えるところに到達していた、ということだ。オーネットの楽曲が3曲も選ばれていることから、本作はさながらオーネット・トリビュートの趣で、名盤『80/81』よりも更に「オーネット寄り」の音楽が奏でられている。

ところで本作を初めて聴いた時、筆者は大いに驚いた。ジャズファンなら、このメンバーとくれば当然①は、オーネットの名盤『ザ・シェイプ・オブ・ジャズ・トゥ・カム』[*2]の1曲目に収録の、同名チューンだと思うはず。しかし本作の同名曲の①はホレス・シルヴァーによる曲で、我々の期待はあっさりと裏切られる。メセニー一流のインテリジェントな遊び心に翻弄されつつ、気を取り直して聴き進めると徐々に惹きつけられて、曲の終わり頃には「とてつもない名演」と思わされているわけで、実に人騒がせな話だ。ここでメセニーが弾いているのがリンザ・マンザー[*3]製作のスチール弦のアコースティック・ギター。以降現在まで、マンザーのギターはメセニーサウンドの大きな柱となっていく。メセニーは絶妙のコードワークを絡めながらテーマを弾き進めるが、フィンガーノイズの生々しさが本曲を一層切なくする。ソロに入るとリズム隊はスウィングし始め、ヒギンスの名人芸的なブラシ・ワークに惚れ惚れする。メセニーも「引きの美学」で押し通す。

②からはいよいよオーネット・ワールドに突入。曲は『トゥモロウ・イズ・ザ・クエスチョン』[*4]に収録の変形ブルースでオリジナルとほぼ同じテンポだが、素っ頓狂なオーネットのオリジナルに較べてギター・トリオゆえに少し落ち着いたムードになっている。テーマを2回繰り返し、すぐさま突入するメセニーのソロは「ダークブルーのバリアー」など感じさせない好調ぶり。シンバルライドとスネアだけで極上のスウィングを打ち出すヒギンス、極太のトーンでボトムを支えるヘイデン、御大2人の貫禄のプレイも傾聴に価する。続く③もオーネット風の楽曲で、オリジナルは『ジス・イズ・アワ・ミュージック』[*5]に収録。ここでメセニーはいよいよオーネット風の

キーを自在にふらつくスタイルのプレイを聴かせる。2分10秒あたりからのアブストラクトな音程の跳躍、それに付かず離れずで進むヘイデンのウォーキング・ベースは思わず唸る渋さ。からの、ヘイデンのベースソロもさすがのオーネット・マナー。ヒギンスの無駄のないソロも快調。ヘイデンはメセニーに捧げたブルースの④でもクールかつフリーな空間が引き続き保たれるが、ここでのメセニーのソロがまた絶品。シンプルなブルースのコード進行の中で頻繁にクロマティックを交えつつ、どこまでハメを外せるかを試しているかのようだ。テーマに戻る前のドラムとのソロ回しもリラックスしていて楽しい。ここまでがLPのA面にあたる。

LPのB面は必殺の⑤からスタート。CDだと曲が連続するのだが、筆者は長年、本作をLPで聴いてきたのでここで気分が改まるのはオールドスクーラーの性。やはりオーネットの楽曲で、オリジナルは②と同様に『トゥモロウ・イズ・ザ・クエスチョン』に収録、攻撃的なオーネットのヴァージョンの世界観を自らに引きつけるかのように、まずは同音連打を放ってヒギンスとのデュオで走りだす。遠慮なく飛ばすヒギンス、それを超える勢いで疾走するメセニー。ヘイデンが追いついたところでシャープなドラムソロに突入。このトリオがいかに凄いかが、たった3分強の演奏に集約されている。

⑥からは、いよいよメセニーのオリジナルが登場。まず⑥は美しいバラードだが、ヘイデンとヒギンスを従えたサンタモニカでのコンサート時に書かれたもの。[*6] マンザーのギターによるテーマは①と同様のムードで、こういうしっとりした曲でのヘイデンの重く沈むようなベースは、音楽にとてつもない深みを与えてくれる。ギターは多重録音されており、2分からは遂にシンセ・ギターが本作で初投下、たっぷりと泣きのソロを聴かせてくれる。オーケストレイションでさりげなくシンクラヴィア・ギターも加わり、PMG的に展開していく。

そのPMGの『オフランプ』でギター・シンセを咆哮させたタイトルチューンにも似た⑦が、本作におけるベストだろう。やはり3人によるツアー中に書かれたものだが、こちらは毎晩演奏され、ギグの大きなハイライトとなっていた。気分がノッた日にはその演奏は30～45分に及んだというから尋常ではない。ここでは10分弱の演奏だが、頭からルバートでメセニーが雄叫びを上げ、ヘイデンも負けじとアルコで応戦、「さあ行くぜ！」とただならぬ勢いだ。シンプルなテーマの後、メセニーは複音で空間を歪め、ヒギンスはひたすらパルスをブチ込み、ヘイデンはアルコのロングトーンで蠢くという3者それぞれのタイムラインが交錯するスリリングな展開。これを30分以上もやられた日には、確実に気絶していただろう。4分57秒からは、メセニーがアーミングを駆使して音程をズタズタにして狂っていき、ヘイデンのアルコも高音部で悲鳴をあげる。ヒギンスも成り行きを見守りつつ2人を現世へと引き戻そうとするが、メセニーに帰ってくる気は一切ない。曲はそのまま次第に遠ざかっていく。圧倒的な演奏だが、これが更に容赦なく進化したものが『トリオ→ライヴ』（→P200）収録のFAITH HEALERなのであり、そこに至るメセニーの一連の「フリー・ジャズへの傾斜」については、機会があればまとめて聴いてみてほしい。ギター・シンセを得たことで可能になった一つの確固たるスタイルがそこにある。

　ラストの⑧は、シンクラヴィア・ギターとヘイデンのアルコによる短いインプロヴィゼイション。⑦の、そしてアルバム全体のコーダ的な役割を果たしており、作品の構成感を重視するメセニーのポリシーが窺える。以上、メセニーの自己評価はさておき、名盤の称号を与えても何ら問題ないだろう。

＊1／*PAT METHENY The ECM YEARS,1975-1984*, 223〜225

＊2／1959年発売のアルバム。邦題は『ジャズ来るべきもの』。メンバーはオーネットに加え、トランペットのドン・チェリー、リズム隊はヘイデンとヒギンズ。

＊3／1952年、カナダ出身のギター製作者。パット・メセニーが使用したことでルシアーとしての評価を高め、カルロス・サンタナやポール・サイモン等もマンザー製作のアコースティック・ギターを使用している。

＊4／1959年のアルバム。メンバーはオーネットに加え、トランペットのドン・チェリー、ベースのパーシー・ヒースとレッド・ミッチェル、ドラムスのシェリー・マン。『Rejoicing』で採り上げた②と⑤は、いずれもパーシー・ヒースのベース。

＊5／1960年のアルバム。メンバーはオーネット、チェリーに加え、ベースにヘイデンが参加。ドラムスはエド・ブラックウェル。

＊6／*PAT METHENY SONG BOOK*, 441

ALL THE THINGS YOU ARE
PAT METHENY, GARY BURTON
THE HEATH BROTHERS

1983

① INSTRUMENTAL　7:26
② A SASSY SAMBA　8:16
③ ARTHEDOC　4:49
④ MOOVE TO THE GROOVE　7:19
⑤ ALL THE THINGS YOU ARE　10:54

※パット・メセニー参加曲のみ

① by Pat Metheny, ② by Jimmy Heath,
③ & ④ by Heath Brothers, ⑤ by Kenny Dorham
ABRAXSAS

□1982年1月録音
□録音地：パレス・オブ・フェスティヴァル・シアター（フランス、カンヌ）でのライヴ
□参加ミュージシャン
パット・メセニー：ギター&ギター・シンセサイザー
ジミー・ヒース：サックス
パーシー・ヒース：ベース
アルバート・ヒース：ドラムス

スタンダード・ナンバーを、強引に自分の世界に染め上げる

これがなかなかに困った1枚で、ここに紹介するイシューは廃盤扱いになっており、現在は『MOOVE TO THE GROOVE』や『SASSY SAMBA』なるタイトルでの音源がなんとか入手可能の様子。ここでは筆者の所有するディスクでの紹介となるが、いずれにせよ対象となる演奏は1983年のフランスでのライヴ、ヒース・ブラザーズ[*1]との共演である。選曲も興味深く、ギタートリオ＋サックスという編成は『80/81』と同様。故にヒース・ブラザーズの端正な音楽性にメセニーがどう付き合うかを知ることができる。

まず①。出鱈目なタイトルがついているが、要するにメセニーの完全ソロ。4弦でD音のペダルを鳴らしながら上声部を動かしていくお得意の展開から、3分50秒でJAMES、6分24秒で懐かしのOMAHA

CELEBRATIONが登場するメドレーは「そういくか～」と思わずにやけるうまい構成。続く②でヒース・ブラザーズが加わるが、ちょっと頼りないイントロに不安になるのも束の間、テーマが始まると朗々と歌うジミー・ヒースのサックスにメセニーがコードで寄り添い、軽いサンバのリズムと相まってご機嫌になっていく。ジミーのソロも悪くないが、バッキングで見せる変幻自在のアルペジオに耳を奪われるのは仕方ないですね。3分35秒からのメセニーのソロはギター・シンセで、最高のオモチャを得たかのように弾きまくり完全に主役になってしまう。この段階ではシンセのトラッキングがまだ完璧ではなくヒース兄弟のバッキングも大人しいので、クックッとノイズが挟まるのが気にはなるが演奏そのものは文句なし。③と④はセッションらしくブルースだが、③ではジミーがソプラノを吹き、メセニーは比較的オーソドックスな4ビートのブルース・バッキングで支えているのが珍しい。にもかかわらず、ソロはギター・シンセで爆発して強引な面を見せてくれる。④は名手パーシー・ヒースのベースをフィーチャーしたブルースで、メセニーはES175でソロを披露。カンヌの観客もご陽気に手拍子で盛り上がる。5分37秒あたりのダブルテンポになってからのオーネット風のフレーズ展開も鋭い。

さて、問題は⑤だ。アルバムのタイトル・チューンだが、ジミーが吹いているテーマは明らかにPRINCE ALBERTであり、これはALL THE THINGS YOU AREのコード進行を元にケニー・ドーハムが作曲したもの。故に⑤の楽曲クレジットは本来はPRINCE ALBERTとすべきだろう。このあたり、本アルバムの制作者がジャズを全くわかっていないということが浮き彫りになるが、演奏があまりにも最高なので全てを許す。3分29秒からのメセニーのソロは、スタンダード・ナンバーにおけるコードチェンジへの完璧な対応力を基調に、小節線を飛び越えてよりフリーに自分のフレーズで盛り上げていき、口あんぐりとなる素晴らしさ。そのバックで薄くギターが鳴っているのだが、いったい誰が弾いているのだろう？　とまれ、メセニーが参加していればその演奏は全て最高となることがあっさりと証明される1枚ゆえ、やはり必聴！

＊1／1975年、ヒース三兄弟にピアノのスタンリー・カウエルを加えて結成されたグループ。現在も、ジミーとアルバートで活動を継続している。

理想的なデビューを経て、レーベルの限界を突破するまで

パット・メセニーとマンフレート・アイヒャーの蜜月は、アルバム『リジョイシング』の制作過程において完全に終わっていた。スタジオの使用時間の制限、「ECMサウンド」の象徴であるリヴァーブなど、アイヒャーの美学であるレーベルポリシーへのメセニーの不満はもはや限界に達しており、次作『ファースト・サークル』はECMにおける最後の作品ではあるものの、アイヒャーは制作に一切関与せずエグゼクティヴ・プロデューサーとしてのクレジットもない。プロデュースはメセニーの単独名義であり、ECMはディストリビューションだけを行う形となる。また録音は前作同様にパワー・ステイションで、エンジニアには再びコングスハウクを呼び寄せているが、アシスタントとしてロブ・イートンを付き添わせることで、「典型的なECMサウンド」にはならないようにしている。従って『ファースト・サークル』はもはやECMの作品というより、ゲフィン移籍以降の作品の系列に属するというのが、筆者の見立てである。

一方で、メセニーはECMからデビューすることによって注目されたと同時に、自身のサウンドを確立することができたのだとも思う。ゲイリー・バートンのサイドメンとしてレコーディング・デビューした当初こそ自らのプレイに精一杯であり、録音に関して強く何かを言える立場にはなかったのだろう。しかし2作目の『ゲイリー・バートン・プレイズ・カーラ・ブレイ』並びに同日録音のソロデビュー作『ブライト・サイズ・ライフ』の段階から、メセニーはギターサウンドの録音状態にこだわりを見せており、早い段階で「デジタル・ディレイ導入以前のメセニーのトーン」を獲得している。ここまでのエンジニアはマーティン・ヴィーラントで、続く『パッセンジャーズ』からはコングスハウクに変わるが、スタジオ録音のノウハウを蓄積していったメセニーは、ECMのサウンド・メイキングを通じてその「良い部分」と「自分とは違う部分」を学んだのだろう。この「自分とは違う部分」が、端的にアイヒャーとの志向の違いになった。ECMのサウンドは、"The Most Beautiful Sound Next To Silence"（沈黙の次に美しい音）という言葉に象徴されるように、それまでのジャズの録音とは一線を画するものであった。ECMは

メセニーにとってのECM時代

1980年代以降、現代音楽や古楽を含むクラシック方面の作品もリリースするようになったが、表面的なジャンルこそ異なれ、そのサウンドは一貫して「静謐さと芸術性」に根ざしており、端的に「マーケット主導の大衆性」には向かっていない。これは「大衆性とは距離を置きたいと考えるインテリ層」をマーケティングの対象とした、と言い替えることもできる。その中で「ECMのニュースター」として扱われることで、メセニーは同時代の他のギタリストたちとは異なる立ち位置を獲得することもできた。それには、彫りの深いハンサムな顔立ち、頭髪や衣服にこだわらない少年のようなナチュラルさ、屈託のない笑顔といったメセニーのルックスも大きく作用していた（メセニーはデビュー当時、ロベン・フォード等と並んで「ハンサム・ギタリスト」として、ジャズ雑誌ではアイドル的に扱われていたと記憶している）。『アメリカン・ガレージ』から始まる「ECM離れ」に顕著なように、メセニーはジャンルの束縛から脱すべく、ロックやポップスも含めたより勢いのあるサウンドへと傾斜していった。生音の良さには定評のあるパワー・ステイションはその意味で理想的なスタジオであり、名前がアヴァター・スタジオに変わった今も、メセニーは同スタジオを（そしてロブ・イートンを）使い続けている。とはいえ、「コンプレッサーに頼らないナチュラルな録音の良さ」や「ダイナミックレンジを活かすためのマスタリング・レベルの設定」など、ECMの「良い部分」をちゃんと継承しているあたりが、メセニーのインテリジェンスなのである。

　まとめよう。メセニーにとってECMは、そのデビューにおいて理想的なレーベルであり、そこで学んだことの全ては、彼が音楽地図を描く際の大きな基準となった。さらにメセニーは、より自由で束縛のない広大な地平へと向かっていった。その最初の成果が『ファースト・サークル』であり、『スティル・ライフ（トーキング）』（↓P90）、『レター・フロム・ホーム』（↓P100）と続く、PMGがジャズ界のみならず全音楽ジャンルの「最先端にして頂点」となった1980年代のトリロジー《3部作》なのである。以上を確認した上で、『ファースト・サークル』を聴き進めていくことにしよう。

FIRST CIRCLE
PAT METHENY GROUP

1984

『ファースト・サークル』
パット・メセニー・グループ

① FORWARD MARCH 2:47
② YOLANDA YOU LEARN 4:43
③ THE FIRST CIRCLE 9:10
④ IF I COULD 6:54
⑤ TELL IT ALL 7:55
⑥ END OF THE GAME 7:57
⑦ MÁS ALLÁ (BEYOND) 5:37
⑧ PRAISE 4:10

All Music by Pat Metheny & Lyle Mays,
Except ①・④・⑦ by Pat Metheny
ECM Record

□ 1984年2月録音
□ プロデューサー：パット・メセニー
□ 録音スタジオ：パワー・ステイション（アメリカ、ニューヨーク）
□ チーフ・エンジニア：ヤン・エリック・コングスハウク
□ アシスタント・エンジニア：ロブ・イートン
□ 参加ミュージシャン
パット・メセニー：ギター、アコースティック・ギター、シンクラヴィア・ギター、ギター・シンセサイザー、シタール・ギター、スライド・ギター
ライル・メイズ：ピアノ、シンセサイザー、オーバーハイム、オルガン、トランペット、アゴゴ
スティーヴ・ロドビー：ベース・ギター、アコースティック・ベース、バスドラム
ペドロ・アズナール：ヴォイス、アコースティック・ギター、パーカッション、グロッケンシュピール、ベル、ホイッスル
ポール・ワーティコ：ドラムス、フィールド・ドラムス、シンバル

新ラインナップによる、感動的なトリロジーの幕開け

１９８０年からの数年間、ナナ・ヴァスコンセロスは概ねレギュラー・メンバーとしてＰＭＧのアルバムやツアーに参加していたものの、あくまでスペシャル・ゲスト扱いであった。しかし「ナナ効果」、即ちパーカッションとヴォイスによるカラーリングは、テクノロジー面で更に過激に進化するＰＭＧサウンドの「ヒューマンな要素」において不可欠になっており、ナナに変わる新たなレギュラー・メンバーのオーディションに取り掛かることになる。１９８２年12月に行われたオーディションには、ダン・ゴットリーブは立ち会えず、代わりにシカゴを拠点とするポール・ワーティコ[*1]（メセニーは１９７９年の段階で彼に注目していた）がドラマーを務めた。そこでメセニーはワーティコとARE YOU GOING WITH ME？等を含む楽曲でジャムセッションを行って確か

な感触を得る。翌年の元日にスティーヴ・ロドビーを伴ってシカゴへと出向いてトリオでセッション。「ワーティコこそ現在のＰＭＧに相応しい人材」と判断し、既に予定されていた北米&ヨーロッパ・ツアーに帯同することを決定する。[*2]

アルゼンチン出身のベーシスト&マルチ・プレイヤーのペドロ・アズナール[*3]とメセニーは１９８０年のブラジル滞在時に出会っており、その時に彼から手渡されたデモテープには、ベース、ギター、ピアノ、そしてヴォーカルの全てが同等の技量（もちろんハイレベル）で収められていて、メセニーは強い印象を抱いていた。そこにはパーカッションの演奏こそなかったが、メセニーが敬愛するイヴァン・リンス[*4]の影響を受けたヴォイスと、ビートルズ的なポップセンスがあった。そして１９８２年12月、メセニーはボストンで行われたアズナールのソロ・アルバム『コンテンプラシオン』（→Ｐ78）のレコーディングに、メイズとゴットリーブを引き連れて参加（これがメセニーとゴットリーブの最後の共演）。その結果、アズナールの才能はナナに変わり得ると判断して、パーカッションとヴォイスをメインに、さらにセカンド・ギタリストとしての起用も視野に入れて、彼をワーティコとともに新メンバーとして迎え入れることになる。[*5] こうして新たな布陣となったＰＭＧは、北米&ヨーロッパ・ツアーでサウンドを固めていく。

本作のレコーディングは１９８４年2月15日~19日の間、『リジョイシング』と同じパワー・ステイションにおいて、最高のコンディションで行われた。ツアーを通じて新メンバーとの息も合い、何曲かは前月のアリゾナ大学でのコンサートで披露しており、新たなキーマンであるロブ・イートンも参加。お膳立ては完璧だ。

オープナーの①は新ラインアップのお披露目をズッコケ気味のマーチングバンドに擬するという、遊び心満点のナンバー。メセニーは音域が更に広がったシンクラヴィア・ギターを使用し、ユーモラスなテーマへと向かう。メイズの吹くトランペットが高音をヒットしきれないあたりが笑いどころで、続くアズナールによるグロッケンシュピールもひたすら可愛い。再びのテーマでも苦しそうなメイズ。心からこの「お遊び」を楽しんでいるのがわかる。ライヴのオープニングとしても実に効果的なナンバーだ。

すかさずロックビートで飛び出す②は、メイズがメイン・コンポーザーとしてクレジットされている楽曲ゆえ、メセニーの楽譜集には掲載されていない。ワーティコの叩き出すタイトなビート、芯のある音でグルーヴするロドビーというリズム隊の勢いに、早くもニュー・ラインアップのポテンシャルが全開。メイズはどこか前曲のムードを引きずるかのように、プロフェット5のピッチを揺らしながらテーマを奏で、リピートではメセニーがシタール・ギターを重ねる。Bメロの後半ではアズナールのグロッケンシュピールがカラーリングを行って、①での同楽器の披露は前触れだったことを示している。1分34秒からのワーティコのタメの利いたスネア連打に続いて、メイズのコード堆積からリフに落ちる流れの格好良さ！　こういうブリッジに見せるセンスもメイズの真骨頂だ。エンディングではメセニーのギター・シンセによるソロが出るが、フレッシュなアンサンブルを誇示すべく、あえて多くのノートは弾かない。ホントわかってるなぁ、メセニーってば。

そしてタイトルチューンにして本作のメイン楽曲である③が登場する。ここに聴かれる9分強の「音楽という名の旅」こそ、SAN LORENZO や THE EPIC の世界を自己更新した、メセニーとメイズによる一つの到達点だ。冒頭のハンドクラップは22／8拍子で、これは演奏する上では12／8＋10／8とすることで多少容易になるが、あくまで22／8拍子。ハンドクラップはスティーヴ・ライヒ、変拍子はジェリー・ゴールドスミス[*6]からの影響だが、即座に自分の音楽にしてしまうメセニーの手腕には、いつもながらの脱帽である。曲の構成については楽譜集に譲るが、高度なギター・アンサンブル、透明感のあるアズナールのヴォーカル、それを必殺のアコギかき鳴らしで支えるメセニー、メイズのリリカルなソロ、圧倒的な感動を呼ぶブリッジと、最高の瞬間の連続であることはメセニーのファンの方にとっては当たり前のことであろうが、やはり「聴け！」と声を大にすることをお許しいただきたい。その余韻を受け、ウェス・モンゴメリーに捧げられた④が優しく心に沁みていくという、LP時代のA面の流れを、筆者は一つの組曲だと感じており、毎回通しで聴くようにしている。

アゴゴとピアノを重ねたサウンドが新鮮な⑤は、メセニーとワーティコとのセッションにおいて、その牽引力のあるリズムを活かしながら、ギター・シンセの新たな可能性を模索した結果として生まれたもの。[*7] メセニーの独特のアタックとコンプ感のあるトーンは新境地で、Aマイナーのブルース進行で繰り広げるスピーディーなソロは凄みに満ちており、1分15秒からはゴーストピッキングを駆使した必殺のフレーズも放って、プレイの面でも大きく成長を見せている。シンクラヴィアによって作曲された⑥は、ARE YOU GOING WITH ME? の進化系のような楽曲。よりドラマティックな構成で、オスティナートに乗ってメセニーがギター・シンセ、メイズがアコースティック・ピアノでそれぞれの歌心を聴かせる。アズナールのひたすら伸びるファルセットも圧巻。

そしてアズナールが歌詞を書いた⑦は、PMG初の歌詞のあるヴォーカル曲。メイズのアコピから入る軽いボサノヴァは、イヴァン・リンスの世界をジャズ側にグイッと引き付けたもの。シックなムードから一転、ラストの⑧は希望に満ちた明るい楽曲で、リンダ・マンザー製作の12弦アコースティックを活かすべく作られており、アズナールが吹いたパンフルートをシンクラヴィアでサンプリングした音色が効果的。そして本作を第1章とし、PMGは更なる高みへと向かうのだった。

*1／1953年、シカゴ出身のドラマー。PMG脱退後はラリー・コリエルのトリオ（ベースはマーク・イーガン）やヴォーカルのカート・エリングのバックでも活躍。
*2／*PAT METHENY The ECM YEARS,1975-1984*, 232
*3／1959年、アルゼンチンのブエノスアイレス出身のシンガー・ソングライター、ベーシスト&マルチ・プレイヤー。アルゼンチンの国民的な人気バンド「セル・ヒラン」のメンバーとして活躍後、PMGに加入。ソロ名義のアルバムも多数。
*4／1945年、ブラジルのリオ・デ・ジャネイロ出身のシンガー・ソングライター。言わずと知れたMPB（ムジカ・ポプラール・ブラジレイラ）の大立役者で、クインシー・ジョーンズに認められて1990年代にはアメリカに進出。現在もブラジル音楽の重鎮として活躍。
*5／ナナ・ヴァスコンセロスはアズナールにその座を譲る際に、ビリンバウを作って渡したそう。佳話ですね
*6／1929年、カリフォルニア州ロサンゼルス出身の作曲家。ハリウッドの超大物で、『エイリアン』や『トータル・リコール』など厖大な映画作品に関わる。2004年没。メセニーとの関わりについては、本書のP156参照。
*7／*PAT METHENY SONG BOOK*, 441

CONTEMPLACIÓN
PEDRO AZNAR

1985

『コンテンプラシオン』
ペドロ・アズナール

③ VERANO EN NUEVA INGLATERRA (SUMMER IN NEW ENGLAND)　4:45
⑤ 23　11:17

※パット・メセニー参加曲のみ

All Music by Pedro Aznar
Tabriz Music

□ 1982年12月録音
□ プロデューサー：ペドロ・アズナール
□ 録音スタジオ：ブルー・ジェイ・スタジオ（アメリカ、ボストン）
□ チーフ・エンジニア：グラッグ・ランスフォード
□ 参加ミュージシャン
ペドロ・アズナール：ベース、ヴォーカル、フレットレス・バンジョー
パット・メセニー：ギター
ライル・メイズ：ピアノ
ダン・ゴットリーブ：ドラムス

アズナールの超絶ベースに驚く、新旧ＰＭＧを架橋する重要作

本作はアズナールのソロアルバムに、メセニー、メイズ、ゴットリーブの３人が参加したもの。「アルゼンチンのビートルズ」と評された人気グループ「セル・ヒラン」のベーシストであったアズナールは、１９８２年にグループのラスト・コンサートを終えるとアメリカに渡り、バークリー音楽大学に通うようになる。同年７月23日の自身の誕生日に⑤を作曲。12月20日にボストンでＰＭＧの３人を迎えてレコーディングを行う。[*1] アルバム自体はこの時の録音と、１９８３年12月から翌年６月にかけてブエノス・アイレスで録音した素材をまとめて、アルゼンチン本国で１９８５年にリリースされたものだが、本書ではメセニーの時間軸を重視して、ここで採り上げることにする。従って対象となるのは、メセニーが参加した③と⑤の２曲。

まず③だが、メイズは参加していない。メセニーとゴットリーブの2人に、ベースとヴォーカルでアズナールが加わったトリオによる演奏。これが凄い。ゴットリーブの繊細なシンバルとメセニーの弾くコードに絡むアズナールのフレットレスによるプレイは、ジャコパス及びマーク・イーガン直系の、極めてテクニカルかつメロディックなもの。そこにスキャットのヴォーカルも加わるサウンドは、さながら「歌入りのブライト・サイズ・ライフ」だ。メセニーのギターはECM録音ではないため極めて生々しく、特にミッドレンジの線の太さが際立っている。ソロはメセニーが先行し、テーマを仄めかしながらも軽めにフロウ、アズナールに絶妙のパスを出す。2分27秒で上昇スケールから入るベースソロは抜群の歌心、これはメセニーが惚れるのも無理はない。しかしこの頃のメセニーは、よりスタティックかつジャズ的なベースを求めていたので、アズナールをベーシストとして雇うつもりはなかった。一方でアズナールの「天使の声」とマルチな才能は捨てがたく、結果としてグループに迎えることになるのは前述のとおり。

アズナールにとって思い入れの強い⑤は、メイズも加わったカルテットとなる。アルゼンチン民謡をルーツとする彼の作曲センスが光る美しいバラードは、メイズのピアノでスタート。これをゴットリーブが得意のシンバルワークで飾り、スキャット・ヴォーカルが神聖に響き渡るさまは、初期PMG+アズナールといった趣。彼がいかにPMGに憧れていたかが、手に取るようにわかるサウンドだ。ソロはメイズがたっぷりと弾き、メセニーはブリッジ的に高音でさらりと歌って、アズナールがこれを引き継ぐ。シンプルな構成での長尺の演奏だが飽きさせずに、エンディングに向けての盛り上がりも感動的。

メセニーが参加しているのはこの2曲だけなのだが、④ではアズナールによる「完全にメセニーのマナー」によるギター・シンセのソロが聴けるし、自宅録音でのプログラミングによるポップな楽曲もあるので、アズナールの音楽性の幅広さと吸収力がよくわかる。やはり聴いておくべき重要作だろう。

＊1／1989年、本作の日本盤リリース時のライナーノーツより。

FALCON AND THE SNOWMAN
- ORIGINAL MOTION PICTURE SOUNDTRACK
PAT METHENY GROUP

1985

『コードネームはファルコン
〜オリジナル・サウンド・トラック〜』
パット・メセニー・グループ

① PSALM 121/FLIGHT OF THE FALCON 4:08
② DAULTON LEE 5:56
③ CHRIS 3:16
④ THE FALCON 4:59
⑤ THIS IS NOT AMERICA 3:53
⑥ EXTENT OF THE LIE 4:15
⑦ THE LEVEL OF DECEPTION 5:45
⑧ CAPTURE 3:57
⑨ EPILOGUE (PSALM 121) 2:16

All Music by Pat Metheny & Lyle Mays
Except ⑤ lyric by David Bowie
EMI-Manhattan Record

□ 1984年9月録音
□ プロデューサー：パット・メセニー
□ コ・プロデューサー：ライル・メイズ
□ 録音地：ロンドン（イギリス）
□ ミックス・エンジニア：ボブ・クリアマウンテン
□ 参加ミュージシャン
パット・メセニー：ギター、アコースティック・ギター、シンクラヴィア・ギター、ギター・シンセサイザー
ライル・メイズ：ピアノ、シンセサイザー、オーバーハイム
スティーヴ・ロドビー：ベース・ギター、アコースティック・ベース
ペドロ・アズナール：ヴォイス、パーカッション
ポール・ワーティコ：ドラムス
ナショナル・フィルハーモニック・オーケストラ①⑥⑦⑧
アンブロジアン・シンガーズ：コーラス①⑨
デヴィッド・ボウイ：ヴォーカル⑤

メセニー&メイズの作曲能力の進化が確認できるサントラ盤

多くのジャズファンにとってオリジナル・サントラ盤は、そんなに積極的に聴きたくなるものではないだろう。マイルスの『死刑台のエレベーター』[*1]など数少ない例外を除き、あくまで映画のBGMなのでインプロヴィゼイションの要素に欠ける。しかし、ことメセニーに関してはそうした「ジャズ的な常識」は当てはまらない。ジョン・シュレシンジャー監督、ティモシー・ハットン、ショーン・ペン出演の同名映画のサントラ盤は、メセニー名義による初サントラ作品であると同時に、メセニー&メイズによる楽曲集であり、立派なPMGの作品である。おまけに映画のエンド・クレジットに使用された⑤では、デヴィッド・ボウイ[*2]との共演も聴けるのだ。こんなに贅沢な話があるだろうか。

きっかけは1983年、シンクラヴィアのデモのためにツアーをしていた時だった。監督からメキシコシティで行われていた映画のロケに誘われたメセニーは、現地に赴いてインスピレーションを得てサントラの制作を決意する。当時メセニーとメイズは主にシンクラヴィアで曲作りをしており、PMGとオーケストラを使ってサントラの音楽を創ることに十分な勝算があった。さっそく曲作りに取り掛かり、まずティモシー・ハットンが演じる主人公をイメージした③を完成、これに歌詞を付けたものが⑤となる。ショーン・ペンの役名である②はロンドン入りしてからメイズがテーマを作曲。これをメセニーと発展させた曲だが、当初は監督から却下されたが全く同じものを10日程後に再度監督に聴かせたところ「いいね」となった……という愉快なエピソードを持つ作品[*3]。以上の3曲がメセニーが大きく関わっている曲で、他の作品はメイズが主導した曲である。

最大のハイライトはやはり、ボウイ参加の⑤だ。約2カ月に渡ったロンドンでの曲作りの後、メンバー全員がボウイの待つスイスに向かいレコーディングを行う。ずっしりしたオスティナートにリン・ドラムが乗っかったPMGならではのトラックと、メイン・ヴォーカルからコーラスまでをエモーショナルにこなすボウイとの完璧なコラボレーションにメセニーは大いに満足して、後のライヴやギターソロによるメドレーでも、本曲を採り上げている。全曲に触れることはできないが、①はいきなりの教会風コーラスに驚くものの、2分58秒からのアコギのかき鳴らしとオーケストラのマッチングはサントラならではのスケール感が『シークレット・ストーリー』(↓P116)に直結。⑥ではメセニーがシンクラヴィア・ギターによるオクターヴ・ディストーション風の音色で新境地を開き、後半は『ウィチタ・フォールズ』に通じる展開になるなど、聴きどころ満載である。

＊1／1958年制作のルイ・マル監督による同名映画のサウンドトラック。

＊2／1947年、イングランド出身のミュージシャン。1960年代後半よりグラム・ロックを牽引する存在として活躍。常に新たな音楽を志向し、遺作となった『★（ブラックスター）』ではサックスのダニー・マッキャスリン等、ジャズミュージシャンを起用している。2016年没。

＊3／*PAT METHENY SONG BOOK*, 442

ENCONTROS E DESPEDIDAS
MILTON NASCIMENTO

1985

『出会いと別れ』
ミルトン・ナシメント

⑪ VIDRO E CORTE　4:40
(Glass and Cut)

※パット・メセニー参加曲のみ

Music by Milton Nascimento
PoryGram Records

□ 1985年8月録音
□ プロデューサー：マゾーラ
□ 録音スタジオ：ポリグラム
（リオデジャネイロ、ブラジル）
□ エンジニア（トラックス）：アリーカルバリャエス
ルイジ・ホッター
□ 参加ミュージシャン
ミルトン・ナシメント：ヴォーカル、ギター
ヴァギネル・ティソ：キーボード
ホベルチーニョ・シウバ：ドラムス、ハンド・ドラムス
ニコ・アサンプソン：ベース
パット・メセニー：ギター

ミルトンとメセニーの好相性が確認できる絶品バラード

多くのジャズ・ファンたちがミルトン・ナシメントの歌声と才能に最初に触れたのは、ウェイン・ショーター[*1]のアルバム『ネイティヴ・ダンサー』[*2]ではなかっただろうか。当時のショーターのメインの活動はウェザー・リポートだったので、同作はウェザー・リポートの所属していたコロムビアからのリリースになったが、それまでショーターが名門のブルーノートに残してきた多くのアルバムとは明らかに異なる突き抜けたブラジリアン・テイストでシーンに大きな衝撃を与えた。ボサノヴァやサンバといった「リゾート的ブラジル風味」は当時のジャズ界にも浸透していたが、『ネイティヴ・ダンサー』の濃密かつ新鮮なサウンドは、ウェザー・リポートにも通じながら「ザヴィヌル色のないもの」であり、ミルトンの中性的な歌声と相まって、ショーターの創造力が新たな段階へと入っ

たことを表明するものであった。同時代の多くのアーティスト同様、メセニーも同作によりミルトンの存在を知り、1980年にブラジルでの長期滞在で親交を温めていたことは先にご紹介したとおり。そして1985年のミルトンの本作でようやくレコーディングに参加。たった1曲、⑪（邦題は『ガラスと切り傷』）だけの参加だが、アルバム終盤の大きなハイライトをなす曲であり聴き逃すわけにはいかない。

曲はAマイナーのバラード・ワルツで、3拍目に強いアクセントがくるのがブラジル的。当時のミルトンのバンマスであったヴァギネル・ティソ*3とリズム隊の名手2人がシンプルなバッキングで、メセニーとミルトンを支える。この手の曲調におけるメセニーのトーンは底知れぬ哀愁を纏うわけで、ミルトンのスキャットとユニゾンで展開するテーマは胸にキュンキュンと突き刺さる。1分53秒からのソロはギター・シンセで登場。ARE YOU GOING WITH ME ?のソロ前半に通じるゆったりしたフレーズをメインに、時折早い上昇フレーズや手癖のクロマティックを挟みつつ、咽び泣くようにじんわりと盛り上げていく。ティソのオーケストレイションもメイズとは異なる音色とテイストなれど、豊かなニュアンスでメセニーを大きく包み込む。ホベルチーニョ・シウバが左右チャンネルで刻むハンド・ドラムス、ニコ・アサンプソンの的確なフィルインも効果的。3分34秒からエンディングに向けてミルトンがハイトーンで歌いあげ、メセニーが最後のフレーズを受けてスッと身を引くように締め括る。あっという間の4分40秒。これでは物足りず、メセニーとミルトンの共演をもっと聴きたい！という向きには、本アルバムからおよそ10年後の『アンジェルス』（→P138）をどうぞ。ハンコックやディジョネットも参加しており、ミルトンがいかにジャズメンから尊敬されているかがわかるというものだ。

＊1／1933年、ニュージャージー州出身のサックス・プレイヤー。1959年にアート・ブレイキーのジャズ・メッセンジャーズに、'64年にはマイルス・デイヴィスのクインテットに加入、ジャズ界の最前線に。ジョー・ザヴィヌルとのウェザー・リポート解散以降はソロで活動、ジャズ・レジェンドとして尽きない創造性を見せている。

＊2／1975年発表のアルバム。ミルトンのオリジナル曲も採り上げることで、アメリカのジャズ界に彼の存在を知らしめることなった傑作。

＊3／1945年、ブラジルのミナス・ジェイラス州出身のキーボード・プレイヤー、作・編曲家。イヴァン・リンス等とも共演している重鎮の1人。

SONG X
TWENTIETH ANNIVERSARY
PAT METHENY, ORNETTE COLEMAN

2005

『ソングX 20th アニバーサリー』
パット・メセニー&オーネット・コールマン

① POLICE PEOPLE 4:55
② ALL OF US 0:13
③ THE GOOD LIFE 3:23
④ WORD FROM BIRD 3:45
⑤ COMPUTE 2:01
⑥ THE VEIL 3:39
⑦ SONG X 5:31
⑧ MOB JOB 4:08
⑨ ENDANGERED SPECIES 13:15
⑩ VIDEO GAMES 5:27
⑪ KATHELIN GRAY 4:29
⑫ TRIGONOMETRY 5:02
⑬ SONG X DUO 3:04
⑭ LONG TIME NO SEE 7:35

All Music by Ornette Coleman
Except ①・③ by O.Coleman improv from Pat Metheny,
⑨・⑪・⑫・⑬ by O.Coleman & P.Metheny
Nonesuch Records

□ 1985年12月録音
□ プロデューサー：パット・メセニー
□ 録音スタジオ：パワー・ステイション
（アメリカ、ニューヨーク）
□ エンジニア：ヤン・エリック・コングスハウク
□ 参加ミュージシャン
パット・メセニー：ギター、ギター・シンセサイザー
オーネット・コールマン：アルトサックス、
ヴァイオリン
チャーリー・ヘイデン：ベース
ジャック・ディジョネット：ドラムス
デナード・コールマン：ドラムス、パーカッション

ゲフィンからの初作品で、憧れのオーネットと存分に荒れ狂う

ＥＣＭを離れて、自身が全てを管理すべくセルフ・プロダクションである「メセニー・グループ・プロダクション」を設立したメセニーは、新たなレコード会社との契約を模索する。レコード会社にとってメセニーは、グラミー・アーティストとしてジャズ界の頂点に立つビッグ・スターであったので、複数のレコード会社がメセニーを獲得すべく奔走。メセニーは当時の様子について「デュラン・デュランみたいに、皆がフルーツとスタッフを送ってきた」と語っている。最終的にメセニーが契約したのは、ワーナー・ブラザーズ傘下のゲフィン・レコード。決め手となったのは、ゲフィンの創設者であるデヴィッド・ゲフィンの「我々は君のやりたいことをそのまま求めており、ワン・チャンなどのバンドとのコラボレーションを求めたりはしない」という台詞だったという。*1

本作はゲフィン移籍後の初アルバムで、遂に憧れのオーネット・コールマンとの共演が実現する。無論メセニーからのラブコールによるものだが、オーネットもニューヨークのヴィレッジ・ヴァンガードでのメセニー・トリオのライヴ（ベースはチャーリー・ヘイデン、ドラムスはビリー・ヒギンス）を観て激賞。特にTHE CALLINGの演奏に感銘を受け、メセニーとアルバムを作るべきだと判断する。[*2] 2人は共通のゴールについて長時間協議し、「これまでのどの作品にも似ていないアルバムにする」ということで合意。[*3] アルバム用の新たな楽曲の共作に取り掛かる。

なお本書では2005年リリースの『ソングX 20thアニバーサリー』の方を採り上げるが、1986年のオリジナル盤の『ソングX』はLPというメディアの制約上、レコーディングの全貌を紹介し切れなかった……とのメセニーの想いを尊重するものである。ゲイリー・バートンは本作を「リスナーの期待を裏切ったプロジェクト」としているが、[*4] そのような評価も『ソングX 20thアニバーサリー』に収録された内容がオリジナルの1986年の段階でリリースされていれば、随分変わったことだろうと思う。1986年のオリジナル盤のLP『ソングX』の収録曲はA面が本作の⑦〜⑨の3曲、B面が本作の⑩〜⑭の5曲。2005年リリースの『20thアニバーサリー』では①〜⑥が初めに追加されているため、かなり印象が変わるからだ。

まず先に、オーネットとメセニーの共作2曲⑪と⑫を聴いてみよう。いずれもメセニーの楽譜集に収録されている。⑪のクレジットはメロディーがオーネット、コードがメセニーとなっているのが興味深い。これはオーネットが自作のメロディーに「好きなコードを振ってくれ」とメセニーにオーダーしたもの。[*5] よってキーはふらつくものの、アルバム中で最もコード進行感のある楽曲になっており、中間部でAMaj7→DMaj7→Bm→C#m→F#mと進むあたりはPMG的な色合いが特に強くなっている。ルバートでテーマが2回繰り返されるシンプルな構成だが、オーネットはいずれもテーマを吹き、メセニーは2コーラス目からインプロ交じりでオーネットに寄り添う。白昼夢のような何とも不思議な楽曲、演奏だ。続く⑫はジグザグしたテーマをメセニーが、中間部をオーネットが書いた完全な共作で、テーマのユニゾンに続いて出るオーネットのフリーなソロでは、メセニーはほとんどバッキングを行わず、ヘイデンとジャック・ディジョネットのスウィングに全てを委ねている。自身のソロはシンクライヴィア・ギターで攻撃開始。生音とシンセ音をミックスさせて定位をズラした不埒なサウンドで、クロマティック・フレーズを不気味に撒き散らす。

タイトルトラックの⑦と⑬は同じ曲だが、バンド全員とデュオのヴァージョン違い。基本的にオーネットの楽曲はテーマ→インプロ→テーマという「当時のフリー・ジャズの定型」を保っているし、そのテーマ部は完全な無調になることはないので、独特のポップさを持っている。メセニーはそうした作曲センスを含めたオーネットの音楽世界に魅力を感じていたわけで、この2曲はその好例だろう、⑦でのアンサンブルは実にエキサイティングで、容赦なくブッ叩くディジョネットも痛快そのもの。⑬はすれ違いの会話的な展開だが、オーネットの行方を見定めつつもたまにメセニーが先回り。2分18秒からは両者が足並みを揃え、メセニーの即興コード・バッキングの上でオーネットが陽気なメロディーを展開、ラストのみテーマが登場する。

そして本作におけるベストは、アルバム最長のトラックタイムの⑨だ。出だしこそコールマンとメセニーがビル陰から野良猫が顔を出すようにのっそりと出るが、直ちに戦闘モードに突入。両者がショートフレーズを狂ったように反復した挙句、ブルージーかつスピーディーなリフをユニゾンし、ディジョネットも全速力で追い上げる。デナード・コールマンもエレクトリック・ドラムスやSEでサイレンを鳴らして駆けつけ、ヘイデンも伝家の宝刀のアルコでアスファルトを切り裂いていく。全員が完全に「あっち側」に行った状態なので休まる瞬間はなく、メセニーのシンクライヴィア・ギターはどんどんグチョグチョに崩れていき、コールマンも無類のスタミナで応戦。こうなると誰が先に倒れるかだが、聴いてる方が先に倒れてもおかしくはない。9分48秒でようやくドラムスだけのバトルになり、10分43秒で感極まって叫んでいるのはデナードだろうか。すぐさまオーネットとメセニーが前線に復帰して反復フレーズとテーマで燃焼。ディジョネットがラストまで叩き切るのを横目に、デナードがＳＥで茶々を入れ、壮絶な13分15秒の音プロレスが終結する。こんなのを毎日爆音で聴いていたら近所迷惑だし確実に早死にするだろうから、たまに聴くだけに留めておいた方が良いだろう。

アルバム前半の6曲にも触れておこう。ベースが先行する①は、オーネットの率いていたプライム・タイムのレパートリーで、ユーモラスなテーマのユニゾンに続いてシンクライヴィア・ギターで出るメセニーのソロは、テーマのムードを受けながらメロディックに展開。続くコールマンのソロのバッキングもスリリング。②は短いテーマを2回売り返すだけの演奏で、その後にすかさず入る③のイントロ的な扱い。その③はオーネットのアルバム『スカイズ・オブ・アメリカ』（１９７２年）の収録曲で、メセニーがライヴで頻繁に採り上げるカリプソ風のメロディーが印象的なナンバー。ここでもメセニーのインプロにおけるスムーズなラインはお見事。④も快演で、お互い干渉せずにそれぞれのフレーズを紡いでいくオーネットとメセニーには「自由ですなあ」と遠巻きに眺めるしかない。⑤ではデナードが女性の声のＳＥなどで笑わせる。⑥はやはりオーネットのプライム・タイムのレパートリーで、オーネットの代表曲『ロンリー・ウーマン』に通じるメランコリックな楽曲。この①から⑥が先に来ることで、アルバム全体の印象が全く変わるのだ。しかし１９８６年オリジナル盤のリリース時には、メセニーはあえてこれらの「わかりやすくポップなオーネットの音楽世界」を外して、「これまでのどの作品にも似ていないアルバムにする」という当初のコンセプトを尊重した。そうしたチャレンジ精神をきちんと理解するためには、20年の時間が必要だったということだ。オーネット亡き今、本作の価値は高まるばかりである。

＊1／*PAT METHENY The ECM YEARS,1975-1984*, ２６８　なおワン・チャンは、当時ゲフィン・レコードがプッシュしていたイギリス出身の2人組で、代表曲は EVERYBODY HAVE FUN TONIGHT。
＊2／パット・メセニーのウェブサイトに掲載されたQ&Aより（２００１年3月）。
＊3／『ソングX 20ｔｈアニバーサリー』のライナーノーツに掲載された、パット・メセニー自身によるテキストより。
＊4／『ゲイリー・バートン自伝』３０９〜３１０
＊5／*PAT METHENY SONG BOOK*, ４４２

MICHAEL BRECKER
MICHAEL BRECKER

1987

『マイケル・ブレッカー』
マイケル・ブレッカー

① SEA GLASS 5:51
② SYZYGY 9:44
③ CHOICES 8:06
④ NOTHING PERSONAL 5:31
⑤ THE COST OF LIVING 7:48
⑥ ORIGINAL RAYS 9:05
⑦ MY ONE AND ONLY LOVE 8:17

①・② by Michael Brecker, ③ by Mike Stern,
④・⑤ by Don Grolnick,
⑥ by M.Brecker & M.Stern & D.Grolnick,
⑦ by Guy Wood & Robert Mellin
Impulse!

□ 1986年録音
□ プロデューサー：ドン・グロルニック
with マイケル・ブレッカー
□ 録音スタジオ：パワー・ステイション
（アメリカ、ニューヨーク）
□ チーフ・エンジニア：ジェームス・ファーバー
□ 参加ミュージシャン
マイケル・ブレッカー：テナー・サックス、EWI
ジャック・ディジョネット：ドラムス
チャーリー・ヘイデン：ベース
ケニー・カークランド：キーボード
パット・メセニー：ギター

マイケルの遅咲きソロ・デビューを優しく支えるメセニー

ジョン・コルトレーン亡き後のサックス界を牽引した偉大なるプレイヤーであるマイケル・ブレッカーが、コルトレーン所縁のインパルス・レーベルからリリースした「遅すぎたソロ・デビュー・アルバム」。当時マイケルが率いたバンドのギタリストはマイク・スターン[*1]だったが、あえてメセニーに声を掛けたのは、明らかに自らのデビューに華を添える意図があったのだろう。マイケルを敬愛するメセニーは嬉々として参加。しかもリズム隊は『80/81』、並びに『ソングX』と同様のチャーリー・ヘイデン&ジャック・デジョネット組、ここに気鋭のケニー・カークランド[*2]が加わるという布陣は、当時のジャズ・シーンにおけるドリームチームだ。

アルバムのオープナーは、マイケルのオリジナル①。教会オルガン風のシンセから出て、ルバートで重厚なテーマが奏でられる。リスナーはここで早くも、マイケルがブレッカー・ブラザーズ的なサウンドから距離を置いた「新たなジャズ」を提示せんとする気迫を感じたことだろう。メセニーは参加していないようだが、本作はここから聴き始めないとムードが高まらないのだ。サックスとドラムスのデュオから始まる②は、『80/81』に通じる世界。マイケルもメセニーも、ライヴでは必ずドラムスとのデュオを披露するが、ノーコードでインプロが展開できるスタイルだけに演奏していて楽しいのだろう。メセニーはテーマ・ユニゾンで軽く加わるが、本格的に登場するのはサックスとEWIによるアンサンブルが終わった6分40秒から。テーマを仄めかしつつギター・シンセで走り出し、落ち着いたフレージングに終始、ラストテーマに繋ぐ。マイク・スターンによる③でもテーマのユニゾンに留まるが、メセニーが本領を発揮するのは変形マイナーブルースの④から。1分9秒から始まるソロは控えめながらもスウィンギーに攻める素晴らしい内容で、これを受けてマイケルも速射砲フレーズで燃え上がる。

メランコリーなバラードの⑤ではアコギによるバッキングで冴えを見せるが、ヘイデンの味わい深いソロの背後で、細かな動きをカークランドと分け合うあたりが聴きどころ。⑥はLP時代のラスト曲で、EWIの無伴奏ソロからスタートする、後のステップス・アヘッドでも重要レパートリーとなる楽曲。メセニーは3分38秒からソロを披露。生音成分が多めのギター・シンセでマイケルへのお膳立てをする。本作でのメセニーのソロは主役を立てるべく総じて控えめだが、抑えた短めのプレイの中でしっかりと「メセニー印」を押していくのがクール極まりない。ラストの⑦はCD化に伴い追加されたものだが、カークランドが抜けたカルテットによる素晴らしい演奏。マイケルのコーダルな無伴奏ソロに始まり、メセニーのソロもさすがの歌心で泣きを存分に響かせる。オリジナルのLPに⑦をあえて入れなかったのはアルバム全体のバランスを考えてのことだろうが、必聴の演奏であることは間違いない。

＊1／1953年、マサチューセッツ州ボストン出身のギタリスト。1981年にマイルス・デイヴィスの所謂「カムバック・バンド」に起用されて脚光を浴び、トップ・ギタリストの座へ。リーダー作も多数。

＊2／1955年、ニューヨーク州出身のピアニスト、キーボード・プレイヤー。1970年台後半から頭角を現し、数々のセッションに参加。日野皓正やブランフォード&ウィントンのマルサリス・ブラザーズ、スティング等との共演が有名。1988年、43歳の若さで惜しまれつつ死去。

STILL LIFE (TALKING)
PAT METHENY GROUP

1987

『スティル・ライフ（トーキング）』
パット・メセニー・グループ

① MINUANO (SIX EIGHT)　9:25
② SO MEY IT SECRETLY BEGIN　6:24
③ LAST TRAIN HOME　5:38
④ (IT'S JUST) TALK　6:16
⑤ THIRD WIND　8:33
⑥ DISTANCE　2:43
⑦ IN HER FAMILY　3:15

All Music by Pat Metheny,
Except ①・⑤ by P.Metheny & Lyle Mays,
⑥ by Lyle Mays
Geffen Records

□ 1987年3・4月録音
□ プロデューサー：パット・メセニー
□ 録音スタジオ：パワー・ステイション
（アメリカ、ニューヨーク）
□ エンジニア：ロブ・イートン
□ 参加ミュージシャン
パット・メセニー：アコースティック＆
エレクトリック・ギター、ギター・シンセサイザー
ライル・メイズ：ピアノ、キーボード
スティーヴ・ロドビー：アコースティック＆
エレクトリック・ベース
ポール・ワーティコ：ドラムス
アーマンド・マーサル：パーカッション、ヴォイス
デヴィッド・ブラマイヤーズ：ヴォイス
マーク・レッドフォード：ヴォイス

メセニー史上最高の完成度を誇る、壮絶なスケールの大傑作

あらゆる点において「完璧な芸術作品」というものが、歴史上いくつか存在する。筆者にとっては、20世紀にレコーディングされた音楽作品に限定すると、マイルス・デイヴィスの『ビッチェズ・ブリュー』（1970年）、キング・クリムゾンの『太陽と戦慄』（1973年）、ウェザー・リポートの『ヘヴィー・ウェザー』（1977年）、スティーリー・ダンの『彩（エイジャ）』（1977年）、そして本作となる。全てLP時代の作品だが、サウンドだけではなくアートワークも含めた完璧な芸術作品であるこれら諸作が生み出された時代にリアルタイムで生きてきたことは、本当にラッキーだったと思う。今も我が家のオーディオ・リファレンスは本作と『彩（エイジャ）』であり、この2作品が「最高の音で鳴る」ことを前提に、全てのセッティングを整えている。そして

圧倒的な名盤揃いのPMGの作品の中で、筆者にとっては本作こそが「揺るぎなきベスト」であるということを明言した上で、話を進めていこう。

1985年、PMGは春にヨーロッパ、秋に日本、オーストラリア、ハワイとツアーを行い、その後、ペドロ・アズナールはソロ活動に専念するためにグループを離れる。一方でライル・メイズは1986年、自身初のリーダー・アルバム『ライル・メイズ』をパワー・ステーションでレコーディング。[*1] PMGで聴かせてきた音楽にエスニックな感覚も盛り込んだ雄大なサウンドで、高く評価される。そして翌年、オーディションによって新たにアーマンド・マーサル[*2]がパーカッションで、デヴィッド・ブラマイヤーズ[*3]とマーク・レッドフォード[*4]がヴォイスで加わり、PMGは過去最多の7人編成で本作のレコーディングに臨む。

最大の変化はなんといっても、マーサルのパーカッションが加わったことだろう。ナナ・ヴァスコンセロスもアズナールも、基本的にはサウンドのカラーリングを行うタイプのプレイヤーであったが、マーサルはリズム・プレイヤーとして抜群のグルーヴを持っていた。彼がワーティコと並ぶことで、リズム・セクションはよりダイナミックになり、サウンドのスケールも飛躍的に大きくなったことが、『ファースト・サークル』との違いである。なおマーサルがブラジリアンであることから、本作は「PMGがブラジル音楽により接近した」と評されることも多いが、それは短絡的に過ぎる。ティンバレスやコンガ、クラベス、ギロ、クイーカ等を駆使して複雑なビートで切り込んでいくマーサルの演奏は極めて汎ラテン的なものであり、ブラジルだけに拘泥するものではない。音楽全体としても、メセニーは元々、ブラジル音楽の要素を自家薬籠中のものとしており、評論家やリスナー達が本作で「ブラジル音楽的なものに触れた」という印象が、そうした評に繋がっただけである。メセニーは常に、リスナーの先を進んでいるのだ。

ロドビーがウッドベースでA音をズシリと落とす①から、本作はスタートする。メセニーはリンダ・マンザーから、コンパクトで高音域をプレイできるソプラノ・ギターを入手し、インスピレーションを得て2分55秒から

10小節のメロディーを即座に思いつく。これにメイズが長く壮大なイントロと、中間部のマリンバ・セクションを書き加えて、楽曲を完成させた。[*5] 3／4と6／8が交錯するグルーヴ[*6]は全く新しいもので、ワーティコのライドシンバルの生々しい金属音やマーサルの多重録音によるパーカッション、ロドビーのステディな4分音符などが直ちに多層的なアンサンブルを形成。このビートに身を委ねるだけでもう最高なのに、その上でメセニーがこれでもか！とばかりにメロディックなソロを繰り広げるものだから、早くも涙腺が緩み捲りだ。そして6分23秒、ミニマル・ミュージック的なマリンバ・セクションが唐突に訪れる。複雑に積み重なるアンサンブルの中、7分12秒からロドビーが高音で駆け上がり、そこからメイズの高度なオーケストレーションによるブリッジを受けてテーマが再起する瞬間のカタルシスたるや、何度聴いても圧巻だ。なおメセニーは後年のライヴでは、本曲のイントロ部分をスッ飛ばして演奏することが多くなる。これは「さっさとおいしい部分を聴かせよう」とのサービス精神によるものだろうが、リスナーとしてはやはり長いイントロも含めて演ってほしいと思いませんか？

続く②がこれまた大名曲。タイトルはパウル・クレー[*7]のペインティング作品から引用したものだが、Cマイナーのシンプルな「歌モノ」で極めてインプロ映えするため、メセニーはトリオでも頻繁に本曲を演奏している（↓P200）。出だしのメイズによるオーケストレーションは右チャンネルにストリングス、左チャンネルに木管を配置。生楽器さながらのクレッシェンドのコントロールには驚くほかはない（アルバム発売当時、「これはオケだろう」と思わずクレジットを見直したものだ）。すかさずロドビーのベースとマーサルのクラベスが、ラテン・ビートを自在に発展させていく。メセニーはギターのトーンを①とは変え、よりアタックを強調。本作以降、彼はお馴染みのシグネイチャー・トーンの聴感は残しつつ、曲調にあわせて録音時のニュアンスを細かく変えるようになった点にも注目してほしい。1コーラス目は低音部で、2コーラス目からは1オクターヴ上でメロディーを弾くが、54秒あたりの咽び泣くようなヴィブラートを聴き逃してはならない。ソロはメイズのアコピから入るが、毎度のことながら本当にうまい。無駄なフレーズは一切なく、鍵盤を縦横無尽に駆け巡り、3分20秒あたりからはコードを揺蕩わせてメセニーに引き継ぐ。対するメセニーも得意の上昇フレーズから入り、存分に歌い上げていく。バックで動くメイズによるシンセ・オーケストレーションも完璧で、ギター・フレーズとの絡み具合から想像するに、一旦ソロを聴いた上でオーバーダビングしたものだろう。本作は録音に2カ月間を要しているが、ＥＣＭ時代には絶対に不可能であったこのような「手間の掛け方」が、本作及びこれ以降の作品を次元上昇させるためのポイントでもあった。

エレクトリック・シタールによるメロディーが泣かせる③も人気曲だが、メセニーは故郷のリーズ・サミットを走るミズーリ・パシフィック鉄道の音を遠くに聴いて育っており、[*8] 列車のロコモーションを8分音符のベースによるオスティナートと、ドラムスのブラシワークに託したそのサウンドは、ノスタルジーに満ちたものだ。「列車の音楽」といえば筆者は即座に、アルテュール・オネゲルの『パシフィック２３１』[*9] とスティーヴ・ライヒの『ディファレント・トレインズ』[*10]（→P96）を思い浮かべる。そして作曲年度とメセニーとライヒの関係性から想像するに、ライヒの『ディファレント・トレインズ』の作曲のヒントとしてメセニーの本曲が（もちろんオネゲルの『パシフィック２３１』も）関与している、というのが筆者の見立てである。機会があればぜひ、これら3曲を続けてお聴きいただきたい。また本曲は２０１５年にはテレビアニメ『ジョジョの奇妙な冒険 スターダストクルセイダース エジプト編』[*11] のエンディング・テーマにもなっている。こうしたことから、数あるＰＭＧの楽曲の中でも最も映像喚起力の高いナンバーと言って良いだろう。ここまでがＬＰ時代のＡ面。

ＬＰのＢ面の最初を飾るのは、本作の中で最も早い時期に作曲された④。映画『コードネームはファルコン』のサントラ盤収録のDAULTON LEEと格闘中にできたもので、[*12] ブラマイヤーズとレッドフォードのツイン・ヴォーカルが大きくフィーチャーされる。両者の声質と伸びはアズナールの不在を感じさせないもので、Ｂメロで加わるメセニーのトーンともすんなりと馴染む。バックではメイズがオルガン、マーサルがクイーカでカラーリングし、この「変態ボサノヴァ」を更なる異界へと向かわせる。本曲ではメセニーはアンサンブルに専念し、ソロはメイズに譲るが、C#m9とC9が2小節ずつ交代するサウダージなコード進行は極めてインプロ向きで、ここでもメイズが絶品のソロを展開する。2分35秒からのフレーズの発展のさせ方、3分あたりからのブロックコードの連続技などには、メセニーが惚れ惚れしながら頷く様子が目に浮かぶ。そのメイズの傍で、絶妙のタイミングでクイーカを放つマーサルのセンス、なんという芸術的なパーカッショニストなのか。

　そして遂に必殺の大作⑤が疾風怒濤の勢いで走り出す。何が必殺か。テーマの後、1分30秒でのメセニーのピックアップ・ソロのフレーズだ。これには全世界のギタリストが腰を抜かした。所謂ターゲット・ノートによるフロウなのだが、『ファースト・サークル』のTELL IT ALLで披露されたシンクラヴィア・ギターによる凄みのあるトーンも手伝って、メセニーがインプロヴァイザーとしての「圧倒的な格の違い」を見せつけた瞬間である。本曲は②のリズムをさらにテンポアップさせ、メセニーが書いたテーマメロディーに、メイズがポリリズミックな中間部や12／8拍子のエンディングを書き加えて完成させたものとなる[*13]。

　まずはマーサルがティンバレスで疾走、ワーティコがタムで追従し、メセニーが乗っかるイントロからして堪らない格好良さ。バンド全体が制限速度を無視してサンバで走り、メセニーが雄々しく響かせるテーマにスキャット・ヴォーカルが重なる様子は、広大なサバンナ全体に響き渡っていくかのようだ。そしてピックアップからのメセニーのソロは、存分にクロマティックを散りばめつつもメロディックな芯と泣きの要素は忘れない。2分50秒でここぞとばかりに繰り出されるフレーズランには、思わず声を上げてしまう。そして本曲の素晴らしさは、3分9秒からのオープン・セクション以降の展開にもある。左右チャンネルでカリンバ的なアンサンブルを走らせつつ、ヴォーカルとシンセがメロディーをチェイス。マーサルとワーティコが徐々に手数を増やしていき、5分4秒でポリリズミックなユニゾンに至る流れは、ミニマルとエレクトロとファンク・モザンビークを闇鍋的[*14]に煮込んだもの。それがホイッスルと共に一気に解放され、シンセサイザーの雲の中から光が差し込み、ウェザー・リポート的なエンディングのメロディーへ。その上でメセニーがギター・シンセによるソロを繰り広げて昇天していく流れは、やはり圧倒的な感動をもたらす。本作はここでクライマックスを迎えて、以降の2曲は「長い余韻としてのコーダ」と捉えるべきだろう。

⑥はメイズによる単独作品で、スタジオ内での作業によるサウンド・コラージュ。シンクラヴィアを駆使して、各種のサンプリングに僅かにパーカッションを絡ませたもの。そのままメセニーが書いた⑦に移行し、限りない透明感に満ちたメロディーが大地に捧げられ、アルバムは静かに幕を閉じる。トータルタイムは43分。それだけの時間があればすぐさまトリップできるのだから、音楽ファンというのは本当に幸せですよね。

*1／アレックス・アクーニャ（ドラムス）、ビル・フリゼール（ギター）、マーク・ジョンソン（ベース）、ビリー・ドリューズ（サックス）、ナナ・ヴァスコンセロス（パーカッション）が参加。同作を経たことも、『スティル・ライフ（トーキング）』の音楽性に大きく影響している。

*2／1956年、ブラジルのリオ・デ・ジャネイロ出身のパーカッショニスト。エリス・レジーナやガル・コスタ等のブラジルの大物のほか、ドン・チェリーやポール・サイモンとも共演。

*3／イギリス生まれ、カナダのオンタリオ州トロントで活躍するセッション・シンガー、ギタリスト、マルチプレイヤー。PMG時代の1992年に発表した『The David Blamires Group』はメセニーの影響を受けたAORの趣で、密かな人気を誇る。

*4／1960年、ロサンゼルス出身のトランペッター、シンガー、ギタリスト。デトロイトで育ち、バークリー音楽大学で学んだ後、プリンスやマイケル・ブレッカー等とも共演。2004年没。

*5／*PAT METHENY SONG BOOK*, 442

*6／曲のサブタイトルであるSIX EIGHTはこのリズムから来たものだが、楽譜集では全編を通じて3／4拍子で表記されている。

*7／パウル・クレー（1879～1940年）はスイスの画家。独自の表現による抽象画で知られる。

*8／*PAT METHENY SONG BOOK*, 442

*9／アルテュール・オネゲル（1892～1955年）は近代フランスの作曲家で、「フランス6人組」のメンバーの1人。『交響的断章第1番：パシフィック231』は1923年に作曲された彼の代表作で、これを基に1949年、フランスの映画作家ジャン・ミトリが短編映画『パシフィック231』を作っていることでも有名。

*10／スティーヴ・ライヒについてはP96で詳述。『ディファレント・トレインズ』はホロコーストをテーマにして作曲された弦楽四重奏とサウンドコラージュによる1988年の作品で、翌年のグラミー賞で最優秀現代音楽作品賞を受賞している。

*11／荒木飛呂彦による同名漫画を原作とするアニメ作品で、2015年1月～6月にテレビ放送。同作にちなんだメセニーのベスト盤も発売されている。

*12 *13／*PAT METHENY SONG BOOK*, 442

*14／スティーヴ・ガッドの演奏で有名になった、アフリカン・リズムのドラムへの応用技。コンテンポラリー・ドラマーの必須項目とされる。

DIFFERENT TRAINS /
ELECTRIC COUNTERPOINT
STEVE REICH

1989

『ディファレント・トレインズ／
エレクトリック・カウンターポイント』
スティーヴ・ライヒ

④ ELECTRIC COUNTERPOINT Ⅰ Fast 6:51
⑤ ELECTRIC COUNTERPOINT Ⅱ Slow 3:21
⑥ ELECTRIC COUNTERPOINT Ⅲ Fast 4:29

※パット・メセニー参加曲のみ

Music by Steve Reich
Nonesuch Records

□ 1987年10月録音
□ プロデューサー：ジュディス・シャーマン
□ プロデューサー（アシスタント）：
デイヴィッド・オークス
□ 録音スタジオ：パワー・ステイション
（アメリカ、ニューヨーク）
□ チーフ・エンジニア：ロブ・イートン
□ 参加ミュージシャン
パット・メセニー：ギター

メセニーの音楽世界を拡張したライヒとの、貴重なコラボ作品

ミニマル・ミュージックの大家として知られるスティーヴ・ライヒ[*1]は、一時期はメセニーのレーベルメイトでもあった。ライヒの『18人の音楽家のための音楽』（1978年リリース、以下同）、『オクテット／大アンサンブルのための音楽／ヴァイオリン・フェイズ』（1980年）、『テヒリーム』（1981年）の3作品はECMからリリースされており、特に『18人の音楽家のための音楽』は同レーベルにおいて初めての全てが楽譜に書かれた音楽。メセニーは『18人の音楽家のための音楽』と『テヒリーム』をライヒ作品のフェイヴァリットとして挙げており[*2]、前者の影響は『スティル・ライフ（トーキング）』収録のMINUANOの中間部のマリンバパートに、後者の影響は『ファスト・サークル』の冒頭部分に明確に表れている。一方でライヒもメセニーの演奏に感銘

を受け、フルートのための『ヴァーモント・カウンターポイント』（１９８２年作曲）、クラリネットのための『ニューヨーク・カウンターポイント』（１９８５年作曲）に続く独奏楽器とテープのための新作として、メセニーに『エレクトリック・カウンターポイント』（１９８７年作曲）の録音と演奏を依頼する。

楽譜の表紙には「ギターとテープ、またはギターアンサンブルのための」と表記され、８本のエレクトリック・ギターと２本のエレクトリック・ベースのために書かれているが、最上段のギターパートには「ライヴ・ギター」とある。つまりはメセニーが多重録音したトラックの上で生演奏されることが、最初から想定されている。全体はファスト、スロー、ファストの３部から成り、テンポの指定はファストがいずれもＢＰＭ１９２、スローがその半分のＢＰＭ96となっており、当然ながらインプロパートはない。メセニーはこれまでに経験したことのないタイプの録音にかなり苦労した模様だが、ライヒはその成果に大いに満足している。*3

典型的なミニマル・ミュージックなのでメセニーらしさを期待すると肩透かしを食うかもしれないが、時空を捻れさせるライヒの音楽世界は、抗し難い魅力に満ちている。音楽のスタイルは違うものの、ここにはオーネット・コールマン同様の「ポップさ」があるのだ。同音反復が立体的に去来し、２分過ぎから徐々にガムランやアフリカン風に移行するⅠファスト、３／４＆５／８＆４／４の３小節のワンフレーズが複雑に折り重なっていくⅡスロー、ＥマイナーとＣマイナーの２つのキーを突然スイッチさせるのがちょっとジャズっぽいⅢファストと、それぞれに異なるテイストが楽しい。なお本作の①〜③にはメセニーとライヒが理想的な形で影響しあったと思われる『ディファレント・トレインズ』が収録されているので、ぜひアルバムを手にしていただきたいところだ。

＊１／１９３６年、ニューヨーク州出身の作曲家。コーネル大学で哲学を、ジュリアード音楽院やミルズカレッジで作曲を学ぶ。音声や楽音のズレを利用した「フェイズ・シフティング」の技法に始まり、シンプルなフレーズの反復、録音テープの利用などで、ミニマル・ミュージックのデフォルトを確立。あらゆる実験音楽からテクノやエレクトロニカにも影響を与えている。

＊２／パット・メセニーのウェブサイトに掲載されたQ＆Aより（１９９９年９月）。

＊３／*PAT METHENY The ECM YEARS,1975-1984*, ２４４

WELCOME BACK
AKIKO YANO

1989

『ウェルカム・バック』
矢野顕子

① "IT'S FOR YOU" 6:42
⑥ HOW BEAUTIFUL 1:30
⑨ WATCHING YOU 5:01

※パット・メセニー参加曲のみ

① by Pat Metheny & Lyle Mays
⑥ by Akiko Yano (lyric by Takashi Nakahata)
⑨ by A.Yano (lyric by Shigesato Itoi & A.Yano)
MIDI

□1988年11月録音
□プロデューサー：矢野顕子
□コ・プロデューサー：坂本龍一
□録音スタジオ：パワー・ステイション
（アメリカ、ニューヨーク）
□エンジニア：アレック・ヘッド
□参加ミュージシャン
矢野顕子：ヴォーカル、ピアノ
パット・メセニー：ギター
ピーター・アースキン：ドラムス、パーカッション
チャーリー・ヘイデン：ベース
秋山かえで：クラリネット

才媛・矢野顕子との初コラボにして、決定的な名演

１９７６年、アルバム『JAPANESE GIRL』で衝撃的にデビューした矢野顕子[*1]は、現在に至るまで我が国のミュージック・シーンのトップランナーとして活躍を続けている才媛である。同時代に生き、常にネクストを求め続ける彼女のクリエイティヴィティにはメセニーも大いに共感。本作を契機に幾つものコラボレーションが生まれることになった。なおアルバムのクレジットでは録音時期は１９８８年11月から翌年2月とあるが、メセニーのスケジュールから判断するに'88年11月の録音。スタジオはメセニーご贔屓のパワー・ステイションなので、エンジニアもアレック・ヘッドのみを挙げておく。

まず驚くのは①、『ウィチタ・フォールズ』で披露されたメセニー&メイズの人気曲だ。自身のアルバムの１

曲目でカヴァー曲を持ってくるのは珍しく、矢野がこの時期、いかにメセニーに感化されていたかを物語っている。メンバー的にはヘイデンのベースは納得だが（矢野はまずもってヘイデンとの共演を切望した）、ドラムスはピーター・アースキン[*2]ときた。ジャコ・パストリアスとともにウェザー・リポートの全盛期を支えたアースキンとメセニーのケミストリーが何を生むのか、いやが上にも期待が膨らむ。

力強いタッチのピアノが転がり「ラララ〜」とあのピュア・ヴォイスが乗っかると、すぐさま矢野ワールドが広がる。『ウィチタ・フォールズ』ではメイズがプロフェットで奏でていたメロディーをヴォーカルで綴っていくのだが、サビで「あいしている いつの日も」と歌詞を乗せることで完全に「自分の世界」に引き込むことに成功しており、それができるという矢野の自信が①をアルバムの冒頭に置いた大きな理由なのだろう。メセニーは多重録音によるアルペジオやコードストロークのかき鳴らしで寄り添うが、オンマイク気味の録音が実に鮮明。耳の良いリスナーなら、3分48秒からのメセニーのソロ以降、バンド全体がゾーンに入っていく様子が聴き取れよう。アースキンがサンバ風のグルーヴで煽っていき、メセニーの同音反復フレーズに矢野がスキャットで絡んでいくあたりの展開は、この2人ならではの興奮を生んでいる。

⑥は矢野とメセニーにクラリネットが加わる短いインタールードだが、24秒からのメロディーは『スティル・ライフ（トーキング）』のMINUANOのマリンバ・セクション明けのベースラインを思わせる。40秒からのソプラノ・ギターとピアノのユニゾンも美しい。⑨は再びカルテットによる演奏だが、ここではアースキンのブラシとヘイデンの重厚なベースというふかふかのカーペットの上で、矢野とメセニーが戯れる。ヴァイオリン奏法でのフィルインや、たっぷりのヴィブラートとともに出る表情豊かなナイロン弦ギターのソロも聴きものだ。

＊1／1955年、東京都出身のシンガー・ソングライター、ピアニスト。青山学院高等部在学中からジャズクラブのセッションで注目され、プロの道へ。『JAPANESE GIRL』ではリトル・フィートと共演し、和魂洋才の斬新なポップスを創造。'90年よりニューヨーク在住。

＊2／1954年、ニュージャージー州出身のドラマー。'78年からの4年間、ウェザー・リポートで活躍する。脱退後はジャコ・パストリアスのビッグバンドやステップス・アヘッド、ベース・デザイアーズ等で活躍。教育者としても著名で、ソロアルバムも多数。

LETTER FROM HOME
PAT METHENY GROUP

1989

『レター・フロム・ホーム』
パット・メセニー・グループ

① HAVE YOU HEARD 6:24
② EVERY SUMMER NIGHT 7:10
③ BETTER DAYS AHEAD 3:05
④ SPRING AIN'T HERE 6:54
⑤ 45/8 0:56
⑥ 5-5-7 7:50
⑦ BEAT 70 4:53
⑧ DREAM OF THE RETURN 5:24
⑨ ARE WE THERE YET 7:55
⑩ VIDALA 3:02
⑪ SLIP AWAY 5:24
⑫ LETTER FROM HOME 2:34

All Music by Pat Metheny,
Except ⑤・⑥・⑦ by P.Metheny & Lyle Mays,
⑧ by P.Metheny w/Spanish Lyrics by Pedro Aznar,
⑨ by L.Mays, ⑩ by P.Aznar
Geffen Records

□ 1989 年春録音
□ プロデューサー：パット・メセニー
□ コ・プロデューサー：ライル・メイズ&スティーヴ・ロドビー
□ アシスタント・プロデューサー：デイヴィッド・オークス&ポール・ワーティコ
□ 録音スタジオ：パワー・ステイション（アメリカ、ニューヨーク）
□ エンジニア：ロブ・イートン
□ 参加ミュージシャン
パット・メセニー：エレクトリック&アコースティック・ギター、12 弦ギター、ソプラノ・ギター、ティップル、ギター・シンセサイザー、シンクラヴィア
ライル・メイズ：ピアノ、オルガン、キーボード、アコーディオン、トランペット、シンクラヴィア
スティーヴ・ロドビー：アコースティック&エレクトリック・ベース
ポール・ワーティコ：ドラムス、カジャ、アディショナル・パーカッション
ペドロ・アズナール：ヴォイス、アコースティック・ギター、マリンバ、ヴァイブ、テナー・サックス、チャランゴ、メロディカ、パンパイプ、アディショナル・パーカッション
アーマンド・マーサル：パーカッション

トリロジーの完結編は、聴き応えあり過ぎのショート・ストーリーズ

１９８０年代のＰＭＧのトリロジーを締め括る本作は、ペドロ・アズナールが復帰し、アーマンド・マーサルも前作に引き続き残る形でレコーディングされた。録音日程が１９８９年春とだけクレジットされているように、ＰＭＧがレコーディングに費やす時間はさらに長くなり、メンバーの担当楽器やオーバーダビングも増えている。同時にプロデュースの名義も複雑になり、本書ではスペースの都合で割愛したが、アレンジに関するクレジットも曲ごとに詳細に渡っている。これらはＰＭＧの商業的な成功に伴い、権利関係をより明確にした結果だろう。我々リスナーにとっては、誰が主導的に楽曲制作を進めたのかわかがりやすいのでありがたい。

前作で一休みしたアズナールではあるが、ＰＭＧに戻ってもブランクを感じさせることがない。どころか、本作では2曲の制作に関わっており、自身のソロ活動の成果をしっかりと持ち込んでいる。そしてメインのパーカッションにはマーサルがいるので、アズナール本来のマルチプレイヤーぶりを発揮できるようになったことも大きい。完成度については前作『スティル・ライフ（トーキング）』に全く劣らない。複雑な構成の大曲をハイライトとするアルバム構成ではなく12曲の短編集としたのは、聴きやすさ、親しみやすさを重視したからだろう（コラージュによるジャケットデザインの写真カットが増えていることも、短編集の趣に一役買っている）。本作の人気が極めて高いのはよりポップな意匠を纏っているからで、日本版リリース時のライナーノーツを松任谷由実が書いていることからも、当時のメセニーとPMGの日本での認識のされ方が窺える。

①はメセニー自身が「コンサートのスタートに相応しい、早めのマイナーブルースを狙った」と語っているように、[*1]本作のツアー以降はしばらくの間、名刺代わりの1曲としてライヴのオープナーを飾ることにもなった人気曲。そのリズム・フィギュアは当初メンバーが驚いたというのも無理はないもので、イントロからAメロは7／4拍子、繰り返しにターンするところで3／4と5／4が交錯、落ちサビ的なBメロでようやく4／4になり、無事にそのままソロに入る。メセニーはCマイナーのシンプルなコード進行に乗って速射砲的にフレーズを繰り出し、時折絶妙のアウト音を挟んでスリリングに駆け抜けていく。ギターソロの途中で半音上に、ラストのテーマ前でさらに半音上に転調するのでDマイナーでエンディングを迎えるが、こうした転調はポップス的手法で、メセニーはそれをいつも効果的に用いている。

メセニー自身がバート・バカラック[*2]からの影響を認めている②は、モントリオールの人々に捧げられたもの（同地で毎夏に行われるモントリオール・ジャズ・フェスティバルは有名）。ステディなビートがユニーク、かつアズナールが吹くメロディカがキュートな曲だが、拍子はAメロが4／4、Bメロが3／4と、やはり一筋縄ではいかない。メセニーもメイズも短いソロの中でしっかりと盛り上げるが、メイズが後半で聴かせるピアノとオルガンの絡みが特に見事。[*3]

明るいサンバの③は1979年の段階で書かれており、PMGのライヴでもFULTONというワーキング・タイトルで演奏されていた曲。[*4] マーサルのクイーカが大活躍し、メセニーの楽しげなソロに思わず頬が緩む。続く④はメセニーがフェイヴァリットとするサックスのスタンリー・タレンタインにインスパイアされたもので、[*5] アルバム中最もオーソドックスなCマイナーの歌モノ。パーカッションのアンサンブルがアフリカンっぽくもあり、メセニーが弾くメロディーに寄り添うメイズのピアノ、テーマ終わりの5／4になるセクションなど、かなり凝った構成をサラリとこなしている。ソフトなトーンから入り、徐々に歌い上げていくメセニーのソロは後半で存分に泣きまくっていて、ため息ものの美しさ。

陽気な南国のカーニバルを思わせるインタールードの⑤とそれを挟んで登場する⑥は、いずれもタイトルがそのままリズム・フィギュアを表している（⑤は8分音符45個がひとつの単位、⑥は5／4×2小節＋7／4×1小節のパターン）。このあたりのタイトルは、メセニーの遊び心だろう。その⑥は、リズムが『ファースト・サークル』からの流れ、メロディーとアレンジは『スティル・ライフ（トーキング）』の(IT'S JUST) TALKと通じるシネマティックな作品だ。キーはまたもやCマイナーで、メセニーのソロでリズムがアフロ・ポリリズムとなり、メイズの仕業と思われる6／8の畳み掛けるようなアンサンブルから回帰するテーマで、半音上のC#マイナーに転調。厳かな余韻を残して、LPでのリリース時のA面は終了する。

LP時代のB面となるのは、シングルカットもされたポップな⑦から軽快にスタート。Aメロでは再びアズナールがメロディカで可愛さをアピール。2コーラス目のスティール・ドラムによるフィルインも新機軸で、八面六臂の大活躍のアズナールがそこに天使の声を響かせる本曲は、メセニーの楽曲の中でも女子ウケする確率が高い1曲だろう。短くまとめるメイズの後で出るメセニーのソロも絶好調。ドライヴ・ミュージックとしては、『オフランプ』のEIGHTEENや『ファースト・サークル』のYOLANDA, YOU LEARNと並ぶウキウキ・チューンの名演だ。続く⑧もポップ路線で、美しいメロディーに乗ってアズナール自身が書いたスペイン語の歌詞を歌い上げる、『ファースト・サークル』のMÁS ALLÁと同じパターン。一転して濃密なエスニック・リズムからギター・シンセが雄叫びを上げる⑨は、メイズの単独作品。自身のライヴでも採り上げており、その際はボブ・シェパードのサックスがメセニーの役割を果たしている。*6 ここまでギター・シンセを温存していたメセニーがフリーキーに爆発。メイズのオーケストレーションもド迫力で、やはりこういう落差のある曲を入れるのがＰＭＧならではなのだ。４分30秒からのメイズによるサウンド・コラージュでは、先程聴いた演奏の途中が遠くで鳴り響くという新たな手法も採り入れられているが、ＬＰ時代は「あれ？ 変なゴースト出てる？」と気になったものだ。そこからシームレスに流れ込む⑩はアズナールの単独作品。アルゼンチン北東部の部族の先住民たちの古謡を基にしたもので、荘厳なメロディーが胸に迫る。からのポップな⑪は、メセニーとアズナールの切なくも希望に満ちたメロディーが空高く響き渡る名曲。⑨から⑪の約16分を１組曲として聴くことで、続く⑫が極めてノスタルジックなエピローグとなる。メセニーのソプラノ・ギターによる甲高いサウンドが実に効果的だ。

ＰＭＧの１９８０年代のトリロジーを続けて聴くと、改めて凄いグループだと感じ入る。本作でメセニーとメイズによるコラボが一つの頂点を極めたが故に、ＰＭＧは以後、スタジオ・アルバムの収録を小休止。メセニーは単独で、しばしの武者修行へと向かうことになる。

＊１／*PAT METHENY SONG BOOK*, ４４２

＊２／１９２８年、ミズーリ州カンザスシティ出身の作曲家。代表曲は『アルフィー』、『雨に濡れても』、『サン・ホセへの道』など多数。メセニーは幼少の頃からほぼ同郷の彼の作品に触れて、その音楽性に大きな影響を受けている。

＊３／ＭＩＤＩでシンクロさせて、オルガン音のボリュームをペダルでコントロールしている。

＊４／*PAT METHENY SONG BOOK*, ４４０

＊５／*PAT METHENY SONG BOOK*, ４４２

＊６／１９９３年の『Lyle Mays Quartet - The Ludwigsburg Concert』等で披露。同作のメンバーはボブ・シェパード（サックス）、マーク・ジョンソン（ベース）、マーク・ウォーカー（ドラムス）で、AU LAIT のカルテット・ヴァージョンも披露。ＣＤ２枚組にメイズの真髄が詰め込まれた、必聴の名盤。

REUNION
GARY BURTON

1989

『リユニオン』
ゲイリー・バートン

① AUTUMN 4:24
② REUNION 5:15
③ ORIGIN 6:31
④ WILL YOU SAY YOU WILL 4:55
⑤ HOUSE ON THE HILL 5:40
⑥ PANAMA 5:38
⑦ CHAIRS AND CHILDREN 5:55
⑧ WASN'T ALWAYS EASY 5:06
⑨ THE CHIEF 4:16
⑩ TIEMPOS FELICE (HAPPY TIMES) 4:13
⑪ QUICK AND RUNNING 6:42

①・⑩・⑪ by Polo Orti, ②・③ by Mitchel Forman,
④・⑦ by Vince Mendoza, ⑤・⑧・⑨ by Pat Metheny,
⑥ by Paul Meyers
GRP Records

□ 1989年5月録音
□ プロデューサー：ゲイリー・バートン
□ 録音スタジオ：パワー・ステイション
（アメリカ、ニューヨーク）
□ チーフ・エンジニア：ロブ・イートン
□ 参加ミュージシャン
ゲイリー・バートン：ヴィブラフォン、マリンバ
パット・メセニー：ギター
ミッチェル・フォアマン：ピアノ、キーボード
ウィル・リー：エレクトリック・ベース
ピーター・アースキン：ドラムス、パーカッション

12年振りの「チーフ」との共演を心から愉しむ

メセニーがゲイリー・バートンのグループを離れたのは1977年だが、その脱退は両者にとって必ずしもハッピーなものではなかった。ギターソロの時間が長くなり、時に音量が大き過ぎることなどからメセニーが独立するのは自明だったとはいえ、メセニー自身が脱退を申し出る前にバートンから「切った」形になったからだ。バートンにとって見れば既にツアー・スケジュールが決定していたので早めにメンバーを入れ替えてリハーサルに臨まなければならなかったのだが、メセニーにとっては恩人でもあるバートンから切られるのは大きなショックであり、両者の間には大きな溝ができた。[*1] その溝が埋まったのは、1988年のモントリオール・ジャズ・フェスティバルでのこと。この年メセニーはフェスティバル・ホストを務めており、出演者と1、2曲を共演するこ

とになっていた。バートンも自らのグループで出演、不安を抱えつつもメセニーとのリハーサルに臨んだのだが、メセニーは「やあチーフ」と歩み寄り結果として5曲を共演、たちまち邂逅する。アルバムタイトルの『リユニオン』はそうした両者の心理状態（特にバートンの）を知るにつけ、特別なものであることが窺える。

メセニーは全曲に参加。曲ごとにエレクトリック、アコースティック、ギター・シンセを使い分け、バートンとソロを分け合っている。キーボードは若手のミッチェル・フォアマン、[*2] リズム隊はウィル・リー&ピーター・アースキンと布陣もフレッシュ。当時ジャズ・チャートを席巻していたGRPレーベルからのリリースゆえ、ラジオでのオンエアを意識したコンパクトな曲が大半だが、これはダラダラと長い演奏をあまり好まないバートンの本来の志向にも繋がる（故に自身のグループ脱退前のメセニーの演奏に対して不満を持っていた）。

全ての曲を紹介する紙幅はないので、メセニーのオリジナルを優先しよう。メセニーは⑤・⑧・⑨の3曲を提供しているが、いずれも1983年に書かれていたもの。タイミング的にはジェリー・ゴールドスミスとのレコーディング後で、PMGでは採り上げるチャンスがなかった作品群だ。[*3] ⑤と⑧はいずれも幻想的なバラードで、メセニーとバートンの美しい絡みに心が絆される。⑧ではウィル・リーがジャコパス流儀のフレットレス・プレイを聴かせているのも、マイアミ時代の関係性を知る者には堪らない。明るいアップテンポのサンバ⑨の曲名はもちろん、かつてメセニーがバートンをそう呼んだことから。バートンのソロにおけるマレット捌きはいつもながら抜群。これを受けてメセニーも快調に飛ばすが、ダイナミックなリズム隊も圧巻だ。他にもスペイン出身の作曲家、ポロ・オルティの①・⑩・⑪、フォアマン渾身の名曲③、ウィルのチョッパー・ベースが炸裂する④など、リラックスして楽しめる充実作となっている。

＊1／『ゲイリー・バートン自伝』317〜318
＊2／1956年、ニューヨーク州出身のピアニスト、キーボード・プレイヤー。スタン・ゲッツ、ジョン・マクラフリン、ウェイン・ショーター、ビル・エヴァンス（サックス）等と共演、チャック・ローブとの双頭バンド「メトロ」でも活躍。リーダー作も多数。
＊3／*PAT METHENY SONG BOOK*, 441

御大ヘインズを従え、憑かれたように弾きまくるメセニーに卒倒

スケジュールに隙ができればすかさずギグやレコーディングを入れる、ワーカホリックのメセニー。PMGだとメンバーやクルーがきちんと揃わない限り動けないが、自身のソロやセッション的なトリオだと準備もあまり必要ないし、スケジュールの融通も効く。本作は、概ねPMGのレコーディングやツアーで埋まっていた1989年のクリスマス前がオフだったことから、かねてから共演を重ねながらもレコーディングの機会がなかったロイ・ヘインズ[*1]との録音を画策。ベースにはデイヴ・ホランド[*2]を迎えて、「たまたま1日スケジュールが空いていた」パワー・ステイションで録音した成果である。レコーディングは12月21日、たったの8時間で録音を終えており、「プレイバックなどはせず、只々プレイした」ということだ。[*3] 採り上げた曲はメセニーのオリジ

QUESTION AND ANSWER
PAT NMETHENY
w/ DAVE HOLLAND & ROY HAYNES

1990

『クエスチョン & アンサー』
パット・メセニー
ウィズ デイヴ・ホランド & ロイ・ヘインズ

① SOLAR 8:27
② QUESTION AND ANSWER 7:07
③ H & H 6:51
④ NEVER TOO FAR AWAY 5:52
⑤ LAW YEARS 6:51
⑥ CHANGE OF HEART 6:14
⑦ ALL THE THINGS YOU ARE 8:26
⑧ OLD FOLKS 6:38
⑨ THREE FLIGHTS UP 6:10

②・③・④・⑥・⑨ by Pat Metheny,
① by Miles Davis, ⑤ by Ornette Coleman,
⑦ by Jerome Kern & Oscar Hammerstein II,
⑧ by Dedette Lee Hill & Willard Robison
Geffen Records

- □ 1989年12月録音
- □ プロデューサー：パット・メセニー
- □ アシスタント・プロデューサー：デイヴィッド・オークス & ギル・ゴールドスタイン
- □ 録音スタジオ：パワー・ステイション（アメリカ、ニューヨーク）
- □ チーフ・エンジニア：ロブ・イートン
- □ 参加ミュージシャン
  パット・メセニー：ギター
  デイヴ・ホランド：ベース
  ロイ・ヘインズ：ドラムス

ナルが5曲、マイルス、オーネットがそれぞれ1曲、スタンダードが2曲の計9曲。マイルスの曲をメセニーがレコーディングするのはこれが初めてだし、スタンダードのうち1曲はヒース・ブラザーズとも演奏した定番曲。ジャズ・ギタリストとしてのメセニーの技量を、明確に示してくれるセッティングと言えよう。

まずは①だが、いきなりドシャメシャと出るヘインズが気合満点。メセニーもいつものトーンでシンプルなテーマをオクターブ違いで2回奏でると、ロングソロに突入。テーマに関連した短いモチーフを、ブルージーなフレーズを交えて展開していくプレイは、一瞬たりとも気を抜けないスリリングなもの。続くホランドも流石のテクニシャンぶりを披露。お決まりの4バースもこのメンバーだとダレるようなことは一切ない。この1曲だけでも本作を手にする価値ありと断言する。

②は1988年にデイヴ・リーブマンとのギグ用に書かれたもので、メセニーの重要なセッション・レパートリーの初録音。Dマイナーのジャズワルツを基調に、Dペダルのフローティング・パート4小節、コルトレーン・チェンジ的に転調するブリッジ4小節を挟んだ、極めてインプロ映えする曲だ。ここではコンパクトにフェイドアウトするが、トリオで大爆発する様子は『トリオ→ライヴ』（→P200）に刻まれている。③と⑨が本セッション用に書かれた曲で、オーネット風の③、ヘインズの超高速4ビートにブッ飛ばされる⑨、いずれも快演。そして筆者が最も愛する演奏はスタンダードの⑧で、メロディーとコードを完全に分離させるメセニーのテクニック、キレのあるヘインズのブラシ、ホランドの広いレンジによるバッキング等、全てがひたすら素晴らしい。現在でも3人とも現役なので、このトリオのギグを一度は見てみたいですよね。

＊1／1925年、マサチューセッツ州ボストン出身のドラマー。レスター・ヤング、チャーリー・パーカーを皮切りに、ほぼ全てのジャズ・レジェンド達と共演しているのではないかと思わせるキャリアを誇り、参加作品リストも膨大。
＊2／1946年、イングランド出身のベーシスト。1968年にマイルス・デイヴィスのバンドに加入し、拠点をアメリカに移す。当初はウッドベース中心だったが、マイルスの指示でエレクトリックも演奏。現在もリーダーバンドを率いて、精力的に活動中。
＊3／本作のライナーノーツに掲載された、Rafi Zabor によるパット・メセニーへのインタビューより。

PARALLEL REALITIES
JACK DEJOHNETTE

1990

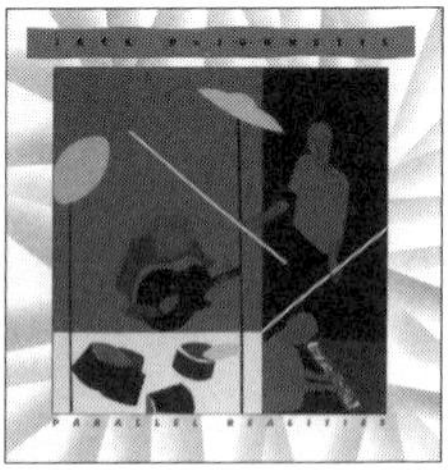

『パラレル・リアリティーズ』
ジャック・ディジョネット

① JACK IN 6:23
② EXOTIC ISELES 6:21
③ DANCING 7:40
④ NINE OVER REGGAE 7:27
⑤ JOHN MCKEE 8:12
⑥ INDIGO DREAMSCAPES 6:46
⑦ PARALLEL REALITIES 11:10

①・②・⑥ by Jack DeJohnette,
③・⑤・⑦ by Pat Metheny,
④ by J.DeJohnette & P.Metheny
MCA Records

□ 1990 年録音
□ プロデューサー：ジャック・ディジョネット
& パット・メセニー
□ 録音スタジオ：ドリームランド・レコーディング・スタジオ
（アメリカ、ニューヨーク）
□ エンジニア：トム・マーク
□ 参加ミュージシャン
ジャック・ディジョネット：ドラムス、キーボード・ベース、ピアノ
パット・メセニー：エレクトリック & アコースティク・ギター、シンクラヴィア、キーボード・ベース
ハービー・ハンコック：アコースティック・ピアノ
アディショナル・キーボード

浮遊感のあるエレクトリック仕立てで、ハンコックと初レコーディング

１９８８年のモントルー・ジャズ・フェスティバルにおいて、メセニーはジャック・ディジョネット率いるグループ、スペシャル・エディションのステージにゲスト出演する。[*1] スペシャル・エディションにはゲイリー・バートン・グループの先輩であったギターのミック・グッドリックが在籍。アルト・サックスのグレッグ・オズビー[*2]やテナー・サックスのゲイリー・トーマス（↓P１２２）等の気鋭のプレイヤーも加わり、ディジョネットはドラムスだけではなくキーボードやプログラミングも導入。当時リリースしたばかりのスペシャル・エディションのアルバム『AUDIO-VISUALSCAPES』の１曲目はPM'S AMというメセニーにちなんだタイトルで、曲もメセニー風のメロディーをツイン・サックスに展開させたユニークなものだった。この共演で確かな感触を得たディジョネット

は、次なるリーダー作にメセニーの参加を要請。一方でメセニーは1984年、ニューハンプシャー州レバノンのNEDワークショップに招かれ、自身とシンクラヴィアによるライヴを行っているが（サックスのフレッド・ハースも共演[＊3]）、この際に書いたレパートリーがディジョネットが望むものに適していると判断し、楽曲を持ち寄ってアルバムの制作に入る。そこにピアニストとしてハービー・ハンコックに白刃の矢が立ち、ありそうでなかった3者が揃うことになる。

ハンコックもシンセサイザーやプログラミングに関してはプロフェッショナルだが、本作ではあくまでアコースティック・ピアノのソロイストとしての役割。メセニーとディジョネットが積み上げたアンサンブルの上で、存分にアコピを弾き捲ってもらおう……というところだろう。その期待に応えて全曲でハンコックのピアノソロがフィーチャーされており、メセニーはハンコックの底力に大いなる刺激を受けたはずだ。

①は先のPM'S AMの発展系で、『アメリカン・ガレージ』の（CROSS THE）HEATLANDの頭のギターリフをシンセに替えて、ポップだがエクスペリメンタルな不思議空間を生んでいる。メセニーはギター・シンセで斬り込み、ハンコックは存分にアウト・フレーズで暴れる。②はディジョネットの作曲センスが光るミディアム・チューン。③はメセニーによるアップテンポの曲で、3者による緊密なインタープレイがド迫力。ディジョネットとメセニーの共作による④はタイトルどおりのレゲエだが、リズムの裏表がトリッキーで、メロディーはメセニーが書いたもの。ジャジーな⑤、カフェ・ミュージックっぽい⑥、ラストはネフェルティティ的な長尺ナンバー⑦と、それぞれに個性的な佳曲揃いなので、ふと思い出して聴きたくなる1枚。この3者にデイヴ・ホランドが加わったカルテットによるツアーが映像盤で公式リリースされており、よりエキサイティングな演奏が聴ける（↓P264）。

＊1／映像作品『ジャック・ディジョネット・スペシャル・エディション・ライブ'88』として、ビデオアーツ・ミュージックから発売されていた。
＊2／1960年、ミズーリ州出身のサックス・プレイヤー（主にアルト）。スティーヴ・コールマン率いる「M-BASE」派を代表する1人で、独特のスケール解釈でファンクとフリーを往還するプレイで注目される、ミュージシャンズ・ミュージシャン的存在。
＊3／*PAT METHENY SONG BOOK*, 441

LOVE LIFE
AKIKO YANO

1991

『ラブ・ライフ』
矢野顕子

⑧ いいこ いいこ（GOOD GIRL） 4:02
⑨ 愛はたくさん（LOTS OF LOVE） 5:38
⑩ LOVE LIFE 4:46

※パット・メセニー参加曲のみ

⑧ by Akiko Yano (lyric by Shigesato Itoi),
⑨・⑩ by A.Yano
Epic Records

□ 1991年春～夏頃録音
□ プロデューサー：矢野顕子
□ 録音スタジオ：パワー・ステイション
（アメリカ、ニューヨーク）
□ エンジニア：スティーヴ・ボイヤー ＆
ロイ・ヘンドリクソン
□ 参加ミュージシャン
矢野顕子：ヴォーカル、ピアノ
パット・メセニー：エレクトリック＆
アコースティック・ギター、
ギター・シンセサイザー
スティーヴ・フェローン：ドラムス
ウィル・リー：ベース
宮沢和史：バックグラウンド・ヴォーカル
秋山かえで：クラリネット

再びのコラボで、お互いの新たなカードを切り合う矢野とメセニー

矢野顕子は本作でＭＩＤＩからエピック・ソニーレコードにレーベルを移籍。心機一転のアルバムで再びメセニーを起用する。ただしメセニー参加の楽曲は⑧・⑨・⑩というラスト３曲であることから、その存在が必要以上に前に出ることなく、幾分控え目な扱いになっている。またその３曲とも矢野が作曲で、所謂メセニーのカラーは前作『ウェルカム・バック』に比べると希薄だ。しかしながらこの３曲において、メセニーは自らがマスターしたばかりの新語法を提供する一方で、逆に矢野の楽曲からリズム・セクションに関してのヒントを得るなど、そのコラボレーションはより緊密なものになっている。なお録音時期についてはアルバムに正式にはクレジットされていないが、ミックスが１９９１年８月とされているので春～夏頃と推測した。

まずリズム・セクションに関して。本アルバム全体の核となるのはウィル・リーとスティーブ・フェローンのリズム隊だが、メセニーはフェローンとはこれが初共演。フェローンのルーツはファンク、活動のフィールドはスタジオセッションであり、ジャズとは無縁。両者の音楽性はかなり離れており、こうした機会でもない限り、まずメセニーとフェローンが共演することはなかった。しかしメセニーは本作での共演を機に、『シークレット・ストーリー』（→P116）でフェローンを起用することになるのだから、2人を引き合わせた矢野の手柄は大きいと言えるだろう。⑨でのウィルとフェローンが決めるクッションの効いた抜群のバックビートが、『シークレット・ストーリー』収録のFINDING AND BELIEVINGをより生き生きとした楽曲にしたことを、ファンなら確認しておくべきだ。⑨の中盤ではエレクトリック・ギター、後半でギター・シンセとメセニーのソロは2回出るが、特に後半は曲調を離れてクロマティックを交えたアウトフレーズを放って相当に盛り上がる。また1分42秒では『コードネームはファルコン』のTHIS IS NOT AMERICAを思わせるアレンジを加えるなど、ちょっとした遊び心も憎い。

その前の⑧では矢野のプログラミングによるトラック上で、メセニーがオーソドックスなボサノヴァ・ギターを聴かせるが、1分3秒から突如、『エレクトリック・カウンターポイント』の世界にワープする展開がアグレッシヴ極まりない。こうした音楽的な実験をメセニーと存分に愉しむために、あえてこの曲をアルバムの後半に配置したのだろう。エンディングでは完全に異次元に飛んで行って、もはや帰ってきません。

ラストの⑩は矢野のピアノの静謐な美しさが光るバラードで、メセニーはナイロン弦のアコギで対応。基本はピアノの弾き語りにギターが加わるデュオで、クラリネットは必要な部分だけ添えられている。2分14秒からのメセニーのソロは彼だけのニュアンスに満ち、矢野のピアノとの絡みも絶妙。この⑧・⑨・⑩の3曲は矢野とメセニーのコラボの到達点と言えるものであるので、必ず通して聴くべきだろう。

＊1／1950年、イングランド出身のドラマー。1970年代よりアヴェレイジ・ホワイト・バンドのドラマーとして頭角を現し、セッション・ドラマーとしてエリック・クラプトンやチャカ・カーン、ビージーズ等を支える。ファンク・マスターとして、現在も第一線で活躍中。

THE ROAD TO YOU
PAT METHENY GROUP

1993

『ザ・ロード・トゥ・ユー』
パット・メセニー・グループ

① HAVE YOU HEARD　6:47
② FIRST CIRCLE　9:02
③ THE ROAD TO YOU　5:45
④ HALF LIFE OF ABSOLUTION　15:22
⑤ LAST TRAIN HOME　5:10
⑥ BETTER DAYS AHEAD　5:12
⑦ NAKED MOON　5:18
⑧ BEAT 70　4:40
⑨ LETTER FROM HOME　2:33
⑩ THIRD WIND　9:45
⑪ SOLO FROM "MORE TRAVELS"　3:35

All Music by Pat Metheny,
except ②・④・⑧・⑩ by P.Metheny & Lyle Mays
Geffen Records

□ 1990 ～ 91 年 ライヴ録音
□ プロデューサー：パット・メセニー
□ コ・プロデューサー：スティーヴ・ロドビー&デイヴィッド・オークス
□ アシスタント・プロデューサー：ライル・メイズ&ロブ・イートン
□ エンジニア：ロブ・イートン
□ 参加ミュージシャン
パット・メセニー：ギター、ギター・シンセサイザー
ライル・メイズ：ピアノ、キーボード
スティーヴ・ロドビー：アコースティック&エレクトリック・ベース
ポール・ワーティコ：ドラムス、パーカッション
アーマンド・マーサル：パーカッション、ティンバレス、コンガ、ヴォイス
ペドロ・アズナール：ヴォイス、アコースティック・ギター、パーカッション、サックス、スティール・ドラム、ヴァイブ、マリンバ、メロディカ

集大成と新境地を1枚に詰め込んだ、恐るべき完成度のライヴ盤

発売順だと本作は１９９３年のリリースなので『シークレット・ストーリー』の次になるのだが、内容的には『レター・フロム・ホーム』のカヴァーツアーにおけるヨーロッパ公演（イタリアのナポリ、バーリ、ペスカラ、イェージ、フランスのマルセイユ、パリ、ブザンソン）に、映像作品『モア・トラヴェルズ』（↓Ｐ２６４）の一部をプラスしたものになるので、メセニーの音楽的な進化の過程をより正確に把握するために、ここに置くことにする。つまり『シークレット・ストーリー』は本作の次の物語ということだ。

ＰＭＧのライヴアルバムとしては『トラヴェルズ』に続く2作目なのだが、間に映像作品の『モア・トラヴェルズ』が入っていることで話がややこしくなっている。当時のＰＭＧのライヴは休憩なしで3時間近くに及んで

おり、ライヴの全貌を届けるというよりは、「なんだかんだ言ってもPMGが好きなファン（ライトなメセニー・ファン）」へのサービスの色合いが濃かったのだろう。またこの頃にはディスク・メディアの主流はCDに移行しており、1枚ものでも収録時間は70分を超えるので、ボリュームとしては十分な感があった。

セレクトされたのは『ファースト・サークル』からの②、『スティル・ライフ』からの⑤と⑩、『レター・フロム・ホーム』からの①・⑥・⑧・⑨という1980年代のトリロジーの代表曲たち。ここに新曲の③・④・⑦が加わり、ラストにメセニーの完全ギターソロの⑪が加わる。ここでは新曲を中心に解説していこう。

まずアルバム・タイトルにもなっている③は、1984年作のメセニーが「メロディーを口笛で吹いて書いた唯一の曲」[*1]。Cメジャーのゆったりしたバラードで、メセニーがナイロン・ストリングス・ギターによる独奏からしっとりと入り、ライル・メイズの柔らかいパッドによるシンセがそれをふんわりと包み込む。ベースは概ね丁寧にルートを置いていき、ドラムスはブラシ中心のカルテットによる演奏だが、それでいてここまで豊かなニュアンスが得られるのだから、グループの比類なき完成度がわかろうというもの。メセニーはリリカルなソロをたっぷりと聴かせるので、ひたすら身を委ねるとそこはもはや桃源郷なのである。

その束の間の夢心地を醒ますかのように、衝撃の④が登場する。楽曲はまず1985年に、タイガー大越、デイヴ・ホランド、ポール・ワーティコというメンバーでのギグのために書かれた後、日本ツアー向けの新曲として手が加えられ、更にメイズとともに新たなブリッジを付け加えて完成したというもの[*2]。何が衝撃なのかというと、メセニーのギターが、シンセとはいえディストーション・サウンドを採り入れており、それまでの「メセニー＝クリーン・トーン」のイメージを根底から覆していること。加えてプレイの内容も極めてロック的かつエモーショナルなもので、お得意のショート・フレーズをストーリー的に展開していくパターンではなく、マイナー・ペンタトニック周辺にほぼ留まりながらじわじわと熱量を上げていき、遂にはラン・フレーズとチョークアップで昇天に至る。フリーとは異なるスタイルでの「過激なメセニー」は全くの新境地で、同時期にジミ・

ヘンドリックスへのトリビュート盤（↓P124）にも参加していたことを考えると、実に興味深いものがある。メセニーのソロ終わりのオーディエンスの歓声は、タイミングやサウンド・バランス的におそらくは編集によるものだろう（本アルバム全体において、オーディエンス・ノイズは編集によるものと思われる箇所が散見できる）。続く8分27秒からのメイズのソロも、メセニーを受けて過激に攻める。前半はピアノとMIDIを連動させつつ散文的に出て、徐々にメロディーをアブストラクトに崩していき、ブロックコードでフリーに突っ込んでいく。バックで蠢くメセニー、パーカッションの絶え間ない動き、10分40秒あたりからのピークに向かうアンサンブルは凄まじい破壊力で、そこからテーマに戻る流れはPMGのとめどない進化を感じさせるものだ。トラックタイムは15分17秒とアルバム中最長だが、それ以上に濃密な音楽体験がここにある。故に聴き終わると毎回かなり疲れるので、体調をビシッと整えて臨まなければならない。

　再びのバラードの⑦は、1987年にネブラスカ州のリノでのコンサート後、ステージ・セッティングが片づけられていく中で残されたピアノで書かれたもの。[*3] メセニーはシグネイチャー・トーンにより美しいメロディーを奏でるが、楽譜集に書かれた元のメロディー[*4]を下敷きにしつつも自在なフェイクを交えて進むので、テーマとインプロの境目がわからないあたりに正しくジャズ・マナーを感じる。3分27秒からリズムがステディになるあたりの展開に、次作『シークレット・ストーリー』への萌芽も見え隠れする。以上、新曲の3曲により、本作においてメセニーに「人気曲を集めた手軽なベストライヴを出そう」という意図は皆無であり、いつもながらの妥協の無さには舌を巻いてしまう。

　アルバムの冒頭に戻ろう。オーディエンスが『スティル・ライフ』のMINUANOのメロディーを合唱するところにズバッと①が斬り込んでいくオープニング、これが最高に盛り上がる。完璧なアンサンブルはもちろん、アルバム・ヴァージョン以上に飛ばしていくメセニーのインプロは極上品。続く②ではやはりイントロのハンドクラップを観客も一緒にしているが、メセニーのライヴは観客もインテリなのでこうしたことが可能なのだ。アルバム・ヴァージョンよりも少し速めのテンポで軽快に走っていくが、この曲にはやはりペドロ・アズナールのヴォイスがベストマッチ。3分50秒からのファルセットのメロディーはライヴならではのアツさが加わり、一層ハートを打ち抜かれる。そこにメイズの絶対に乱れないソロ、リズム隊が煽る必殺のインタールード、からのラストテーマと、もう何千回も聴いているが毎回新たな感動が訪れる。

衝撃の④に続いて和みの⑤を持ってくるのも、巧みな構成だ。メセニーのソロ明けのコーラスパートでは、アズナールとアーマンド・マーサルのハーモニーが素晴らしい。マーサルはライヴでは多くのパートで歌っており、実はかなり魅力的なヴォイスの持ち主なのだ。ライヴなのでフェイドアウトではなくストンと終わるのも、「駅に着きました」的な感じでなんとも嬉しい。お気楽サンバの⑥はやはりオリジナルよりも少し速めで、リズム隊もメイズのピアノもよりダイナミック。そして2分34秒からのメセニーの入りのフレーズの格好良さ！ 得意のフレーズを畳み掛けていくソロはいつまでも終わってほしくないのだが、余力を残してバラードの⑦へ。

⑧もライヴ映えする曲で、今こうして聴いていてもライヴで楽しげにメロディカを吹くアズナールが浮かんでくる。右チャンネルでグルーヴし捲るマーサルのコンガも最高。メセニーはギター・シンセでここぞとばかりに大暴れするものだから、盛り上がることこの上ない。そして⑨で落ち着かせて、サバンナを駿足で駆け抜ける⑩でアルバムはピークを迎える。ポール・ワーティコのドラミングやマーサルのティンバレスもライヴならではの迫力で、これも文句ナシの名演。ライヴはここまでで、ラストの⑪はエピローグとして置かれたナイロン・ストリングスによる切ない独奏。メセニーがベンチでつま弾く映像盤も併せてチェックすべし（↓P264）。

＊1＊2＊3／*PAT METHENY SONG BOOK*, 443
＊4／*PAT METHENY SONG BOOK*, 276〜277

SECRET STORY
PAT METHENY

1992

『シークレット・ストーリー』
パット・メセニー

① ABOVE THE TREETOPS 2:43
② FACING WEST 5:59
③ CATHEDRAL IN A SUITCASE 4:52
④ FINDING AND BELIEVING 9:57
⑤ THE LONGEST SUMMER 6:32
⑥ SUNLIGHT 3:53
⑦ RAIN RIVER 7:09
⑧ ALWAYS AND FOREVER 5:25
⑨ SEE THE WORLD 4:48
⑩ AS A FLOWER BLOSSOMS (I AM RUNNING TO YOU) 1:53
⑪ ANTONIA 6:11
⑫ THE TRUTH WILL ALWAYS BE 9:10
⑬ TELL HER YOU SAW ME 5:07
⑭ NOT TO BE FORGOTTEN (OUR FINAL HOUR) 2:20

All Music by Pat Metheny,
Except ⑩ by P.Metheny w/Japanese Lyrics by Akiko Yano
Orchestral Arrangements by Jeremy Lubbock
Geffen Records

□ 1991年秋～1992年冬録音
□ プロデューサー：パット・メセニー
□ コ・プロデューサー：スティーヴ・ロドビー & デイヴィッド・オークス
□ アソシエイト・プロデューサー：スティーヴン・カンター
□ 録音スタジオ：パワー・ステイション（アメリカ、ニューヨーク）、EMI アビー・ロード・スタジオ（イギリス、ロンドン）、ケンブリッジ（アメリカ、マサチューセッツ）、ウィロー（アメリカ、ニューヨーク）、レブロン（ブラジル、リオ・デ・ジャネイロ）
□ エンジニア：ロブ・イートン & ダン・ジェラート 他
□ 参加ミュージシャン
パット・メセニー：エレクトリック&アコースティック・ギター、ギター・シンセサイザー、エレクトリック&アコースティック・ピアノ、シンセサイザー、キーボード、キーボード・ベース
ポール・ワーティコ、スティーヴ・フェローン、サミー・メレンディーノ：ドラムス
ダニー・ゴットリーブ：シンバル・ロール
スティーヴ・ロドビー：アコースティック&エレクトリック・ベース
チャーリー・ヘイデン：アコースティック・ベース
ウィル・リー：エレクトリック・ベース
アーマンド・マーサル、ナナ・ヴァスコンセロス：パーカッション
ライル・メイズ：アコースティック・ピアノ
ギル・ゴールドスタイン：アコースティック・ピアノ、アコーディオン
トゥーツ・シールマンス：ハーモニカ
マーク・レッドフォード：ヴォイス　矢野顕子：ヴォーカル
マイク・メセニー：トランペット、フリューゲルホルン
ジェレミー・ルボック指揮 ロンドン・シンフォーニー・オーケストラ
カンボジア・ロイヤル・バレー団所属 ピンペアト・オーケストラ：カンボジア宮廷音楽　他

ジャズのあらゆる常識を超えた、メセニー史上屈指の超大作

はい。予想通り、クレジットの全てを書き込むことはできませんでした。本書をお読みの方は当然ながら本アルバムを持っていると思われるので（持ってない方はすぐに買いましょう）、楽曲ごとのクレジットの詳細はアルバムに付属のブックレットをご参照あれ。

しかしまあ、よくもこれだけのメンバーやスタッフを集めて、たっぷりと時間をかけて、このような凄まじいアルバムを作ろうと思ったものだ。筆者は先の『レター・フロム・ホーム』の最後を、「しばしの武者修行」と結んだ。それはベテランから若手までの数多くのセッション的なレコーディングに臨んだことも含むが、メセニーの事実上の最大の武者修行は本作なのである。作曲家としての自身の可能性を、ジェリー・ゴールドスミスによる映画『アンダー・ファイヤー』（↓P156）のサントラへの参加や『コードネームはファルコン』のサントラを通じて模索し続けていたメセニーが、いずれはオーケストラを導入した音楽に向かうことについては、ある程度は予想できた。そこで彼が選んだのは、「バンド演奏にオケの伴奏をつける」といったありがちな道ではなく、「作曲とバンドとオーケストレーションが有機的に絡んだ、一つのシンフォニックなストーリー」なのであった。またシンクラヴィアの導入以降のPMGのオーケストレーションはメイズとのコラボレーションによるものであったが、本作では編曲においてジェレミー・ルボック[*1]の手は借りているものの、メセニーが全てをコントロールしている点に大きな意味と価値がある。更に本作には、メセニーが世界中をツアーする中で触れてきた様々な音楽的要素も大胆に盛り込まれている。それらを「エキゾチックな異国趣味」――デューク・エリントンの時代はそれだけでも十分に魅力的だった――として取り入れるのではなく、あくまで自身の音楽世界にナチュラルに溶け込ませているのが、メセニーという音楽家の持つ「巨大なスケール」なのである。

アルバム制作は1991年の秋、パワー・ステーションでのベーシック・トラックの録音から始まる。この段階でメセニーは、シンセによって全ての楽曲のプログラミングを完成させており、そこに生のミュージシャンによるサウンドを加えていくという手法を採っている。[*2]まずはアズナール脱退後のPMGのメンバー達、加えてウィル・リー&スティーヴ・フェローンという矢野顕子とのセッションで好感触を得たリズム隊、及びギル・ゴールドスタイン[*3]が参加してトラックを概ね仕上げて、ロンドンへと飛ぶ。そして伝説のアビー・ロード・スタジオでロンドン・シンフォニーのオーケストレーションを録音。更には各楽曲をより完璧なものにすべく、ブラジルを含む複数のスタジオで追加のレコーディングを行う。最終的にパワー・ステーションでロブ・イートンをリーダーとしてミックスダウンを行い、およそ半年の期間を経てアルバムは完成に至る。ジャズのレコーディングの常識ではありえない手間暇の掛け方だ。なお本作のオリジナル・リリースは1992年。その15年後の2007年にデラックス・エディションとして5曲が追加されているが、ディスク2として分離されていることからも明らかなように、作品の世界観はオリジナル・リリースの時点で完結している。故にここでは、オリジナル・アルバム収録曲のみを採り上げる。

アルバム全体のイントロとなる①で、メセニーは本作がPMGとは異なる世界観を持ったものであることを、明確に提示する。メロディーはカンボジアの伝統的な宮廷音楽である『ブォン・スォン』に基づく、とクレジットされており、故に楽譜集には掲載されていない。ピンペアト・オーケストラが奏でるコーラスとアンサンブルに、ロンドン・シンフォニーのストリングスが重なるオープニングはシネマティックであると同時に、「どこでもない場所」を想起させる。そこにメセニーがナイロン・ストリングスで現れ、切ないメロディーを綴っていく。この2分40秒ほどの短い演奏に続き、②がガツーンと出る瞬間「キタ――――!」となる流れが、聴く度に堪らない。メセニーのアコギのかき鳴らしとシンクラヴィアのリフに、オーケストラが流麗なオブリガートを奏で、その上でメイズのピアノがシャラ〜ンと響くこの希望に満ちたサウンドは、まさにメセニーの狙いどおり。2分22秒から満を持して出るメセニーのソロも、サウンドのスケール感にあわせて大らかに歌い上げる。2度目のテーマはよりシンフォニックに盛り上がり、再びのメセニーのソロでフェイドアウト。この冒頭2曲の連続技は、「旅の始まり」を告げるプレリュードと捉えて良いだろう。

続く③はメセニーの高度なシンクラヴィア・プログラミングのスキルを堪能できる楽曲だ。1985年から'89年にかけての2拍子上での3拍子のポリリズム研究の成果を生かしたもので、[*4] 6/8拍子の上で左チャンネルに2拍子(付点4分音符)、右チャンネルに3拍子(4分音符)の2つの4度音程をキラキラしたシンセで重ねて、中央に16分音符のパルスを置くことで、ミニマル・ミュージック的な音響空間を作り出す。ここに持続音のオーケストレーションが被さるサウンドは、なんだかコヒーレントが整っていくような気持ち良さがある。メロディーはハーモニカ風の穏やかなサウンドなのだが、遠くでギター・シンセが咆哮してコントラストを演出。2分30秒あたりからは8分音符の刻みも加わり、ポリリズム効果が頂点に達する3分14秒で一転、オーケストラが前面に出て勝利の凱歌を歌い上げる。深いリヴァーブの中でタムを回すスティーヴ・フェローン、エンディングで遠くに聴こえるマーク・レッドフォードのヴォイスによるインプロにも注目。

そしてアルバム最初のハイライトにして大曲の④が来る。大きく3つのパートから成る楽曲だが、パート1ではウィル・リーのチョッパー・ベースによる7／8拍子のリフを軸に、やはりポリリズムでさまざまな楽器が絡んでいくアンサンブルがまず壮絶。そこにレッドフォードが「ドゥガジャガジゴ」と呪文かハナモゲラ語のようなコーラスで乗っかり、野生的なハイトーンでシャウトする。なんという不思議な曲なのか。しかしサウンドの向こうには確実に「見慣れた見知らぬ場所」が広がっている。更に凄くなるのが3分47秒からのパート2で、ナナ・ヴァスコンセロスとアーマンド・マーサルのパーカッションが刻むリズムの上でオーケストラが見せる複雑な動きはシネマティックでもあるが、同時に筆者はエイトール・ヴィラ＝ロボス[*5]のシンフォニーに通じるブラジル熱帯雨林の濃密な空気を感じてしまう。不気味に蠢くコントラバス、4分57秒でのヴァイオリンのスピーディーなパッセージ、フルートやオーボエのそれぞれの振る舞いなど、オーケストラの手法としても全くもって圧巻だ。続く6分44秒からのパート3は速い3拍子によるアフロ・ポリリズムのパートで、リズム隊はロドビーとポール・ワーティコにスイッチ。力強いメロディーとメセニーのソロでエンディングへと向かい、ゆっくりとフェイドアウトしていく。ここで少し長めのポーズが置かれてるのは、大曲の余韻を味わうための配慮だろう。恐ろしいのは、ここまで強力なオーケストレーション・パートが置かれた本曲をライヴで再現していることで、オケの各楽器を2台のキーボードとメセニーのシンクラヴィア・ギター、ロドビーのアルコ、2本のトランペットに振り分けている[*6]。おまけにエンディングではフェイドアウトするのではなく、メセニーのソロが2度に渡る半音上への転調も含めて最高潮に盛り上がるのだ。その後にメンバー紹介が行なわれていることから、本曲はメセニーにとって大きなマイルストーンになったことへの証左だとわかる。

旅の疲れを癒すかのように、⑤がメセニー自身の弾くアコースティック・ピアノで現れる。1990年にリオ・

デ・ジャネイロでピアノ・ソロとして書かれたものをベースにアレンジが施され、メセニーはギター・シンセでエモーショナルなソロを2度に渡って取っている。前半はワーティコが叩き、オーケストラが折り重なる後半ではフェローンが叩くというドラムスのスイッチも自然に決まっており、クレジットを見ない限りはそれとは気づかないだろう（よく聴くと、フェローンのパートが少し重めなのがわかる）。同じ時期にリオ・デ・ジャネイロで書かれた⑥は、一聴するとシンプルなポップ・チューンなのだが、曲を通じてキーが変わり続けるというプレイヤー泣かせの難曲。本曲のみドラムスはサミー・メレンディーノ[*7]がプレイ。腰の座ったロックビートが心地良く、エンディングではメセニーのギターソロが快調に飛ばす。アルバム中盤のベースチェンジとしても効果的な1曲だ。続く⑦も同時期にリオ・デ・ジャネイロで書かれており、シタール・ギターのオスティナートを取り巻くようにオーケストラで飾られ、メセニーのソロはAMaj7♭5/C#とGMaj7♭5/Bが交代するオープンなコード進行に乗って、さすがの流麗さで聴かせる。そのままPMGで採り上げてもおかしくない楽曲だが、ピアノのみギル・ゴールドスタインが弾いているのがミソ。エンディングに向かってのSE的なオーケストラの動きも面白い。

メセニーが両親に捧げた⑧は、ほんのりと温かいストリングスのアンサンブルから始まる、心に染み入る楽曲。メセニーはナイロン・ストリングスで切々とメロディーを紡いでいくが、3分51秒で「大泣きさせてあげるからね」とばかりにトゥーツ・シールマンスのハーモニカを投入するものだから、ここは素直に落涙するのが正解だろう。

風雲急を告げるように飛来する⑨は、マイナーコードがノン・ダイアトニックで連続する、極めて複雑なコード進行を持つ曲。テーマのコード進行でインプロを繰り広げるメセニーの対応力に驚くが、彼をしても毎夜のように練習を重ねたという。ソロ明けからはブラスのアンサンブルが展開するが、惜しげもなくニューヨークのトップ・プレイヤーが投下される中、実兄のマイク・メセニーも加えているところにメセニーの愛を感じる。

アルバムはいよいよ後半。矢野顕子が参加した短い⑩を挟んで、メセニーがシンクラヴィア・アコーディオンで出る⑪へと向かう。これも本作を代表する曲で、後に『オーケストリオン・プロジェクト』（→Ｐ２４８）でも採り上げられている。元々は1988年にモントリオール・ジャズ・フェスティバルでバレエ用に書かれた曲で、シールマンスのハーモニカが再び登場し、メセニーとユニゾンでメロディーを奏でる。2分54秒からのメセニーのソロは終始コードのインサイドで伸び伸びと歌い上げるので、各ノートが心の深い部分に届いてくる。良いソロというのは殊更難しいことをしなくても可能であることを、思い知らせてくれる名演だ。

ティンパニーがズッシリと響く⑫は、旅が終わりへと近づいていることを感じさせてくれる。やはりバレエ曲を想定して書かれたもので、フェローンがスネアで遅いマーチングを叩き、ひたひたと「その時」が近づいてくるようなムードを盛り上げる。10分近い大作だが、複雑な構成の④とは異なり、淡々と8小節のシンプルなパターンを繰り返して徐々に盛り上げ、ギター・シンセによるピークへと向かう。⑬と⑭はアルバムのエピローグとしての2編で、①&②と対を成すように配されている。オーケストラ上でメセニーがギターで歌う⑬、オケのみとなる⑭と順にクールダウンさせて、深い余韻と共に本作の壮大な音楽の旅は終わる。

*1／イギリス生まれの作・編曲家で、アメリカに渡ってからはクインシー・ジョーンズやディヴィッド・フォスターの右腕として活躍。シカゴやアル・ジャロウ、マンハッタン・トランスファー、ダイアン・シューア等の楽曲を手掛ける。シカゴの『忘れ得ぬ君に』の編曲で、グラミーを受賞。

*2／パット・メセニーのウェブサイトに掲載されたQ&Aより（2000年12月）。

*3／1950年、メリーランド州ボルチモア出身のピアニスト、作・編曲家。アコーディオンをきっかけに音楽の道に進み、バークリー音楽大学で学ぶ。パット・マルティーノのグループに参加して注目されるようになり、リー・コニッツ、ジャコ・パストリアス、ビリー・コブハム等と共演、'80年代にはギル・エヴァンスの元で編曲の才能を磨いている。

*4／*PAT METHENY SONG BOOK*, 443　本稿における楽曲解説の多くは同ページより。

*5／1887年、ブラジルのリオ・デ・ジャネイロ出身の作曲家。「ブラジル国民音楽の父」と呼ばれ、厖大な作品を残し、後進にも多大な影響を与える。代表作は9曲からなる『ブラジル風バッハ』、14曲からなる『ショーロス』、ギター独奏による『5つの前奏曲』など。

*6／ライヴ映像作品『シークレット・ストーリー・ライヴ』（1993年）で確認できる。

*7／オハイオ州出身のドラマー。セッション・プレイヤーとしてマイケル・ジャクソン、ビリー・ジョエル、シンディ・ローパー等の作品に参加。

TILL WE HAVE FACES
GARY THOMAS

1992

『ティル・ウィ・ハブ・フェイセズ』
ゲイリー・トーマス

① ANGEL EYES 8:14
② THE BEST THING FOR YOU 7:59
③ LUSH LIFE 5:29
④ BYE BYE BABY 6:41
⑤ LAMENT 9:29
⑥ PEACE 7:19
⑦ IT'S YOU OR NO ONE 6:36
⑧ YOU DON'T KNOW WHAT LOVE IS 9:38

① by Earl Brent & Matt Dennis,
② by Irving Berlin, ③ by Billy Strayhorn,
④ by Jule Stein & Leo Robin, ⑤ by J.J.Johnson,
⑥ by Horace Silver, ⑦ by Sammy Cahn & Jule Styne,
⑧ by Don Raye & Gene de Paul
JMT

- □ 1992年5月録音
- □ プロデューサー：ステファン・F・ウィンター
- □ コ・プロデューサー：ゲイリー・トーマス
- □ 録音スタジオ：パワー・ステーション（アメリカ、ニューヨーク）
- □ エンジニア：カルロス・アルベルヒト
- □ 参加ミュージシャン
  - ゲイリー・トーマス：テナー&ソプラノ・サックス、フルート
  - パット・メセニー：ギター
  - ティム・マーフィー：ピアノ
  - アンソニー・コックス、エド・ハワード：ベース
  - テリ・リン・キャリントン：ドラムス
  - スティーヴ・モス：パーカッション

若手変態サックス・プレイヤーの土俵で聴かせる、堂々の横綱相撲

ジャック・ディジョネットのスペシャル・エディションで共演したゲイリー・トーマス[*1]のアルバムにメセニーが参加したもの。ゲイリーはマイケル・ブレッカー以降のサックスのスタイルを消化した上で、よりフリーかつオリジナルなプレイを身上とするスタイリスト。本作以降、メセニーは自分より下の世代のアルバムにも積極的に参加するようになるが、これはジャズ・レジェンド達から受け継いだものを後進に伝えると同時に、自らも新たな刺激を受けようという意志の現れだ。

ここまでにゲイリーは5枚のリーダー作を発表しており、いずれもジャズとファンクとフリーを闇鍋&変態的に融合させた作品だが、本作ではジャズ・スタンダードを新感覚で料理するという試みに取り組んでいる。メセニーはスタジオ入りした段階で初めてスタンダード集であることを知らされる[*2]が、ゲイリーの破天荒な流儀に従い、マイケル・ブレッカーとのセッションよりも「全体的に過激目」なプレイで、横綱相撲を展開していく。

①から聴きどころ満載でいきなりゲイリーのテナーとテン・リン・キャリントンのドラムスとのデュオから入るが、楽曲を解体したところからスタートし、徐々にハードボイルドなテーマへと向かう構成が実にスリリング。メセニーは3分46秒からギター・シンセで参入。コード進行を大きく捉えつつ、得意のオーギュメント[*3]の半音ずらしを交えてアブストラクトなソロを構築。②ではスウィングとファンクのハイブリッドなビートに乗って、ゲイリーのソプラノに絡む。自らのソロではオーネットとの共演で見せたフリーキーさを少し注入しつつ、ファンキーな味を出す。バリトン・ギターから出る③はゲイリーとのデュオ。雄々しいゲイリーのトーン、それをどっしりと支えるメセニーという構図で息のあったところを聴かせる。続く④も過激な①が嘘のようなオーソドックスな展開で、バピッシュに出ながら次第にフリーキーな速射砲フレーズを放つゲイリーが痛快そのもの。メセニーもギター・シンセでヌッと顔を出しドスの効いたフレーズを連発。本作のベストの一つだろう。

⑤がまた良い。ゲイリーはソプラノでキーを無視して暴れるが、メセニーがギター・シンセのバッキングでこれを追う。ソロでもコード・トーンをたまに鳴らしつつ、チョーキングやかき鳴らしも交えつつ変態的に攻める。ホレス・シルバーの名曲⑥では、ゲイリーはフルートに持ち替えてリリカルな歌心を聴かせる。リズムはボサノヴァだが、それを微分化したようなキャリントンのドラムスとメセニーのアンサンブルが新鮮。メセニーのソロはギター・シンセによるディストーション気味のトーンで、断片的なフレーズで攻める。⑦ではメセニーはお休み。ラストの⑧はギター・シンセの咆哮から入り、お馴染みのメロディーをゲイリーがフェイク気味に吹いて、徐々にグループ全体で解体作業へと移行。4分29秒から高音部で繰り広げるメセニーのヒステリックなソロも強力でこれも必聴の演奏。やはりメセニーはその全てを聴かせないとお話にならないのだ。

＊1／1961年、メリーランド州ボルチモア出身のサックス・プレイヤー。テナー、ソプラノ、フルートを自在にこなす。スティーヴ・コールマン率いるM-BASE一派で頭角を現す。ディジョネットのスペシャル・エディションのほか、短期間だがマイルス・デイヴィスのグループにも加わり、ジョン・マクラフリンのバンド「ザ・ハート・オブ・シングス」でも活躍。現在は故郷のボルチモアのジョン・ホプキンス大学で教鞭を執る。

＊2／『ジャズライフ』1990年8月号掲載の成田正によるレコーディング・レポートより。

＊3／正式にはオーギュメント・トライアド。主音（Root）、長3度（M3rd）、増5度（aug5/#5th）から成る。

STONE FREE
A TRIBUTE TO JIMI HENDRIX

1993

『紫のけむり』
ジミ・ヘンドリクス・トリビュート

⑬ THIRD STONE FROM THE SUN　5:57

※パット・メセニー参加曲のみ

Music by Jimi Hendrix
Reprise Records

□ 1993 年録音（推定）
□ プロデューサー：パット・メセニー⑬
□ エグゼクティヴ・プロデューサー：ジェフ・ゴールド、エディ・クレイマー、ジョン・マクダーモット、マイケル・オスティン
□ 録音：ウィロー・スタジオ（アメリカ、ニューヨーク）
□ エンジニア：パット・メセニー＆ティム・レイサン
□ 参加ミュージシャン
　パット・メセニー：ギター、ベース、ドラム・ループ、キーボード、プログラミング、シンクラヴィア
　ジャコ・パストリアス：ベース（サンプリング）
　マシュー・ギャリソン：ベース（サンプリング）
　ジャック・ディジョネット：ドラムス（サンプリング）

ジャコパスのサンプリングと、ジミヘンに寄せたプレイが楽しい

若くして急逝した伝説的ロック・ギタリスト、ジミ・ヘンドリックス[*1]へのトリビュート・アルバム。メセニー以外の参加アーティストは、ギタリストではエリック・クラプトンやジェフ・ベック、バディ・ガイ、スラッシュといったメンツ。まずまずの演奏を披露してはいるが、決してジミヘンのオリジナルを超えるものではない。バンドではプリテンダーズやリヴィング・カラー、スピン・ドクターズらが参加しており、その中でプリテンダーズはかなりの名演と言ってよい（クリッシー・ハインドの歌声はやはり強い）。要するにこの手のトリビュート作品はオリジナルの楽曲や演奏から「新たな魅力」をいかに引き出せるかが鍵なのだ。その点はさすがにメセニー。他のアーティストとは全く異なるアプローチにより、ＩＱの違いを見せつけている。ちなみにメセニーは

若くしてジャズに走ったために、ジミヘンをはじめとするベーシックなギタープレイについてはやり過ごしていると語っている。[*2] 本作でのアプローチも、ジャコ・パストリアスがその生前にベースソロで頻繁にプレイしていた⑬のテーマをサンプリングして使用することで、ジャコパスとジミヘンの両者にトリビュートする体裁になっている。おそらくはオファーを受けた段階で、このアイデアが閃いていたのではないか。

曲はシタールの音色がミュワ〜ンと広がるインド音楽風のイントロからスタート。自らのプログラミングによるリズムも含め、後の『タップ』(→256)にも通じる世界だ。すぐさま走りだすのはジャコパスお得意のファンクなグルーヴだが、これはマシュー・ギャリソン[*3]のベースをサンプリングしたもので、そこにメセニーには珍しくギター・カッティングを乗せて、ジャコパスが弾くメロディーを飾っていく面白い構造だ。2分5秒からのソロはシンクラヴィア・ギターによるものだが、ディストーション・ギター的な音色や5度の音へのチョークアップ、マイナー・ペンタトニックの多用、更にはアーミングなどにより、ジミヘンへのトリビュート色を巧みに演出。途中でスケールアウトを挟んで暴れまくるのでなんとかメセニーとわかるが、知らなかったら「これ、誰の演奏?」と思う程度に普段のメセニーのスタイルとは距離を置いている。4分12秒からテンポアップするところで、ジャック・デジョネットのドラムスのサンプリングも登場。ここからは左右チャンネルでグチョグチョに荒れ狂い、「もっとやれ〜!」というところで残念ながらフェイドアウト。メセニー一流のウィットとPMGやソロ作品では聴けないギタープレイが楽しめる貴重なトラック。

*1/1942年、ワシントン州シアトル出身のギタリスト、シンガー・ソングライター。サウスポーだが右利き用のストラトキャスターを使用し、ブルースを基調にしながらもイマジネーションに満ちたプレイや、ギターを歯で弾いたり燃やしたりというパフォーマンスでロック界に衝撃をもたらす。そのプレイはマイルス・デイヴィスも絶賛。1970年、弱冠27歳で没。
*2/2015年『Vintage Guitar® magazine』に掲載されたDan Forteによるパット・メセニーへのインタビュー記事より。
*3/1970年、ニューヨーク州出身のベーシスト。ジョン・コルトレーンを長年支えた名ベーシストであるジミー・ギャリソンの息子で、5弦エレクトリック・ベースを愛用し、右手4フィンガーによる圧倒的な早弾きで、トップ・ベーシストとして活躍。ジョー・ザヴィヌル、ジョン・マクラフリン等との共演のほか、自身のソロ作も多数。

独力で切り拓いた、
ギター・シンセによる新たなサウンドの可能性

1980年、ローランド社から「世界初のポリフォニック・ギター・シンセサイザー」であるGR－300が発売された。当時のギタリストは、この画期的な商品を一度は楽器店やショールームで試奏したはず。筆者も興奮しつつローランドのショールームで試奏したのだが、その際の印象は「レイテンシー《弾弦からの遅れ》」が少なく、ようやく使えるレベルのものが出てきたが、ベロシティ《音の強弱》には対応していないので、「トラッキングを完璧にするためには自らのピッキングを見直さなければならない」というものだった。対応するギター・コントローラーも同時に各種発売されたが、デモ機として最もよく見かけたのがGR－303で、これは木目を生かしたちょっとアレンビックっぽいルックスで人気があったグレコ社のGO《ゴー》の躯体をベースにしたもの。新しいサウンドのイメージと噛み合っており、シンセ本体のGR－300とコントローラーのGR－303を組み合わせるのが一般的だった。メセニーもこのコンビネーションを採用したのだが、その決定的なポイントは「メセニー固有のピッキングが、GR－300の特性とうまい具合に噛み合った」ということにある。メセニーにとってGR－300は、極めてナチュラルに演奏でき、金管楽器に近いトーン、サスティーン、そしてハイトーンが得られるものだった。

この「ハイトーン」の部分について、さらに説明を加えておこう。ギターの楽譜は一般的には5線譜にト音記号が振られたものを使用するのだが、楽器の特性上、実際に出てくる音は記譜されたものより1オクターブ低くなる。同じ弦楽器と比較すると、チェロより上下の音域が少し狭いものがギターだと言え、ヴァイオリンのような煌びやかな高音は出ない。メセニーがギター・シンセに強く魅かれたのはこの「ハイトーンが得られる」という部分が大きく、故にギター・シンセでソロを取る場合は、高音部でプレイすることが多くなるわけである。同時にGR－300はベロシティに対応していないため、そのダイナミクスについてはボリュームではなくフレーズで対応しており、基本的には「テンション高め」のプレイになる。

ギター・シンセとシンクラヴィア・ギターの違いについても、整理しておこう。筆者の知る限り、「シン

メセニー・サウンドの真実 Part.2

クラヴィア・ギター」はメセニーだけが使用している表記であり、これはGR－303のボディ下部に接ぎ木加工を施し、シンクラヴィアのコントローラーの一部を足したものを指している。『ソングX』以降はクレジットにわざわざシンクラヴィア・ギターと表記することはなく、全てを「ギター・シンセサイザー」としているが、'80年代にリリースされた各アルバムの音色の違いだけで判断すると、「ギター・シンセサイザー」とある場合は金管楽器のサウンド（GR－300の音）、「シンクラヴィア・ギター」とある場合はそれ以外のシンセ系サウンド（シンクラヴィアの音）と考えて概ね間違いないだろう。この点を確認しやすいのが『スティル・ライフ（トーキング）』のTHIRD WINDのライヴ映像で（動画サイト等でいくつかのライヴ映像が確認可）、曲の冒頭から中間部のソロ、マリンバ・セクションまではシンクラヴィア・ギターを使用。ブリッジのキメでGR－303に持ち替えて、エンディングでは金管のトーンでソロを展開している。面白いのは、ギター・シンセが年々進化しレイテンシーやベロシティに関する問題も解決されて、音色のバリエーションも圧倒的に増えているにも関わらず、メセニーは現在に至るまで相変わらずGR－300とGR－303のコンビネーションを愛用し続けているという事実だ。メセニーにとっては「このコンビネーションでしか出せないサウンド」こそが重要であり、ピッキング時に発生する独特のノイズを伴ったアタック感を含め今やヴィンテージとなった同機を、「アコースティック楽器と同様の固有のサウンド」として扱っているということに他ならない。こうした頑固さはいかにもメセニーらしい。

今やギター・シンセの「あのサウンド」が出ればメセニーだというぐらいに定着し、最新のギター・シンセにも必ず同様のサウンドがプログラムされている。メセニーが独力で切り拓いたギター・シンセによるサウンドの可能性を他のギタリスト達が活かすことができていないのは、残念ではある反面、「メセニーを超えることの難しさ」も理解できる。メセニーがGR－300を使わずにARE YOU GOING WITH ME?を演奏するようになった時、ギターサウンドはまた次なる場所へと向かうことになるのだろう。

WISH
JOSHUA REDMAN

1993

『ウィッシュ』
ジョシュア・レッドマン

① TURNAROUND 6:24
② SOUL DANCE 6:34
③ MAKE SURE YOU'RE SURE 5:24
④ THE DERERVING MANY 5:39
⑤ WE HAD A SISTER 5:46
⑥ MOOSE THE MOOCHE 3:32
⑦ TEARS IN HEAVEN 3:21
⑧ WHITTLIN' 5:21
⑨ WISH (LIVE) 7:26
⑩ BLUES FOR PAT (LIVE) 12:08

① by Ornette Coleman, ②・④・⑨ by Joshua Redman,
③ by Stevie Wonder, ⑤・⑧ by Pat Metheny,
⑥ by Charlie Parker,
⑦ by Eric Clapton & Will Jennings,
⑩ by Charlie Haden
Warner Bros. Records

□ 1993 年録音
□ プロデューサー：マット・ピアソン
□ 録音スタジオ：パワー・ステーション
⑨・⑩ ヴィレッジヴァンガードでのライヴ
（アメリカ、ニューヨーク）
□ エンジニア：ジェームス・ファーバー
（⑨・⑩のみマット・ピアソン）
□ 参加ミュージシャン
ジョシュア・レッドマン：テナー・サックス
パット・メセニー：ギター
チャーリー・ヘイデン：ベース
ビリー・ヒギンス：ベース

ジョシュアのセカンド作に全面参加、かつ「リベンジ」の趣も

いろんな意味で興味深いアルバムである。主人公のジョシュア・レッドマン[*1]は『80/81』でメセニーと共演したデューイ・レッドマンの実の息子。そしてリズム隊はチャーリー・ヘイデン&ビリー・ヒギンスという『リジョイシング』の時のメンバー。そう、メセニーが「最悪のレコード」と述懐する作品と同じメンバー。つまり本作はメセニーにとって、軽くリベンジの意味合いも込められている。加えて選曲も、『80/81』で演った①と『リジョイシング』で演った⑩に挟まれる形で、ジョシュアのオリジナル②・④・⑨、メセニーのオリジナル⑤・⑧、スティーヴィー・ワンダーの③とエリック・クラプトンの⑦というポップス曲、チャーリー・パーカーのド定番⑥が配されるという大盤振る舞い。なお⑥にはメセニーは参加していないが、サックス・トリオにおけるジョシュアの圧

倒的なスキルとヘイデン&ヒギンスの凄みを確認することができるので、あえてクレジットからは外さなかった。

まずメセニーの視点からチェックしよう。ちょっとトリッキーな聴き方にはなるが、まずは③、特に2分35秒から出るメセニーのソロを確認してほしい。リンダ・マンザー製作のスチール弦のアコースティック・ギターで、曲調も『リジョイシング』のLONELY FIREに通じるバラードだけに録音の違いが鮮明に浮き上がる。この「フィンガー・ノイズまでを含めた生々しさ」こそ、メセニーがヘイデン&ヒギンスとのトリオに求めていたものだった。

では①に戻ろう。オープナーとしてはいささか地味かもしれないが、先行するジョシュアの泰然としたソロ展開には大物ぶりを感じるし、ディレイを浅くしてファットなトーンで指捌きを聴かせるメセニーも4分57秒あたりでかなりアツくなる。早いワルツの②、テーマのアンサンブルが洒落た④はいずれも熱演。メセニーのミステリアスなバラード⑤は書き下ろしだが、ジョシュアの余裕の歌心にグッとくる。

クラプトンの⑦ではナイロン・ストリングスのアコギでバッキングに専念するが、よく知られたヒット曲が下世話にならないのはメセニーの品格あるバッキングの為せる技。⑧は『クエスチョン・アンド・アンサー』用に書かれたが、録音されなかったもの。オーソドックスに攻めつつ徐々に逸脱するジョシュア、パズルのピースを組み合わせるようなメセニーのソロ、いずれもスリリングだ。ヒギンスのドラミングにも痺れる。そして⑨と⑩はヴィレッジ・ヴァンガードでのライヴ。DATによる一発録音だが、これが実に良い。全体的に過入力気味のファットな音で、メセニーのトーンもウェス・モンゴメリーに近い。バラードの⑨のソロは極めて少ない音数で流していくが、2分55秒からのリズミックなプレイはヒギンスと絶妙に噛み合っており、最高に痺れる。そのまま無編集で⑩に突入。ソロはメセニーが先行するが、パルシブな同音連続を煽るヒギンス、淡々とウォーキングを続けるヘイデンのコントラストが燻し銀。メセニー、これで完全なるリベンジを果たしたと言えよう。

＊1／1969年、カリフォルニア州出身のサックス・プレイヤー。ハーバード大学卒業のインテリにして、1991年のセロニアス・モンク・コンペティション優勝で一躍注目を浴びる。現在のジャズ・シーンを代表するプレイヤーの1人で、リーダー作も多数。

HORBOR LIGHTS
BRUCE HORNSBY

1993

『ハーバー・ライツ』
ブルース・ホーンズビー

① HORBOR LIGHTS 7:11
④ CHINA DOLL 5:18
⑧ THE TIDE WILL RISE 3:55

※パット・メセニー参加曲のみ

All Music by Bruce Randall Hornsby,
Except ⑧ Lilyc by B.R. Hornsby with John Hornsby
RCA Records

□ 1992 年録音
□ プロデューサー：ブルース・ホーンズビー
□ 録音スタジオ：ブルース・ホーンズビー自宅（アメリカ、バージニア）
□ エンジニア：ウェイン・プーリー
□ 参加ミュージシャン

ブルース・ホーンズビー：ピアノ、アコーディオン、オルガン、ヴォーカル
ジミー・ハスリップ：ベース
ジョン・モロ：ドラムス
パット・メセニー：ギター、シタール・ギター
ジョン・ビガム：リズム・ギター①
トニー・バーグ、ウェイン・プーリー：ギターコード④
ディヴ・ダンカン：MIDIマン①
ジェフ・ローバー：ループ①、プログラミング④
フィル・コリンズ：バッキング・ヴォーカル④
ボニー・レイット：バッキング・ヴォーカル⑧　他

ホーンズビーのデビュー作で、ユニークなソロを披露

ブルース・ホーンズビー[*1]は、自らが率いるブルース・ホーンズビー・アンド・ザ・レインジで1987年にグラミー賞の最優秀新人賞を獲得している才人。バークリー仕込みのピアノや作曲スキルと、南部的なテイストのヴォーカルを併せ持つという、ロックとジャズという軸足こそ異なれど「メセニーの隣人」のような存在だ。1990年から2年間ほどグレイトフル・デッドのツアーにも参加し（当時のライヴの数々は高度なインプロが展開されており必聴）、音楽的な人脈を広げつつ満を持して発表したソロ・デビューの本作には、メセニーやブランフォード・マルサリス、ジミー・ハスリップ、オマー・ハキム等のジャズ系人脈と、フィル・コリンズ、ジェリー・ガルシア[*2]、ボニー・レイット等のロック&ポップス系の人脈が混在していることから、当時、ホーンズビーの才能がいかに買

われていたかがわかろうというものだ。ベーシック・トラックはホーンズビーの自宅で、本人のピアノとヴォーカル、ハスリップのベース、ザ・レインジのドラマーのジョン・モロのトリオで録音。そこに各所でオーバーダビングによりゲストが参加するスタイルが採られている。メセニーは①・②・④・⑧にクレジットされているが、②では特徴的な演奏が聴かれず、ホーンズビー本人による詳細なライナーノーツでも触れられていないので、クレジット・ミスの可能性も拭えない。本書ではメセニーのソロが大きくフィーチャーされた3曲を中心に聴いていくことにする。

①はホーンズビーによる1分弱のピアノ独奏からスタート。初期ＰＭＧにストレートに通じるアメリカーナな曲調が良いムードだ。続くアンサンブルもダイナミックで、メセニーはシタール・ギターでオブリガードを入れる。スティーリー・ダンをカントリー・ロックにグッと寄せたような曲調だが、4分9秒から出るメセニーの短いソロもロック風味で、これがユニークかつ格好良し！　本人は苦労したと言っているが、[*3]このソロは凡百のギタリストでは不可能な煌めきに満ちている。エンディングのソロでもアグレッシヴに攻めつつフェイドアウト。

ジョン・モロの畳み掛けるようなリズムの④も痛快。ホーンズビーとフィル・コリンズがハモるサビに続いて出るメセニーは、複雑なコード進行の上でメセニー・フレーズを乗せる。続くピアノソロは、なんとチャールズ・アイヴス[*4]にインスパイアされたもので、ホーンズビーのこうしたインテリジェンスもメセニー好みな部分なのだろう。⑧はアーシーかつ豪放なアメリカン・ロックで、メセニーは大サビ明けでギター・シンセによる閃光のようなハーモナイズド・ソロを炸裂させている。今は亡きガルシアの参加曲も含め、ギター・ファンは必聴！

＊1／1954年、バージニア州出身のシンガー・ソングライター、ピアニスト。ザ・レインジ、ソロ、ザ・ノイズメイカーズ、ジャズ寄りのブルース・ホーンズビー・トリオ等の名義で、多数の作品をリリース。2014年にはメセニーのユニティ・グループのツアーの一部公演にも参加。

＊2／1942年、カリフォルニア州サンフランシスコ出身、グレイトフル・デッドを率いた偉大なギタリスト。1995年没。

＊3／パット・メセニーのウェブサイトに掲載されたQ＆Aより（1999年3月）。

＊4／1874年、コネチカット州出身の作曲家。不協和音や無調、ポリリズム等を駆使して、アメリカ初の前衛作曲家と目される。代表曲は交響曲第3番、ピアノソナタ第2番等。

ZERO TOLERANCE FOR SILENCE
PAT METHENY

1994

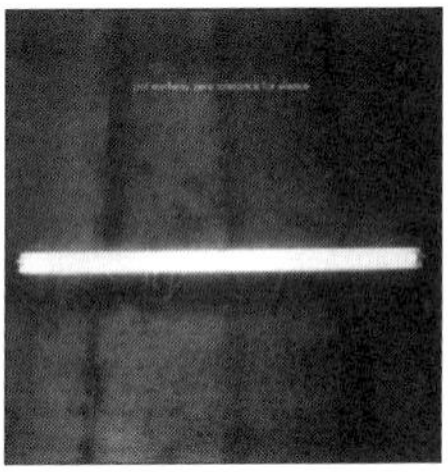

『ゼロ・トレランス・フォー・サイレンス』
パット・メセニー

① PART 1　18:18
② PART 2　5:10
③ PART 3　4:19
④ PART 4　5:07
⑤ PART 5　5:54

All Music by Pat Metheny
Geffen Records

□ 1992年12月録音
□ プロデューサー：パット・メセニー
□ 録音スタジオ：パワー・ステーション
（アメリカ、ニューヨーク）
□ エンジニア：ベン・フォウラー
□ 参加ミュージシャン
パット・メセニー：ギター

ギターを「鳴らす」という初期衝動をナチュラルに表出

１９９２年の12月16日、またしてもメセニーにちょっとした「オフ」が発生する。この年、メセニーは『シークレット・ストーリー』の制作を終え、春にＰＭＧとしてのツアー、秋には『シークレット・ストーリー』のカヴァー・ツアーを行いつつ、ゲイリー・トーマスやブルース・ホーンズビーのアルバムにも参加するなど多忙を極めていた。メセニーの創作活動には全て必然性があり、かつシームレスに繋がっているので、オーネットと無茶をしたりゲイリーとスタンダードの脱構築プレイを愉しんだような感覚で、時間ができたから制約もなくギターを「鳴らす」という初期衝動のみで何かを残しておきたい、と考えるのは自然なことだろう。レスポールとアコースティック・ギターを持ってパワー・ステーションに入ったメセニーは、とにかく思いついたことを弾き、自らが奏でた音とのシナジーを計算した多重録音を加えて、アルバム1枚分の音源を完成させる（中身を素直に表現したような本作のタイトルは「後付け」に違いない）。本作は長年に渡って「衝撃作」といった扱いを受けているが、内容そのものはメセニーの「本質的な過激さ」を知る我々にとっては衝撃でもなんでもなく、本作のリリース当時、筆者は「お〜、今度はソロでこれを演ったか」と思ったし、ライヴ・アルバム『ザ・ロード・トゥ・ユー』と被らないタイミングで本作をリリースしてくれたゲフィンの太っ腹には大いに感謝したものだ。今となってはエクスペリメンタル極まりない本作にリスナーの耳も追いついたと思うし、「この時期のメセニーのドキュメンタリー」の一つとして、本作はその価値をより高めていると思う。

①は冒頭からのノイズ的なかき鳴らしが破壊力抜群のナンバー。ギターは左右に1本づつ定位しているが、掛け合いの流れから判断するに、左チャンネルを先に録音したと推察する（ブレイク時に右が少し遅れている）。ギターのかき鳴らしとジミヘン風味が交互に展開する中、9分18秒あたりで未熟なアマチュア・ギタリストがなんとか合わせている感じになるあたりが可愛い。この①のノイジー感が、当時の多くのライトなメセニー・ファンにとっては衝撃であり、その長さも手伝って途中でCDを止めたのだと思うが（一般家庭だと「うるさい！」と止められるレベル）、続く②以降を聴いていれば、随分と印象が変わったのではないだろうか。センターチャンネルにもギターが重ねられた②はセロニアス・モンクやカーラ・ブレイに通じる構築的なもので、ちょっとした楽曲アイデアをベースに演奏が進む。2分24秒からの展開は、ジミヘンが即興でスティーヴ・ライヒ的な演奏を始めたような面白さ。③も同様の世界だが、こちらはかなり「ズレ」を意識した展開で、更にスクラッチ・ノイズや音程感を崩した高音フレーズで暴れるなど、より過激に進むのが快感だ。④は出だしからジミヘンがラリってちゃんと弾けなくなったようなノリで、アスファルトを切り裂くようにガシガシと攻め込んでいく。⑤はアコギの崩れたコードも加わり、オーネットのプライム・タイムにおける静的なパートを思わせる。こうなると、『ソングX』収録のオーネットとメセニーによる壮絶な音プロレスたるENDANGERD SPECIESを聴きたくなりますね。

THE YIN AND THE YOUT
PAUL WERTICO

1993

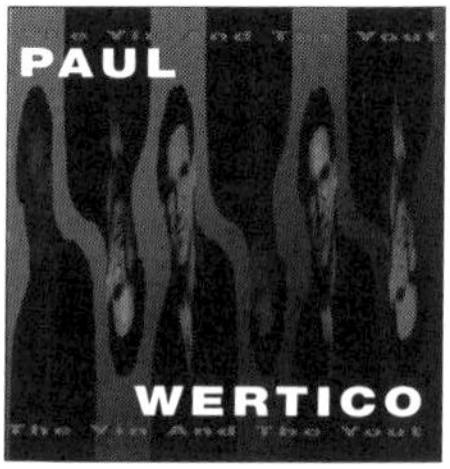

『イン・アンド・アウト』
ポール・ワーティコ

② DON'T LOOK BACK　5:43

※パット・メセニー参加曲のみ

Music by Barbara Unger-Wertico & Paul Wertico
INTUITION RECORDS

□ 1993 年録音
□ プロデューサー：ハウイー・リー・モレル
□ 録音スタジオ：ベイビー・モンスター・スタジオ（アメリカ、ニューヨーク）
□ エンジニア：マルコム・ポラック、キーナン・キーティング、ギャリス・シフォン、クリス・ノルディーン
□ 参加ミュージシャン
ポール・ワーティコ：エレクトリック&アコースティック・ドラムス、シンバル、ドラム・プログラミング
ユー・ノー・ウー（パット・メセニー）：ギター・シンセサイザー
ヴィクター・ベイリー：エレクトリック・ベース
ニック・ジョン・バリラック：シンセサイザー
マイケル・ベアデン：キーボード
デヴィッド・マン：アルト・サックス
ピーター・シュワルツ：アディショナル・キーボード&サウンド・プログラミング
バーバラ・アンガー・ワーティコ：キーボード、シーケンサー&プログラミング

カメオ出演でワーティコのソロに付き合い、ギター・シンセで花を添える

面倒見の良いメセニーは、ＰＭＧのメンバーの録音にも「いいよ」と軽く付き合うような人柄。本作はポール・ワーティコの自己名義による初のアルバムだが、奥方を含む地元のシカゴ人脈に加えて、ボブ・ミンツァーやデイヴ・リーブマン、リッチー・バイラーク、デイヴ・ホランド等も参加。ワーティコの人望が窺えるが、メセニーは「Yu Gno Whu」というベトナム風の名前（英語だとYou Know Who）でカメオ参加。ゲフィンとの契約上、やむをえずのクレジット表記だったのかもしれないが、それでもワーティコにとってはありがたかったはずだ。

さて、ワーティコといえばＰＭＧにおける華麗なシンバルワークが我々の耳に刻まれているが、ＰＭＧ加入前のシカゴ時代は、シンバルを多用するプレイヤーでは決してなかった。メセニーがＰＭＧの前任者のダン・ゴットリーブに与えたコンセプトは「ロック・ドラミングにトップシンバルを導入する」ことで、ゴットリーブはそれを達成するために様々なシンバルを試し、PMGにおけるドラミングのチュートリアルを形成した。それを受け継いだワーティコは、2枚のライド・シンバルによりバンドをグルーヴさせるべく、指の全てを使わない軽いグリップとスティックの重さを活かしたコントロールにより、PMGに合ったドラミング・スタイルを完成する。[*1] ワーティコ本来のドラミング・スタイルはというと、マックス・ローチをフェイヴァリットとするだけに「ドラムキットの全てをバランス良く使った、歌うようなドラミング」だが、本作ではプログラミング等も加え、PMGとはまた異なるヴァーサタイル《多様性のある》なところを見せている。本書が対象とするのはメセニーが参加した②のみだが、本作の全体を聴くことで、ワーティコの幅広い音楽性を知ることができる。

　メセニーのフィーチャリング・ナンバーの②は、数多くのキーボード・プレイヤーが関わっている割にはシンプルな音像、かつポップで長閑なメロディーと相まって、「本当にメセニーが入ってるの？」としばし不安になるが、1分52秒からようやくギター・シンセのメセニーらしい音が聴こえてきて一安心。デヴィッド・マン[*2]のアルトとともにひとしきりメロディーを奏でた後、3分11秒からは曲の世界観を崩さないように気遣いしつつも、伸びやかなソロを披露。少ない音数で存分に高音部で歌い上げるが、やはりメセニーのこの音が出てくると音楽のクオリティが数段アップする。せっかくヴィクター・ベイリー[*3]も参加しているのだからもうちょっと暴れさせたら？ とは思うものの、ここは挨拶代わりということで。メセニーは不参加だが⑩では、ワーティコの気合のドラミングを楽しめ、リーブマンとミンツァーも激アツなので併聴されたし。

＊1／*PAT METHENY The ECM YEARS,1975-1984*, 234〜5
＊2／1963年、ミシガン州出身のサックス・プレイヤー。マーク・イーガン、ダン・ゴットリーブの双頭バンド、エレメンツにも参加。
＊3／1960年、ペンシルバニア州フィラデルフィア出身のベーシスト。ジャコ・パストリアスの後任としてウェザー・リポートに参加。ジョー・ザヴィヌルお気に入りのベーシストであり、数多くのアーティストを支える。リーダー作も傑作揃い。2016年没。

CRAZY SAINTS
TRILOK GRUTU

1994

『クレイジー・セインツ』
トリロク・グルトゥ

① MANINI　7:06
⑥ CRAZY SAINTS　8:19

※パット・メセニー参加曲のみ

Music by Trilok Grutu & Daniel Goyone
CMP RECORDS

□ 1993年5、6月録音
□ プロデューサー：カート・レンカー＆ウォルター・クィンタス
□ 録音スタジオ：スタジオ・ツァーカル（ドイツ、ツァーカル）
□ エンジニア：ウォルター・クィンタス
□ 参加ミュージシャン
トリロク・グルトゥ：ドラムス、タブラ、ドール、カンジーラ、パーカッション、ヴォーカル
パット・メセニー：ギター、ギター・シンセサイザー
ショーバ・グルトゥ：ヴォーカル
ダニエル・ゴヨン：ピアノ、キーボード
マルク・ベルトー：ベース

ザヴィヌルともニアミスする、鬼才・グルトゥとの実り多き競演

数あるメセニーの他流試合の中でも、トップクラスの面白さを誇るのが本作だ。ジョン・マクラフリンとの共演で世界中にその名を轟かせた「お座敷ドラマー」こと、インド出身のパーカッショニスト、トリロク・グルトゥ[*1]のソロ作に、好奇心旺盛なメセニーも参戦。本作の発売前にはジョー・ザヴィヌルも参加と告知されたこともあり「メセニーとザヴィヌルの共演が実現か?」と色めき立ったが、残念ながら同じトラックでの参加はなくニアミスに終わっている。アルバム全体はラーガ（インド旋法）、ターラ（リズムサイクル）、更にはグルトゥの必殺技であるコノコル（ヴォイス・パーカッション）を駆使したユニークな音世界とジャズを高次元で融合させたもので、ワールド志向もあった当時のメセニーが興味を持ったのも無理はない。グルトゥがマクラフリンのト

リオを脱退したタイミングでもあったので、本作に参加することで何か新しいことができそうだと思ったのだろう。結果、メセニーは普段のプレイのままでグルトゥの音楽と絶妙にマッチ、大きな成果を残す。

抹香がポワ〜ンと漂ってくるようなヴォーカルから始まる①。歌うショーバ・グルトゥはトリロクの母親で、インドではかなりの大物シンガーらしい。ピアノのリズムを縫うようにメセニーがフィルインした後、浮遊感のあるテーマをユニゾンで奏でる。2分過ぎからグルトゥの盟友であるダニエル・ゴヨンがクラヴィネットでリズムを刻み始めると、たちまち曲はインド風ファンクと化し、その上でメセニーがお得意のフレーズで乗っかっていくのだが、これが全く違和感なし。中盤からはヴォーカルとメセニーの絡みが楽しめるし、そのままキメの多いバックでギターソロを展開、ラストまで転がるように突っ走る。グルトゥのカラフルなパーカッション群もグルーヴィー極まりない。

アルバムのタイトル曲である⑥では、さらに濃密なコラボレーションが確認できる。ＳＥ的なイントロダクションから次第にヴォーカルが浮かび上がり、メセニーはギター・シンセでテーマを楽しそうにユニゾン、グルトゥはコノコルでこれに応じる。ＰＭＧがインド化したような中間部を経て、4分50秒からはいよいよソロに突入。複雑極まりないリズムの上で、空間を切り裂いていくかのようなプレイで大暴れ。ここにショーバのヴォーカルが臆することなく絡みつき、なんとも不思議なインタープレイを展開する。いずれもかなりの名演。

なおザヴィヌルは本作の③と④で参加。そちらはグルトゥとのデュオで、完全にザヴィヌル・シンジケートの世界にグルトゥを引き摺り込むという、さすがの強引さを見せている。ここにメセニーが加わっていても面白かったと思うが、そこは想像力で補おう。ともあれ、トータルな完成度も高い本作、未聴の方は今すぐチェックを。

＊1／1951年、インド、ムンバイ州出身のパーカッション・プレイヤー。椅子を使わず、カーペットを敷いた上に直接座わり、ドラムキットやさまざまなインド・パーカッションを並べてプレイするユニークなスタイル。マクラフリンとのトリオによる『Live at the Royal Festival Hall – with the John McLaughlin Trio』は必聴の名盤。

ANGELUS
MILTON NASCIMENTO

1994

『アンジェルス』
ミルトン・ナシメント

⑫ VERA CRUZ　6:34
⑬ NOVENA　5:03
⑭ AMOR AMIGO　4:19

※パット・メセニー参加曲のみ

All Music by Milton Nascimento
WEA RECORDS

□ 1993年録音
□ プロデューサー：マルシオ・フェレイラ、マット・ピアソン、ミルトン・ナシメント
□ 録音スタジオ：パワー・ステーション（アメリカ、ニューヨーク）
□ 参加ミュージシャン
ミルトン・ナシメント：ヴォーカル、アコースティック・ギター
パット・メセニー：エレクトリック&アコースティック・ギター
ハービー・ハンコック：ピアノ
ロン・カーター：ベース
ジャック・ディジョネット：ドラムス
ホベルチーニョ・シウバ：パーカッション

豪華ゲストが参加したミルトンの作品で、メセニーが一際の輝きを放つ

メセニーが約10年振りに参加したミルトン・ナシメントのアルバムは、ハービー・ハンコックやジャック・ディジョネット、ロン・カーター[*1]までもが加わった、強力に豪華なラインナップ。メセニーが参加した曲のみ敏腕マット・ピアソンがプロデュースに携わっており、彼がロン・カーターを導いたのだろう。なお本作には、他にもウェイン・ショーター、ジェームス・テイラー、ジョン・アンダーソン[*2]、ピーター・ゲイブリエル[*3]等もゲストとして参加している。

メセニーは本作後半の3曲に参加。まず⑫は、ミルトンの代表曲。ロン・カーターの重量級のベースと同時にルバートで出るミルトン、からの速いジャズ・サンバは文句ナシに究極のゴージャス度。メセニーは3分12秒からソロに突入するが、ライトなリスナーだとそのままPMGの演奏と言ってもわからないはずで（ピアノ以外）、こういうリズムのソロはたぶん一生続けられても飽きないです。ハンコックもオンマイク気味の生々しい音色で、ガッツリと鍵盤を沈めて奮闘。このメンバーで演ってくれたことに、本当に感謝するしかない。メセニーは当時のライヴで本曲を頻繁に演奏しており、その様子は動画サイト等でも確認できるので各自チェックを。

続く⑬はミステリアスな響きのバラード。ブラジリアン秘技の同一コードのクロマティック下降がお洒落で、先行するハンコックのソロはゾクゾクする鍵盤捌きに身が引き締まる。メセニーはこれを受け短いソロを決めるが、即座にディジョネットが反応するあたりは、ここまでの競演の賜物。エンディングでも弾き流すが、惜しくもフェイドアウト。そのムードを引き継ぎつつ、ミルトン、メセニー、ハンコックのトリオによる⑭へと進む。右にミルトン、左にメセニーがナイロン弦で定位し、そこにハンコックが加わる室内楽風のアンサンブルが濃密な空気を醸し出す。しかしこれだけ耳の良い3人が揃うと、どれだけ好き勝手に弾いてもぶつからないんですね。ミルトンの歌にハンコックが速いフレーズで絡みまくるのだが、それが全く繊細かつ芸術的。とくれば、2分3秒からのメセニーのソロも本作一のエモーショナル度で迫るわけで、この3人の演奏だけで1枚作ってくれないものかと切に思う。なのでもう一度、⑫からリピートする羽目になることを許してほしい。

本作の他の曲では、ジェームス・テイラー参加の⑩も楽しいし、自らの土俵で勝負するピーター・ゲイブリエルの⑪もナイス。つまりは、本アルバムの後半が筆者のツボなのであります。

＊1／1937年、ミシガン州出身のベーシスト。ウェイン・ショーター、ハービー・ハンコック、トニー・ウィリアムスとのマイルスのクインテットで、数々の名演を残す。リーダー作も多数。

＊2／1944年、イギリス出身のヴォーカリスト。プログレッシヴ・ロックバンドのイエスの中心人物。近年はヴァイオリンのジャン・リュック・ポンティとの競演作等でも活躍。

＊3／1950年、イギリス出身のヴォーカリスト。プログレッシヴ・ロックバンドのジェネシスで活躍後、ソロになってからはワールド・ミュージックの要素を最先端のテクノロジーとともに融合させた唯一無二の音楽世界を確立。ソロ作は全て傑作。

I CAN SEE YOUR HOUSE FROM HERE
JOHN SCOFIELD & PAT METHENY

1994

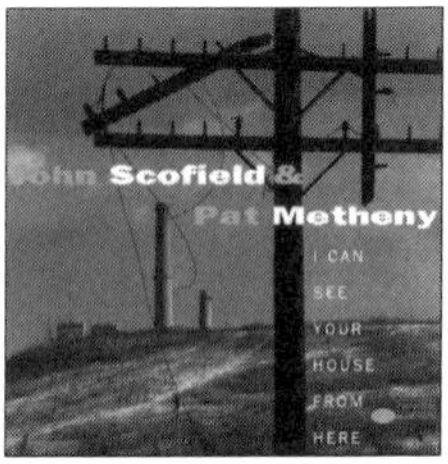

『ジョン・スコフィールド&パット・メセニー』

①I CAN SEE YOUR HOUSE FROM HERE　7:47
② THE RED ONE　4:17
③ NO MATTER WHAT　7:16
④ EVERYBODY'S PARTY　6:17
⑤ MESSAGE TO MY FRIEND　6:11
⑥ NO WAY JOSE　7:18
⑦ SAY THE BROTHER'S NAME　7:20
⑧ S.C.O.　4:44
⑨ QUIET RISING　5:25
⑩ ONE WAY TO BE　5:46
⑪ YOU SPEAK MY LANGUAGE　6:59

①・③・④・⑥・⑩・⑪ by John Scofield,
②・⑤・⑦・⑧・⑨ by Pat Metheny
Blue Note

□1993年12月録音
□プロデューサー：リー・タウンゼント
□録音スタジオ：スターリング・サウンド
（アメリカ、ニューヨーク）
□エンジニア：グレッグ・カルビ
□参加ミュージシャン
ジョン・スコフィールド：ギター、
スティール弦アコースティック・ギター
パット・メセニー：ギター、ギター・シンセサイザー、
ナイロン弦アコースティック・ギター
スティーヴ・スワロー：エレクトリック・ベース、
アコースティック・ベース・ギター
ビル・スチュアート：ドラムス

「概ね兄弟」のジョンスコとの、ようやく叶った夢の共演

メセニーとジョン・スコフィールド[*1]は共にバークリーで学んだ後、ゲイリー・バートン・グループで腕を磨いて、'70年代後半からはそれぞれのスタイルでジャズギター界の新たな風景を模索してきた兄弟のような関係。20世紀後半のジャズギター界は、この2人を中心に回ってきたと言っても良いだろう。それだけに2人の共演はファンの間で熱望されてきたが、ようやく1994年の本作で実現する。当時のジョンスコはブルーノートに移籍してよりオーソドックスなジャズ路線を歩んでいたので、共演のタイミングとしてはドンピシャ。ビル・フリゼール[*2]をゲストに迎えた、ジョンスコの前々年のアルバム『グレイス・アンダー・プレッシャー』と同様、ジョンスコがメセニーをゲストに迎える体裁ではあるが、両者がほぼ半々に曲を持ち寄ることで、音楽性の幅を上手い具合

に広げることに成功している。なおアルバム全体を通じて、ジョンスコは左、メセニーは右チャンネルに固定されているので両者のスタイルの共通点と差異がスッキリと聴き取れる。

本書では立場上、メセニーの曲を先に紹介していこう。②は本作向けに「ジョンスコとのツインリード」を想定して書かれたもの。録音に先行して行われたウォームアップ・ギグの際、観客の一人が「その赤いのを！」とステージ上のギター・シンセを指差したことがタイトルの由来。[*3]サザン・ロック調のシンプルなテーマとノリの良いリズムでインプロ映えする曲で、後の『デイ・トリップ』でも採り上げられている（→Ｐ２２６）。ソロはジョンスコが先行、突っかかるようなピッキングでブルージーに攻め、対するメセニーはギター・シンセで咆哮してよりジャジーにフレーズを紡ぐが、スタジオ録音ゆえコンパクトに纏める。⑤はジョンスコがスチール弦、メセニーがナイロン弦で奏でる美しいバラード。タイトルのFRIENDはチャーリー・ヘイデンを指しており、冒頭の幾つかのコードがヘイデン風であると、メセニーは語っている。[*4]ここでは２人の恩師でもあるスティーヴ・スワローがアコースティック・ベース・ギターを使っているため、３本のギターによるアンサンブルをビル・スチュアートがブラシとシンバルでカラーリングするという設え。両者のソロはいずれもリリカルだが、ジョンスコのこうした演奏は珍しい。ミディアム・ボッサの⑦でもジョンスコはアコギを使用。ジョンスコ自身が認めるように「ＰＭＧに自分が加わったよう」な演奏だが、[*5]こうしたバラーディアとしてのジョンスコを引っ張り出したメセニーの功績は大きく、本曲でアコギに本格的に目覚めたジョンスコは、後にアコギをフィーチャーした名盤『クワイエット』（１９９６年）をリリースすることになる。３分６秒からのメセニーのソロも泣きのフレーズをたっぷり注入、スチュアートも歌心一杯にタムを回す。メセニーにとっても、ここでのスチュアートとの共演が『トリオ→ライブ』（→Ｐ２００）へと繋がるわけだから、本作がメセニーとジョンスコにとっていかに有意義なものであったかが窺えよう。

スチュアートの軽やかなドラミングから入るグルーヴィーな⑧のタイトルは、Scottish Chamber Orchestra の略称と、もちろんジョンスコのダブルミーニング。[*6]ジョンスコが多用する長7度の音程を連続させたユニークな楽曲はセロニアス・モンク的でもあり、故にコード進行もかなり複雑になるが、両者とも見事なソロでそのスキルを見せつける。先行するジョンスコはお得意のウネウネしたフレーズをブルースに溶かし込み、メセニーは丁寧なコード分解でフレーズの山を築き上げる。本曲が最も、両者のスタイルの違いを理解しやすいだろう。その2人のソロの後に2回出るスワローのブリッジ的なインプロも安定の歌心で、本曲では終始スウィングしまくるリズム隊の凄みにも耳を傾けてほしい。

後半はメセニーの曲が続く。⑨はタイトルどおりのバラードで、メセニーが若い頃に作曲についての多くの示唆を得たスワローをイメージして書かれたもの。[*7]マイナーコードの平行移動がなんともアンニュイなムードの中、メセニーは必殺のシグネイチャー・トーンでコードの海をゆったりと泳いでいく。ジョンスコはスペースをたっぷりと取り、得意のヴォリューム奏法も用いて、さりげなくエンディング・テーマへと向かう。以上の楽曲は全て本作のための書き下ろしであり、メセニーが相当に気合を入れていたことがわかる。

続いてジョンスコのオリジナルに進もう。①は地味ながらじわじわと効いてくる、当時のジョンスコらしい作風のブルージーな曲。2人が楽しそうにテーマを奏で、崩し、対話する様子がいきなり伝わってくるこの感じ、好き者には堪りません。ソロはメセニーが先行。明らかにジョンスコを意識したフレーズを交えてアブストラクトに斬り込むと、すかさずジョンスコがグリグリと合いの手を入れる。4分16秒からのジョンスコのソロは「ならば俺も」と積極的な崩しから入り、調性をあちこちに行き来しながら夢遊病者のように徘徊。タイミングよくクラッシュ・シンバルをブチ込むスチュアートもサディスティック。③も同様のムードを保ちつつ少しコーダルになるワルツで、メセニーのよく歌うソロはいつもながら完璧。スワローが間を繋ぎ、ジョンスコは彼一流のコンディミ[*8]を絡めたフレーズで、メロディックに乗り切る。

スワローの弾くリフが実にファンキーな④は、アルバム前半のハイライトだろう。ここでは両者ともにアーシーな臭気を放ちつつスリリングなアウトフレーズを連発するが、ギター・シンセで攻撃的に出るメセニーが実に楽しそう。短いがシャープなスチュアートのソロもお見事。突然のクロマティックで収束するエンディングもユニーク。⑥はオーネット的なテーマで、先行するジョンスコは存分にウネり、その間メセニーはバッキングをせずに成り行きを見守る。続くメセニーはギター・シンセで、おとなしめのフレーズと過激なフレーズを音色を変えて勝手にコール&レスポンス。これはソロの新たな展開パターンで、やはりジョンスコも成り行きを見守り、メセニーの「戻るぜ」の合図でテーマを合奏、ムーディーな⑦へと向かう。

スウィンギーな⑩はジョンスコのフィールドで、さすがに流麗なソロで引き込んでいくが、ギター・シンセの歪んだトーンでコンピングするメセニーもノッている。ソロではジョンスコの流儀を受けつつも、自身のクロマティック・フレーズを展開、リズム隊のヴァンプへとパスを送る。ラストの⑪は、変形ブルースで、ギタリストが2人揃うとやはりこういうのが必要。全員がリラックスした演奏で、「あ〜ジャズを聴いたな〜」という良い感じの余韻を残しつつ、アルバムは終了する。そしてこの両者が本格的に大爆発するのが、次頁のライヴ盤なのだから、ジャズファンというのはシアワセですよね〜。

＊1／1951年、オハイオ州デイトン出身のギタリスト。バークリー音楽大学卒業後、メセニーの後任としてゲイリー・バートンのグループへ。独特のセンスでスケールアウトしつつもブルージーなプレイで一世を風靡。1982年にマイルス・デイヴィスのバンドに加入してトップ・ギタリストの座に。ジャムバンドのパイオニアでもあり、リーダー作も多数。
＊2／1951年、メリーランド州ボルチモア出身のギタリスト。ノース・コロラド大学からバークリー音楽大学へと進み、メセニーの推薦でポール・モチアンのアルバムに参加して頭角を表す。'80年代よりニューヨークを拠点に、自らのトリオやジョン・ゾーンのバンドで活躍。エフェクターやルーパーを駆使した独自の音世界で、アメリカの原風景を描き続ける。リーダー作も多数。
＊3＊4／*PAT METHENY SONG BOOK*, 444
＊5＊6／本作の日本盤初回発売時に掲載された、ジョン・スコフィールド自身による曲目解説より。
＊7／*PAT METHENY SONG BOOK*, 444
＊8／正式にはコンビネーション・オブ・ディミニッシュ・スケール。半音と全音を交互に並べた音階で、調性を曖昧にしたり、アドリブでスケールアウトする際に用いられることが多い。現代ジャズ・ギタリストの必須項目の一つ。

SUMMERTIME
JOHN SCOFIELD & PAT METHENY

1994

(DISC-1)
① EVERYBODY'S PARTY 18:44
② THE RED ONE 8:33
③ NO MATTER WHAT 15:40
④ NO WAY JOSE 17:32

(DISC-2)
① MESSAGE TO MY FRIEND 10:55
② SUMMERTIME 11:32
③ YOU SPEAK MY LANGUAGE 16:33

※パット・メセニー参加曲のみ

DISC-1 ①・③・④ & DISC-2 ③ by John Scofield,
DISC-1 ② & DISC-2 ① by Pat Metheny,
DISC-2 ② by George Gershwin & DuBose Heyward
BUGSY RECORDS

□ 1994年1月12日録音
□ 録音地：イタリア、ペルージアでのライヴ録音
□ 参加ミュージシャン
ジョン・スコフィールド：ギター、
ナイロン弦アコースティック・ギター
パット・メセニー：ギター、ギター・シンセサイザー、
ナイロン&スティール弦アコースティック・ギター
スティーヴ・スワロー：エレクトリック・ベース、
アコースティック・ベース・ギター
ビル・スチュアート：ドラムス

4人のポテンシャルが最大限に発揮された、必聴の激アツ・ライヴ

メセニーはあらゆる非公式録音盤やブートレグを「アーティストへの冒涜」として嫌悪している。故に、このアルバムを掲載すべきかどうかについてはほんの一瞬だけ迷った。がしかし、この凄まじいライヴを聴かずして前ページの『ジョン・スコフィールド&パット・メセニー』の真髄がわかるはずがない。音質もオフィシャル並みだし、ディスク-2の後半にはベース・デザイアーズのライヴが2曲入っていてお得なのか中途半端なのか微妙なところだが、それも熱演なので全て許す。現在は廃盤のようなので、オフィシャルに再発してくれるのを願いつつ、演奏を聴いていこう。ちなみにギターの定位はスタジオ盤の逆になっている。

まず実際のライヴのセットリスト的にはラストだったはずのディスク-1の①が登場、これがなんともコーフンするのだ。ステーヴ・スワローのファンキーなリフはスタジオ盤どおりだが、実際のライヴでは本曲までに既に数曲演奏して温まっており、いきなり野太い音で強力にグルーヴ。これをバックにメセニーがメンバー紹介を行うのだが、ジョンスコの紹介でテンションがグワ～ッと上がって「Great, John Scofield, John Scofield !」と6回に渡って連呼し、最大限のリスペクトを表す。こんなに興奮したメセニーは珍しく、現場で見ていたら確実に泣きますよねコレは。演奏はライヴゆえの長尺、なんと18分を超える熱演でギンギンに盛り上がっていく。タガが外れたように存分にアウトするジョンスコを受け、ギター・シンセで不気味に登場するメセニーも次第にフリーキーに暴走。更にビル・スチュアートのソロもドラムセットを破壊せんと暴れ、淡々とリフを刻むスワローをレフェリーとするプロレス的展開で、このメンバーで来日しなかったことがつくづく悔やまれる。

続く②でも、両者ともによりアツく長めのソロを取る。演奏は実質6分ほどで終わり、トラックタイムの残りはジョンスコによるメンバー紹介。こちらはコンサート前半ゆえ、まだまだ冷静だ。③は約2分に渡るジョンスコの独奏でスタートし、バンドも静かに入ってくる。ソロはメセニー、スワロー、ジョンスコというオーダーだが、頭から湯気を立てながら遠くへ向かうジョンスコが凄味を見せる。④ではメセニーがシンクラヴィアの機能を駆使してグチョグチョに荒れ狂ったところにジョンスコが絡み、リズムもフリーになっていく展開で、これは完全に仁義なき戦い。11分30秒あたりからのメセニーはひたすらノイズを撒き散らして昇天。スチュアートのドラムソロがなければ現世に帰ってこれなかっただろう。

メセニーのナイロン弦の独奏が3分30秒程続くディスク-2の①では、ジョンスコがこの日一番の歌心で胸に迫る。ガーシュインの②はスタジオ盤未収録の曲で、メセニーがアコギを激しくかき鳴らし、その上でジョンスコがお馴染みのメロディーを奏でるデュオ演奏。原曲のレイジーなムードは何処へやら、灼熱の荒野をひたすら駆け抜けるという、この2人にしかできない激演。ラストの③が実際のライヴのオープナーで、レイドバックしつつも緊張感が溢れる演奏。ともあれ、なんとしても入手して聴いてほしいライヴ盤なのである。

TE VOU !
ROY HAYNES

1994

『テ・ヴ！』
ロイ・ヘインズ

① LIKE THIS　5:27
② JOHN MCKEE　6:25
③ JAMES　4:35
④ IF I COULD　8:12
⑤ BLUES M45　7:07
⑥ TRINKLE TWINKLE　6:22
⑦ TRIGONOMETRY　7:15
⑧ GOOD FOR THE SOUL　6:44

① by Chick Dorea, ②・③・④ by Pat Metheny,
⑤ by Chalie Haden, ⑥ by Thelonius Monk,
⑦ by Ornette Coleman, ⑧ by Donald Harrison
DISQUES DREYFUS

□1994 年録音
□プロデューサー：ロイ・ヘインズ
□エグゼクティヴ・プロデューサー：
イヴ・チャンバーランド
□録音スタジオ：マスター・サウンド・アストリア
（アメリカ、ニューヨーク）
□参加ミュージシャン
ロイ・ヘインズ：ドラムス
パット・メセニー：ギター
ドナルド・ハリソン：アルト・サックス
デヴィッド・キコスキー：ピアノ
クリスチャン・マクブライド：ベース

気鋭の若手を揃えたヘインズのカルテットで、「兄貴分」として闘魂を注入

メセニーの武者修行、次なる相手は御大、ロイ・ヘインズである。『クエスチョン・アンド・アンサー』への恩返しもありつつ、本作はメセニーはヘインズのレギュラー・カルテットにゲスト参加する形で、若手に闘魂を注入する兄貴分として迎えられており、律儀にも⑥・⑧以外の6曲に参加している。収録された楽曲も、メセニーの②・③・④はいずれも既発曲なのでオリジナルとの違いが楽しめるし、その他もチック・コリア、チャーリー・ヘイデン、セロニアス・モンク、オーネット・コールマンと、ヘインズとメセニーにはお馴染みのアーティストの曲を集めている。

コリアの①は溌剌としたドラミングから始まる軽快なスウィング・チューンで、バンドのアンサンブルはいきなり全開。グイグイと前進するクリスチャン・マクブライドのベースとヘインズのコンビネーションも最高で、ドナルド・ハリソン、[*1]メセニー、デヴィッド・キコスキー[*2]の順でそれぞれスカッと爽やかなソロを取る。

続くメセニーの②・③・④が、いずれも相当に面白い。ジャック・ディジョネットの『パラレル・リアリティーズ』(1990年)が初出となる②は、オリジナルよりもテンポを速めたアコースティック仕様だが、こうなると俄然ハード・バップのセッション向けの佳曲の趣。ブルージーなドナルド・ハリソン、リラックスしたメセニー、繊細なキコスキーと、それぞれの持ち味が楽しく、ヘインズも頻繁に「Yeah!」とシャウトする。そこにPMGの人気曲③が威勢良く登場。原曲のイメージとはかけ離れているが、セッションらしい陽気さに溢れたノリ。メセニーはけっこう過激なアウト・フレーズで遊び心を見せる。④は『ファースト・サークル』収録の感動的なバラードだが、少し速めのテンポとはいえ原曲のムードを保ちつつ、ハリソンがテーマからソロまでを抜群の歌心で聴かせる。メセニーは3分46秒からソロを披露、スピーディーなフレーズを多用して盛り上げる。

残る4曲もそれぞれに熱演が続く。ルーズなマイナー・ブルースの⑤はハリソン抜きのカルテットによるもので、メセニーがソロで先行、お得意のフレーズのオンパレードで気を吐く。キコスキーもハンコック的なクロマティックを交えつつ弾き流し、マクブライドの凶悪にテクニカルなソロへと繋ぐ。モンクの⑥ではメセニーが抜けてハリソンが復帰。全員がモンクの庭で無邪気に戯れる。オーネットの⑦はキコスキーが抜けてメセニーが戻り、ハリソンとの掛け合いで必要以上に過激に走らず、こじんまりと纏めるのが可愛い。マクブライドの跳躍し捲る4ビートの刻みもド迫力。ラストの⑧はハリソンのオリジナルで、美しいメロディーのミディアム・スウィング。メセニーは不参加だが、アルバムの締め括りにちょうどいい湯加減でございます。

*1／1960年、ルイジアナ州ニューオーリンズ出身のサックス・プレイヤー。1980年代にアート・ブレイキーのジャズ・メッセンジャーズに加入して頭角を現す。近年ではエスペランサ・スポルディングのアルバム等に参加。
*2／1961年、ニュージャージー州出身のピアニスト。バークリー音楽大学で学んだ後ニューヨークに進出し、ヘインズ、ランディ・ブレッカー、ボブ・バーグらと共演。現在は地元ニュージャージーに戻り、演奏活動を続けている。リーダー作も多数。

CARNEGIE HALL SALUTES THE JAZZ MASTERS

1994

『ジャズ・マスターズに捧ぐ～ヴァーヴ50周年記念 カーネギー・ホール・コンサート・ライヴ』

⑥ DESAFINADO 5:07
⑪ THE ETERNAL TRIANGLE 5:16
⑫ HOW INSENSITIVE 3:59

※パット・メセニー参加曲のみ

⑥ by Antonio Carlos Jobim,Newton Mendonca & Geen Lees,
⑪ by Sonny Stitt,
⑫ by Antonio Carlos Jobim, Vinicius De Moraes & Norman Gimbel
VERVE

□ 1994 年 4 月 6 日録音
□ プロデューサー：リチャード・サイデル& ドン・シックラー
□ ニューヨーク・カーネギー・ホールでのライヴ
□ エンジニア：ジム・アンダーソン
□ 参加ミュージシャン
アントニオ・カルロス・ジョビン：ピアノ、ヴォーカル（⑥・⑫）
パット・メセニー：ギター
ジョー・ヘンダーソン：テナー・サックス（⑥）
チャーリー・ヘイデン：ベース（⑥）
アル・フォスター：ドラムス（⑥・⑪）
ロイ・ハーグローヴ：トランペット（⑪）
ジャッキー・マクリーン：アルト・サックス（⑪）
ステファン・スコット：ピアノ（⑪）
クリスチャン・マクブライド：ベース（⑪）

カーネギーでの共演で、ジョビンから「ミューズの神バトン」を託される

1994年4月6日、その名を世界に馳せるニューヨークのカーネギー・ホールに、ジャズ界のトップ・アーティストが集結する。名門ヴァーヴ・レーベルの50周年を祝うイベントで、同レーベルの歴代の名曲をクインシー・ジョーンズのアレンジによるビッグバンドも交えて披露するという、フォーマルなコンサートだ。当日の様子はNHKで衛生放送されたが、メセニー目当てだった筆者は、その出番の少なさにがっかりしたと記憶している。とはいえメセニーのタキシード姿（この日は全員タキシードでした）の凛々しさ、アントニオ・カルロス・ジョビンとの初にして最後の共演は貴重なもので、演奏ももちろん素晴らしい。ここではメセニー参加の3曲をご紹介する。

まずボサノヴァとスタン・ゲッツに捧げられた⑥は、ジョビンの弾き語りにリズム隊が静かに加わる演奏だが、メセニーはバッキングに終始しており、しかも極端に音量が小さいので存在感はほとんどない。大きくフィーチャーされるのはジョー・ヘンダーソン[*1]で、極太だがジェントルなサウンドでこの名曲をスムーズに吹き流しており、さすがの貫禄。ヘイデンとアル・フォスターの余裕のリズムも上々だ。アルバム後半の⑪はディジー・ガレスピー[*2]のスモール・グループに捧げられたもので、ここではベテランとバリバリの若手に挟まれてスウィングしまくるメセニーが捉えられている。ソロはステファン・スコットのスキャット混じりのピアノから入り、ロイ・ハーグローヴ、メセニー、ジャッキー・マクリーンの3者がスリリングなチェイスを行う。艶やかなハイトーンのハーグローヴ、ビバップ周辺で快調に飛ばすメセニー、負けじとゴリゴリに吹くマクリーンと短いながらも聴き応えあり。

そしてハイライトはやはり、メセニーとジョビンのデュオによる⑬なのだ。憧れのジョビンとたった2人でカーネギーの舞台に立つ日が来ることを、10代のメセニーには知る由もなかったことだろう。温かな拍手に包まれながらジョビンのピアノがゆったりと動き出し、ヴォーカルが乗っかったところでメセニーがボサノヴァ・ギターでそっと寄り添う。テーマ後のメセニーのソロは、ナイロン弦によるいつものサウンドなのだが、ジョビンのピアノを伴うことでより輝きのあるトーンで天上を舞う。たった4分ほどの短い演奏だが、メセニーの音楽人生がこの瞬間に向かっていたかのようで、この日1番の深い感動をもたらしてくれる(衛生放送の録画を何度もリピートしました)。ジョビンにとっても、ここでメセニーに「ミューズの神からのバトン」を託したことで、その永遠の眠りを安らかなものにできたはず(同年12月にジョビンは逝去)。そしてメセニーは追悼の意を込めて、同曲をしばらくセットリストに加え続けたのであった……全然今なら、泣いてもいいんだよ。

＊1／1937年、アメリカ・オハイオ州出身のテナー・サックス・プレイヤー。1963年の『ページ・ワン』を皮切りに、ブルー・ノート・レコードに5枚のアルバムを録音、コルトレーン・マナーを受け継ぎつつ理知的なプレイで、後進に大きな影響を与える。2001年6月没。

＊2／1917年、サウスカロライナ州出身のトランペッター。チャーリー・パーカーと並んでビ・バップの創始者の1人であり、圧倒的なハイトーンとスピーディーな指捌きでジャズ界を牽引。自らのバンドではアフロ・キューバンの要素を採り入れたラテン・ジャズを創造。1993年没。

A TURTLE'S DREAM
ABBEY LINCOLN

1995

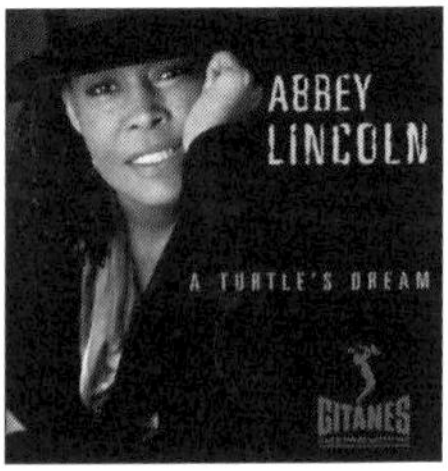

『タートルズ・ドリーム』
アビー・リンカーン

① THROW IT AWAY 5:41
⑤ AVEC LE TEMPS 5:38
⑥ SHOULD'VE BEEN 7:57
⑪ BEING ME 6:17

※パット・メセニー参加曲のみ

All Music by Abbey Lincoln,
Except ⑤ by Léo Ferré
VERVE

□1994年5、8、11月録音
□プロデューサー：ジャン・フィリップ・アラール
□録音スタジオ：クリントン・レコーディング・スタジオ（アメリカ、ニューヨーク）
□エンジニア：リック・アップルゲイト
□参加ミュージシャン
アビー・リンカーン：ヴォーカル
パット・メセニー：アコースティック＆エレクトリック・ギター
チャーリー・ヘイデン：ベース
ヴィクター・ルイス：ドラムス
ロドニー・ケンドリック：ピアノ（⑥）
ケニー・バロン：ピアノ（⑪）

ギターで存分に歌うメセニーの、シンガーとの相性の良さが確認できる1枚

ジャズ・ヴォーカリストの評価は、日本とアメリカでは随分と異なることが多い。英語が理解できて、歌われている内容とそれに伴う表現力こそが評価されるアメリカと、ジャズ・ヴォーカルにポップスの延長上で「より大人っぽいムード」を求める日本では、話が違うのは当然だろう。ここで筆者は「アメリカの評価に従うことが本物」みたいな教条的なことを言うつもりは毛頭ない。我々は堂々とジャズ・ヴォーカルの「ムード」[*1]を愛でるべきであり、ヴォーカルも含めた「サウンドそのもの」を味わえばいいのだ。アビー・リンカーンは本国アメリカでの評価と我が国における人気が一致しないシンガーの代表格であるが、それはビリー・ホリディ[*2]の後継者云々といった常套句が邪魔をしているからだと思う。筆者はシンガー・ソングライターとしての志向も強いアビーの

ヴォーカルを、出自こそ異なるがジョニ・ミッチェルと同じような感覚で聴いている。

前ページのカーネギー・ホールのコンサートで共演こそはなかったものの、同じステージに立った2人だが、おそらくはこの際にアビーがメセニーを見初めて、本作での共演に繋がったのだろう。リズム隊はチャーリー・ヘイデンとヴィクター・ルイス。ルイスは当時のニューヨークのファースト・コールであり、上々のセッティングと言えよう。

メセニーは4曲に参加しているが、いずれも歌伴というよりはフィーチャリング・アーティストの扱い。まず①はアビーのオリジナルで、弦楽4重奏が加わった格調高いボサノヴァ。メセニーはスチール弦のアコギを奏でるが、ジョビンとの共演とは異なるエモーションで、アビーに寄り添う。スチール弦の場合、メセニーのソロは概ねエレクトリック同様のフレージングとなるが、弦の生々しいニュアンスゆえシャープな印象。ソロの間は概ねギタートリオで、ルイスがタイミング良くタムを入れるので、メセニーもアツくなっている。

⑤はシャンソンのレオ・フェレの曲だが、メセニーの弾くアコギがミルトン風味なので、サウンドはブラジルっぽい。ソロは多重録音によりエレクトリックで登場、センターでたっぷりした太いトーンを響かせる。そのままアルペジオによるバッキングやフィルインも聴かせて、エンディングではアビーと絡みつつ、アウト・フレーズ混じりに遠ざかっていく。シックな⑥ではロドニー・ケンドリックのピアノが加わり、メセニーも高音でジャジーに歌う。ラストの⑪では、今度は巨匠ケニー・バロンがピアノで参加。澄み切った青空を思わせるメロディーの佳曲で、アビーの作曲センスが光る。2分53秒でリズム隊がスウィングし始め、メセニーが歓喜に満ちたソロを展開。続くバロンも子犬のようにチャーミングに転がってアビーをお出迎え、最高の朝を迎える。またしてもの名演。

＊1／1930年、イリノイ州シカゴ出身のシンガー。1956年に歌手デビュー、1959年の『アビー・イズ・ブルー』で人気歌手に。マックス・ローチと共演・結婚するものち離婚。2007年6月没。

＊2／1915年、メリーランド州ボルチモア出身のシンガー。1930年代にニューヨークに進出し、比類なきヴォイスで人気歌手に。『奇妙な果実』を始めとするレパートリーで人種差別と闘い続け、麻薬やアルコールに溺れては復帰を繰り返すも、1959年に44年の生涯を閉じる。

WE LIVE HERE
PAT METHENY GROUP

1995

『ウィ・リブ・ヒア』
パット・メセニー・グループ

① HERE TO STAY 7:39
② AND THEN I KNEW 7:50
③ THE GIRLS NEXT DOOR 5:29
④ TO THE END OF THE WORLD 12:14
⑤ WE LIVE HERE 4:12
⑥ EPISODE D'AZUR 8:45
⑦ SOMETHING TO REMIND YOU 7:02
⑧ RED SKY 7:36
⑨ STRANGER IN TOWN 6:13

All Music by Pat Metheny & Lyle Mays,
except ⑥ by L.Mays
Geffen Records

□ 1994 年録音
□ プロデューサー：パット・メセニー
□ コ・プロデューサー：
スティーヴ・ロドビー&ライル・メイズ
□ アシスタント・プロデューサー：
デイヴィッド・オークス&ロブ・イートン
□ 録音スタジオ：ザ・ヒット・ファクトリー
（アメリカ、ニューヨーク）
□ エンジニア：ロブ・イートン
□ 参加ミュージシャン
パット・メセニー：ギター、ギター・シンセサイザー
ライル・メイズ：ピアノ、キーボード
スティーヴ・ロドビー：アコースティック&
エレクトリック・ベース
ポール・ワーティコ：ドラムス
デヴィッド・ブラマイヤーズ：ヴォーカル
マーク・レッドフォード：ヴォーカル、
ホイッスリング、フリューゲルホルン
ルイス・コンテ：パーカッション
サミー・メレンディーノ：
アディショナル・ドラム・プログラミング
デイヴ・サミュエルズ：
アディショナル・シンバル・ロール

PMGならではの「進化したR&B解釈」で、'90年代の扉をこじ開ける

本作発売時の雑誌広告には、メセニーの「ジャズの唯一の伝統。それは、絶えることのない変化だと思う」というコメントが、大きく踊っていたことを記憶している。さすがはメセニー、至言である。と同時にこの一言は、PMGが次のフェイズへと進んだことを表している。トリロジーを完結させたPMGには、「ここまでの音楽的達成を受けつつも、新たなサムシングを提示しなくてはならない」という大きなミッションが課せられていた。時代は20世紀のラストランである1990年代。ラップやヒップホップといったブラック・ミュージックがすっかりポップスの主流となり、DJ、サンプリング、ループといった手法も一般化。PMG以外のジャズ・ミュージシャン達にも、そうした要素が浸透していた。そんな中でメセニーとメイズは、「現在のアメリカに暮らす自

分の感じ方を、特にリズムの見地から見つめること」を新作のコンセプトに定める。[*1] 2人は世代的に、当然のようにR&Bの影響を受けており、その音楽をこよなく愛していた（PMGがライヴ開演前に、アース・ウィンド・アンド・ファイヤーの[*2]『暗黒への挑戦』をBGMに流していたことは有名）。しかしながらグループの音楽にR&Bをダイレクトに反映することについては、意図的に避けてきた。翻って、常に未開の分野に立ち向かうのがPMGの姿勢であることを鑑みれば、今こそチャレンジすべきだ。このように考えたメセニーとメイズは、さっそくマイアミで新作のための曲作りに取り掛かる。本作の楽曲クレジットが、メイズ単独の⑥以外は全て共作になっているのは、2人がさまざまなグルーヴ・タイプを試しつつ音楽を創造していったことの証左であり、故にメセニーの楽譜集においても⑥以外の全曲が「1994年にマイアミで作曲」と記されている。[*3] このような「プロジェクトのスタートからの完全な共作」は初の試みであるが、以降のPMGではこの方式が踏襲されることになっていく。なおメンバー的にはパーカッションがアーマンド・マーサルからルイス・コンテ[*4]に変わり、デヴィット・ブラマイヤーズとマーク・レッドフォードが復帰（メセニー的には『シークレット・ストーリー』からの継続起用）。アディショナル・ドラム・プログラミングにサミー・メレンディーノが加わっているあたりに、リズム的に「ポップ寄りの現代的なビートを」とする意図が読み取れよう。

オープニングを飾る①から、PMGの新たなステートメントが示される。敢えての、決して斬新ではないBPM100のヒップホップ・ビート。そこにオルガン・ジャズ然としたオーソドックスなテイストの、Aマイナーの循環コードが乗っかる。メセニーのギター・トーンがなければPMGだとは気づかないようなサウンドの構造であり、この聴感上のインパクトを緩和するために、冒頭のメセニーのコメントがあったということがすぐさま察知される。一方でメセニーの参加作品をつぶさに追ってきた身としては、このムードはレッドフォードのソロ・アルバム『MILES 2 GO』（1988年）に収録のSUMMERTIMEに近いものであり、その時の感触が本作に与えた影響は少なくないと思う。メセニーは循環コード部ではグラント・グリーン[*5]さながらにブルージーなフレーズを重ねていき、コードが展開するところではメロディックに攻める。たっぷりとギターソロを楽しんだ後、4分30秒からのメイズによるインタールードでは「PMGならでは」の味わいが持ち込まれて、このあたりですっかり新しい音楽世界に身を委ねていることに気づかされるだろう。

続いて、曲調的にはよりPMGらしいポップさを伴った②が登場。BPMは113とわずかにアップ、これが筆者にとっては本作のベスト・トラックなのだ。一聴するとA→A→Bの「歌モノ」なのだが、Fメジャーで始まり、サビ後半でコロコロと転調し、サビ明けでGメジャーに着地するという捻りのあるコード・チェンジは匠の技。メセニーのピックアップ・ソロでツー・ファイヴを刻んでからあっさりと元のFメジャーに戻るのだが、このロングソロが聴けば聴くほど凄い。サウンドの上でゆったりとフロウし、次第に速いフレーズを交えて駆け抜けるメセニーの完璧な歌心に惚れ惚れするのはもちろんだが、そのバックにメイズが敷き詰めていくオーケストレーションがなんとも言えない夢見心地を演出。このソロパート、1回目はメセニーのギター、2回目はオーケストレーション、3回目は両者の絡み具合を中心に、ぜひ3回続けて聴いてほしい。ここまでの完成度に持ち込むために、彼らがどれほどの作業を重ねたのかを考えると気が遠くなる。メイズお得意のアウトロに向かうための転調しまくるインタールードも最高のインスピレーションで、ヴォーカル陣も可愛いことこの上なし。至福の7分50秒。

ヴァンプを基調とする③もブルージー極まりないダンス・オリエンテッドな楽曲。メセニーに続いてレッドフォードのフリューゲルによるソロがフィーチャーされ、多才なところを見せる。続く④はアルバム中最長の大曲で、BPM96のリン・ドラム風のビート上で、ロドビーがウッド・ベースで地ならしをする。メイズのピアノソロがここで初登場。相変わらずのストーリーテラー振りで盛り上げていき、5分過ぎからはブロックコードを連打してインタールードに持ち込む。続くメセニーもギター・シンセで参戦。世の終わりを告げるかのような雷雨のSE（実際に録音時に起きた落雷の音を使用）[*6]までハイ・テンションで攻め続ける。

アルバムのタイトル・トラックである⑤はメイズとの作曲時に最後に書かれたもので、インダストリアルとアフリカンを合体させたビートの上で、『スティル・ライフ』のLAST TRAIN HOMEにも似たノスタルジックなメロディーを乗せる。メイズによる⑥は彼らしいサスペンスに溢れたムードが、アルバムにチェンジ・オブ・ペースの効果をもたらしている。アブストラクトに弾き飛ばすメセニー、スリリングなメイズ、隙間を縫って食い込むロドビーと、インタープレイの妙が堪能できる。

アース・ウィンド・アンド・ファイヤーへのオマージュである⑦は、確かに彼らの『アフター・ザ・ラヴ・ハズ・ゴーン』[*7]を彷彿とさせる曲調。後にアースのヴォーカリストであるフィリップ・ベイリーが歌詞を付けてカヴァーしているので、そちらもぜひ併聴を。⑧は最もこれまでのPMGに近く、6／4のビートの上で、メセニーがギター・シンセでひた走る。ラストの⑨はギタリストにはお馴染みのリフ・フレーズをテーマにしたもので、メセニーの灼熱のソロ、メイズのインタールード、ロドビーの極太のグルーヴが交錯するスピーディーなナンバー。ギターリフがスティーヴ・ライヒ的にズレて折り重なるところからエンディングに突入するアイデアの冴えも抜群。本作で鮮やかに次なる時代への扉をこじ開けたPMGは、次作では「内なる旅」へと向かうのであった。

＊1／本作の日本盤発売時のライナーノーツの松下佳男によるパット・メセニーへのインタビューより。

＊2／1970年、モーリス・ホワイトを中心に結成されたファンクバンド。ファンク、ディスコ、アフリカンを横断するグルーヴと、16分音符で細かく刻むホーン・セクションで唯一無二の音世界を構築。『暗黒への挑戦』『宇宙のファンタジー』等、ヒット曲も多数。現在も精力的に活動中。

＊3／*PAT METHENY SONG BOOK*, 444　本書の作曲に関する解説の多くは、同ページより。

＊4／1954年、キューバ出身のパーカッショニスト。ラテンをベースに、ポップスからジャズ、フュージョンまで、あらゆる音楽をフォローするスタジオ・ミュージシャンのファースト・コール。

＊5／1935年、ミズーリ州セントルイス出身のギタリスト。シングルトーンによるブルージーなプレイで、'60年代のブルーノートの人気プレイヤーに。ファンクを採り入れた後年の演奏は、レア・グルーヴとしてクラブシーンでも再評価されている。

＊6／本作の日本版発売時のライナーノーツより。

＊7／1979年リリースのアルバム『黙示録』収録。デイヴィッド・フォスター、ジェイ・グレイドン、ビル・チャンプリンによる共作。同曲は1980年の第22回グラミー賞で、最優秀R&B楽曲賞、最優秀R&Bヴォーカル・パフォーマンス賞を受賞。

映画音楽からワールド・ポップス、レアセッションまで「あの音」を響かせる

本書はメセニーの参加音源を概ねコンプリートすべく企画したが、決して研究書の類ではなくあくまで気軽なディスクガイドであることを第一義とする。従ってブートレグを含む幾多のレア音源や映像の類については、僅かな例外を除いて、基本的に対象としていない。つまり「メセニーが参加はしているが、必聴というわけではないアルバム」についてはスルーしている。とはいえ、もはや配信で必要な曲だけを入手できる時代なので、「（アルバム単位ではなくても）この曲もできれば聴いておいたら？」程度の控えめにオススメする音源を、ここでいくつか紹介しておこう。

まずは2つのサウンドトラックから。1つ目はジェリー・ゴールドスミスが音楽を手掛けた『**アンダー・ファイヤー**』（1983年）のサントラ。メセニーはゲスト・ソロイスト的な扱いでゴールドスミスのスコアに付き合っており（楽譜そのまま）、ナイロン弦のアコースティック・ギターを演奏している。主にメセニーがフィーチャーされているのは①BAJO FUEGOと⑧SANDINOだが、メインテーマである①の変拍子を使った作曲技法はその後のメセニーに大きな影響を与えた。⑧はバラードでリリカルなプレイを聴かせるが、特にメセニーではなくても良かったのではないかとも思う。という意味では、聴きどころとしては、音楽そのものよりも「ゴールドスミスがメセニーに与えた影響」の部分となる。

メセニーの演奏が楽しめるのはむしろ、ロビン・ウィリアムス主演の『**トイズ**』（1993年）のサントラだろう。こちらはハンス・ジマーとトレヴァー・ホーンが音楽を担当しており、参加アーティストもエンヤ、トーリ・エイモス、トーマス・ドルビーとかなり豪華。メセニーはインストの⑦LET JOY AND INNOCENCE PREVAILにソロイストとして参加、フォルクローレ風のテーマをナイロン弦で弾いた後、ギター・シンセでエモーショナルなソロを披露する。トラックは主にトレヴァー・ホーンによるものだが、メセニーがシンクラヴィアで作ったようなムードもある。⑫に同曲のヴォーカル・ヴァージョンも収録されており、グレース・ジョーンズが歌っているので聴き比べるのも一興。

このメセニーも聴けば？ Part.1

１９８０年の夏、メセニーがブラジルに滞在した際には、トニーニョ・オルタのソロアルバムの他にも、**セリア・ヴァス**の『**ムタサォン**』（１９８１年）のタイトルトラックや、ギタリストの**リカルド・シルヴェイラ**の『**LONG DISTANCE**』（１９８８年）のTERRA AZULにも参加している。前者はほぼメセニーによるインスト作、後者は典型的なブラジリアン・フュージョンだが、シルヴェイラのギターソロが大々的にフィーチャーされており、メセニーはバッキングに専念。ブラジルものではＭＰＢの代表的なシンガーである**レイラ・ピニェイロ**の『**OLNO NU**』（１９８６年）の②O FUNDOの間奏でもソロを披露している。

意外な拾い物と言えるのが、ノルウェーのシンガー・ソングライター、**セリア・ネルゴール**の『**やさしい光につつまれて**』（１９９０年）に収録のタイトル・チューン。リリース当時はＦＭで頻繁にオンエアされていた。アコギのかき鳴らしに乗ってセリアが爽やかな歌声を届け、そこにメセニーが「あの音」でオブリガートやギターソロを終始弾き捲っており、概ね「ヴォーカル入りのニュー・シャトゥーカ」といった趣。こういうのを聴くと、女性ヴォーカルが入ったＰＭＧがあってもいいよな、と思いますね。

実兄であるトランペッターの**マイク・メセニー**も忘れてはならない。『**デイ・イン・ナイト・アウト**』（１９８６年）ではタイトルチューンなど４曲に参加。たっぷりとソロを取って兄貴を盛り立てている。なおマイクは『シークレット・ストーリー』のホーンセクションにも呼ばれており、兄弟愛を感じさせる。

「こんなのもあったのね」の代表格が、**THE ROSS-LEVIN BAND**の『**BACK ON THE TRACK**』収録のTHAT SUMMER SOMETHINGで、サンバ・フュージョンに乗って機嫌よくギターソロを披露。同アルバム全体は概ね商店街のＢＧＭといったものなのだが、メセニーのソロパートのみが別次元になっているというあたり、彼が紡ぐ「あの音」がマイルスと同レベルにあることの証左と言えよう。なお同作収録のYOU ARE THE ONEのクレジットにもメセニーが出てくるが、これは意図的なクレジット・ミスだろう（所謂「メセニー詐欺」です）。

HOT HOUSE
BRUCE HORNSBY

1995

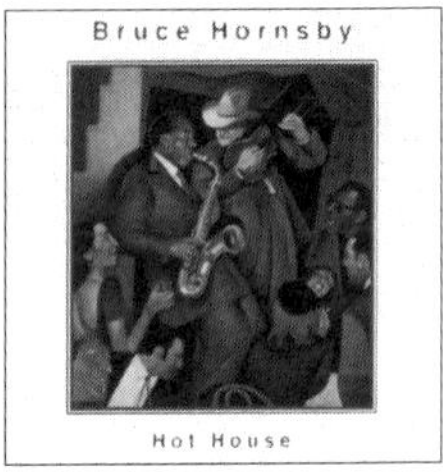

『ホット・ハウス』
ブルース・ホーンズビー

② WHITE WHEELED LIMOUSINE　5:28
③ WALK IN THE SUN　4:58
④ THE CHANGES　5:49
⑦ COUNTRY DOCTOR　5:57
⑧ THE LONGEST NIGHT　5:22

※パット・メセニー参加曲のみ

All Music by Bruce Hornsby
RCA Records

□ 1994年録音
□ プロデューサー：ブルース・ホーンズビー
□ 録音スタジオ：ブルース・ホーンズビー自宅
（アメリカ、バージニア）
□ エンジニア：ウェイン・プーリー
□ 参加ミュージシャン
ブルース・ホーンズビー：ピアノ、アコーディオン、ヴォーカル
ジミー・ハスリップ：ベース
ジョン・モロ：ドラムス
J.T.トーマス：オルガン
デビー・ヘンリー：ヴォーカル
ジョン・ディアース：トランペット
ボビー・リード：サックス（アルト&テナー）
パット・メセニー：ギター、シタール
ベラ・フレック：バンジョー②
デイヴィッド・ホリスター、レヴィ・リトル：バックグラウンド・ヴォーカル③
ランディ・ジェイコブス：メロディー・ギター⑦⑧
チャカ・カーン：バックグラウンド・ヴォーカル⑦
ルイス・プライス：バックグラウンド・ヴォーカル⑧ 他

ホーンズビー・バンドに溶け込むメセニー。ベラ・フレックとも初共演

ありそうでなかった共演が、ブルース・ホーンズビーのアルバムで実現する。バンジョー・プレイヤーであるベラ・フレック*1が参加した②だ。ケイジャンからコンテンポラリー・ジャズまでを自由に駆け巡るフレックとメセニーの相性の良さは予想していたが、オーソドックスなブルーグラス・ビートに乗って両者が繰り広げるインプロは抜群に面白い。特にメセニーはギター・シンセで従前のフレーズを弾いているのだが、音符のノリをイーブン・エイトとして完全にフレックに合わせて、器用なところを見せている。これはメセニーとフレックの2人をフィーチャーすることで新しいことができそうだ、と読んだホーンズビーのプロデュース・センスの賜物だろう。メセニーが心から共演を楽しんでいるのがわかる。

いきなり曲紹介から入ったが、本作は『ハーバー・ライト』に続くホーンズビーの2枚目のソロ。前作ではピアノ・トリオ＋ゲストというスタイルだったが、本作ではバンドを拡大。J.T.トーマスというオルガン専任者を加えてダブル・キーボードとし、かつホーン・セクションと女性コーラスも加わるという7人編成の大所帯。メセニーは不参加だが、本作のオープナーの①のサウンドは豪快にしてフレッシュ。ホーンズビーのテクニシャン振りとトーマスの野太いオルガンが大興奮を保証するので、ぜひ頭から聴いてくださいね。

以下、メセニー参加曲を紹介。③は打ち込みによるビートが時代を感じさせるが、スティング*2にも通じるポップな楽曲。メセニーのソロはないが、バッキングで完全にバンドに溶け込んでいる。スウィンギーな④はホーンズビーのジャズ愛を感じさせるもので、こうなるとメセニーの出番だ。2分4秒からご挨拶的な短いソロ、3分37秒からは少し長めに弾いてジミー・ハスリップのフレットレスによるソロにリレーする。エンディングでも早弾きを聴かせるが、こちらはかなりの遠鳴りでフェイドアウトするのが勿体なくも粋な演出。

メセニーは2曲休んで、アーシーな⑦で再登場。2分50秒と4分12秒からの2回に渡って、オルガン・コードの洪水の上を泳ぐようなソロを披露する。こういうロック然としたフォーマット上でのソロは、ホーンズビーのアルバムでしか聴けないので貴重だ。⑧はシタールでの参加なので目立たないが、イントロを含めて数度出るキー・フレーズでシンセとユニゾン、スパイス的にサウンドに貢献している。

ピアニストとしても一流、ソングライターとしても多彩な作風を誇るホーンズビーとの共演は、メセニーにとって極めてナチュラルなものだ。アルバムへの参加はご無沙汰だが、両者の共演にはまだまだ期待できるはず。

＊1／1958年、ニューヨーク州出身のバンジョー・プレイヤー。1988年にビクター・ウッテン等と結成したベラ・フレック＆フレックトーンズで、コンテンポラリー・ジャズにバンジョーを響かせ一躍人気者に。チック・コリアとアルバム制作やツアーも行っている。

＊2／1951年、イギリス出身のベーシスト＆シンガー・ソングライター。1977年にポリスを結成、ニュー・ウェイブ以降の新たなロックの行方を提示し、大きな評価を獲得。ソロ活動では常にジャズ・ミュージシャンを起用しており、ライヴのクオリティの高さは圧倒的。

WILDERNESS
TONNY WILLIAMS

1996

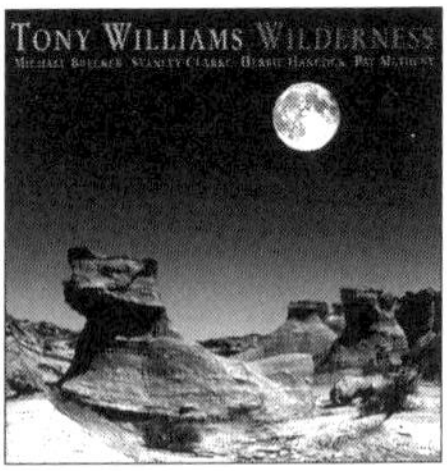

『ウィルダーネス』
トニー・ウィリアムス

① WILDERNESS RISING　7:35
② CHINA TOWN　8:33
⑤ CHINA'S ROAD　2:46
⑥ THE NIGHT YOU WERE BORN　8:05
⑨ CHINA MOON　3:24
⑩ WILDERNESS ISLAND　2:49
⑫ GAMBIA　6:13
⑬ CAPE WILDERNESS　7:12

※パット・メセニー参加曲のみ

All Music by Tonny Williams,
Except ⑥ by Pat Metheny
ARK 21

□ 1995 年 12 月録音
□ プロデューサー：トニー・ウィリアムス
□ 録音スタジオ：オー・ヘンリーズ
（アメリカ、ロサンゼルス）
□ 参加ミュージシャン
トニー・ウィリアムス：ドラムス
パット・メセニー：ギター
マイケル・ブレッカー：テナー・サックス
ハービー・ハンコック：ピアノ
スタンリー・クラーク：ベース
デイヴィッド・ガリバルディ：
アディショナル・パーカッション
ジョン・ヴァン・トンジェリン：
アディショナル・キーボード

トニー・ウィリアムスのコンセプト・アルバムで、貴重な共演を残す

メンバーのあまりの凄さに必要以上に期待してしまうがために、本作の評価は総じて低いのではないだろうか。ジャズ・ドラミングの概念を変えたトニー・ウィリアムス[*1]がこれだけのメンバーを集めているのだから、さぞ強力なインタープレイが繰り広げられるであろう……と、誰もが想像することは仕方ない。しかし本作は、作曲家としてのトニーが「原生地《ウィルダーネス》」をテーマに雄大なサウンドスケープを描くことを狙ったコンセプト・アルバム。故にそれを踏まえて聴くと、さすがにこれだけのメンツ、かなり楽しめるアルバムになっている。

まずオーケストラのみによる①だが、ファーディ・グローフェ[*2]の組曲『グランド・キャニオン』を彷彿とさせるこの楽曲をトニーが書き下ろしていることに軽く驚きつつ、その響きに身を任せよう。これを序曲とし、⑬を終曲としてアルバム全体が構成されているのだが、②から⑫がいささかとっ散らかるので、アルバムの焦点が見えにくくなっている。なのでここは、一気に⑬へ飛ぼう。同じ曲をクインテットで演奏しているのだが、これが絶品。ハンコックのピアノに導かれてメセニーが繊細に入り、マイケルとのユニゾンで雄大なメロディーを奏でる。3分2秒からマイケル、メセニーの順にリリカルなソロを聴かせ、アンサンブルを交えながら軽やかに進んで行くこの7分12秒に、本作の真価がある。その幸せな余韻を受けつつ、メセニーのオリジナルの⑥へ戻ろう。ハンコックを従え、マイケルとユニゾンすることを想定して作られたバラードは、ウェイン・ショーターの亡妻、アナ・マリアに捧げられたもの。[*3] ミステリアスで複雑なコード進行はなるほどショーター風。音数を抑えめにして歌うメセニーとマイケル、そこにトニーがブラシワークでひたひたと迫る演奏は、この顔ぶれならではの素晴らしさ。

続いて⑫に飛ぼう。トニーのドラミングが堪能できるのはこのトラックだ。ウェザー・リポートの『ブラック・マーケット』を思わせるメジャー・ペンタトニックから入り、すかさずトニーらしいジャズロックに変化。ダイナミックなアンサンブルを展開する。1分23秒からのハンコックのソロが流石の鋭さで興奮を誘い、続くメセニー、マイケルもアグレッシヴに攻める。その間、トニーも随所で得意のロールを刻んで煽るから、マイケルも遠慮なく速射砲フレーズで応じるという熱演が楽しめる。

以上3曲とコントラストを為すのが②・⑤・⑨のファンク・セッションで、これは同じ曲をリズムのバリエーションで変奏曲のように仕立てたもの。ハンコックはクラヴィネットを弾き、マイケルもメセニーもかなり派手に暴れる。この3曲を続けて聴くことで、クラークを含む5人が十分遊んでいることがわかるだろう。

＊1／1945年、イリノイ州シカゴ出身のドラマー。1963年、18歳でマイルス・デイヴィスのクインテットに抜擢され、天才ドラマーの名を欲しいままに活躍。独立後はライフタイムを結成、攻撃的なジャズロックでマイルスにも影響を与える。1997年没。

＊2／1892年、ニューヨーク州出身の作曲家。組曲『グランド・キャニオン』、『ミシシッピー組曲』、『ナイアガラ瀑布組曲』等、アメリカの風景をオーケストラで描き、ハリウッドの音楽シーンにも多大な影響を及ぼす。1972年没。

＊3／*PAT METHENY SONG BOOK*, 444

PASSAGGIO PER IL PARADISO
PAT METHENY

1997

『天国への道』
パット・メセニー

① THEME FROM "PASSAGGIO PER IL PARADISO" 3:07
② MARTA'S THEME 1:47
③ THE ROADS OF MARCHE 3:09
④ MARTA'S HOUSE STORY 1:44
⑤ WOLF STORY 1:07
⑥ MARTA'S STAG STORY 3:42
⑦ LEARNING ON THE ROAD 5:05
⑧ PRIVATE EYE 1:15
⑨ MARTA ON THE BUS, MARTA IN THE FIELDS 3:10
⑩ REMEMBERING HOME, MEETING THE KIDS 3:40
⑪ RENATO'S THEME 2:32
⑫ FINALE (IT'S ALWAYS WORTH THE TROUBLE) 13:35
⑬ DON'T FORGET– (RENATO'S THEME) 3:10

All Music by Pat Metheny
Geffen Records

□1996年1録音
□プロデューサー：パット・メセニー
□コ・プロデューサー：デイヴィッド・オークス
□録音スタジオ：プライベート・スタジオ
（アメリカ、ニューヨーク）
□エンジニア：ロブ・イートン
□参加ミュージシャン
パット・メセニー：オール・インストゥルメンツ

メセニーが完全に独力で取り組んだ、こよなく美しいサントラ

大女優ジュリー・ハリス主演のイタリア映画『天国への道』（1996年）のサントラ盤。日本未公開の作品だったので、当時は只々本作を聴き、ジャケットの写真を眺めて、人生についての深い内容を示唆するロードムービーなんだろうなあ……と想像するしかなかった。それでも十分に楽しめる程に、音楽の内容が素晴らしいのだから何も問題はない。メセニー自身はオファーを受けて、その制作期間の短さ（なんと19日！）と予算の少なさから、全ての楽器を自ら手掛けることを選択。[*1] 自身で映画のロケ地をドライヴし、車窓からの風景をイメージしながら作曲を進めたという。[*2] クレジットには「全楽器メセニー」としかないが、楽曲はほぼシンクラヴィアで完結しており、そこに一部でギターやピアノ等を加えている。

全体は大きく3つの楽曲で構成されており、まず①は映画全体のテーマ、そのバリエーションとして③・⑦・⑨・⑩がテンポやアレンジを変えて現れる。フィンガー・スナップに導かれて、シンセによるストリングスが8分音符を刻むフォーマットにオーボエ風の木管の音色が乗っかる①に、作曲家としてのメセニーの成熟ぶりが窺える。②・④・⑥は主人公マーサのテーマで、②では物悲しくもノスタルジックなメロディーが、アコーディオン風の音色で提示される。⑪はもう1人の主役レナートのテーマで、メセニーのピアノの独奏で新たなメロディーが綴られる。この美しいメロディーが、個人的には本アルバムの白眉。後にジム・ホールとのデュオ作でも再演される（↓Ｐ１８８）。

これら3つのテーマを交錯させながら、メロディー楽器やアレンジを少し変えつつ、アルバムは進行していく。③では2分18秒からギターのアルペジオが加わり、ぐっとメセニーらしくなる。④はルバートによるギターで出て、テーマのリズムを絡めていく。⑤はドローンとＳＥによる短いサウンドスケープ。⑧はエレクトロなインターミッションで、アジアの弦楽器のようなサンプリング音が新鮮。加えて、ＰＭＧの次作『イマジナリー・デイ』（↓Ｐ１８０）の世界観の一部を提示しているようなところもある。13分を超える⑫では、３つのテーマが組曲風に展開し、後半ではプログラミングによるドラム・トラックや複数のかき鳴らしギターも加わり、感動的に盛り上がっていく。ラストの⑬は⑪のバリエーションだが、リヴァーブがより深くなり、ストリングスの優しくもふくよかなアンサンブルが加わる。後半にはソプラノ・ギターが重ねられているので、LETTER FROM HOMEを想起するだろう。

アルバムを通じてインプロヴィゼイションはなく、映画のムードにあわせて概ねゆったり進んでいくので、ジャズ的な快楽は本作にはない。しかしながら聴き込むほどに味わいの出るメロディーとアンサンブルゆえ、定期的に聴きたくなるのだ（筆者は未だに映画を見ていませんが）。

＊1／パット・メセニーのウェブサイトに掲載されたQ&Aより（１９９９年3月）。

＊2／*PAT METHENY SONG BOOK*, ４４４〜４４５　本書の作曲に関する解説の多くは、同ページより。

BEYOND THE MISSOURI SKY (SHORT STORIES)
CHARLIE HADEN & PAT METHENY

1997

『ミズーリの空高く』
チャーリー・ヘイデン & パット・メセニー

① WALTS FOR RUTH　4:28
② OUR SPANISH LOVE SONG　5:40
③ MESSAGE TO A FRIEND　6:13
④ TWO FOR THE ROAD　5:16
⑤ FIRST SONG　6:37
⑥ THE MOON IS A HARSH MISTRESS　4:05
⑦ THE PRECIOUS JEWEL　3:47
⑧ HE'S GONE AWAY　4:18
⑨ THE MOON SONG　6:56
⑩ TEARS OF RAIN　5:30
⑪ CINEMA PARADISO (LOVE THEME)　3:35
⑫ CINEMA PARADISO (MAIN THEME)　4:24
⑬ SPIRITUAL　8:22

①・②・⑤ by Charlie Haden,
③・⑩ by Pat Metheny,
④ by Henry Mancini & Leslie Bricusse,
⑥ by Jim Webb, ⑦ by Roy Acuff, ⑧ Traditional,
⑨ by Johnny Mandel, ⑪ by Andre Morricone,
⑫ by Ennio Morricone, ⑬ by Josh Haden
VERVE

□ 1996年春録音
□ プロデューサー：
　チャーリー・ヘイデン & パット・メセニー
□ 録音スタジオ：ライト・トラック・スタジオ
　（アメリカ、ニューヨーク）
□ エンジニア：ジェイ・ニューランド
□ 参加ミュージシャン
　チャーリー・ヘイデン：ベース
　パット・メセニー：ギター&その他全楽器

ヘイデンとの「初の完全デュオ作」は、理想的な大人の子守歌集

レコーディングの日付が明示されていないが、スターリング・サウンドでのアディショナル・レコーディングが4月15日とあるので、本編はそれ以前の1996年の春と推測し、『カルテット』の前に本作を紹介することにした。ここまでメセニーには「純粋なデュエット作品」というのはなく、元々はライル・メイズとのデュオとして構想された『ウィチタ・フォールズ』にはナナ・ヴァスコンセロスが加わっていたし、楽曲単位ではデュオによるものもあるが、アルバムを通してとなると本作が初めて。その相手が「デュオ名人」のヘイデンである時点でもう名盤間違いなしで、実際にとんでもなく素晴らしいのだ。この2人なら一発録音でも十分な作品が作れるはずなのに、ヘイデンは多重録音によるカラーリングをメセニーに依頼。これがアルバムのクオリティを飛躍的

に高めることに貢献している。[*1] 駆け足になるが、曲を聴いていこう。

ヘイデンが奥方に捧げた①は、一発録音による演奏。メセニーはナイロン弦でメロディーを奏で、ヘイデンが自慢のたっぷりとした音色でワルツを刻む。インプロにもかかわらず時に対位的に進むあたりの息の合い方や、ソロに入っても揺るぎないグルーヴを保ち続ける両者のリズム・センスをたっぷりと味わってほしい。②もヘイデンのオリジナルだが、ここではメセニーがナイロン弦のバッキングをオーバーダビングし、ハーモニーもより豊かに。ジョン・スコフィールドとの共演が初出のバラード③ではスチール弦を使用。メロディーとバッキングをきれいに分離させるメセニーのテクニックが冴える。ヘンリー・マンシーニによる④はやはりナイロン弦を重ね、サントラでお馴染みの美しいメロディーを引き立たせる。続く⑤はヘイデンの代表曲で、シンプルながら美しいメロディーを両者ともにたっぷりと歌わせている。筆者の本作のフェイバリットはジム・ウェッブ[*2]の名曲⑥。バッキング・ギターやシンセによるオーケストレーションが被せられた4分強はキュンキュンと胸に響く。

ほぼ唯一のリズミックな曲である⑦は、メセニーのかき鳴らしにヘイデンがメロディーを奏でて、『80／81』の世界を彷彿とさせる。メセニーのナイロン弦による独奏に最低限のベースとオーケストレーションを加えた⑧も感動的。メロディーを訥々と演奏するだけでこれだけ豊かな世界が描けるのだ。ジョニー・マンデルによる⑨は、エレクトリックのメロディーとソロが一際メランコリック。メセニー書き下ろしの⑩はシタール・ギターをフィーチャーし、アルバムにアクセントを加えている。サントラの有名曲⑪と⑫は無論パーフェクトな美しさだが、特に⑫の後半のオーケストレーションは感涙必至。ラストの⑬のひたひたと迫るアンサンブルも見事で、大人の子守歌集としてこれ以上のアルバムはないですね。グッナイ、スリープ・タイト。

＊1／本作のライナーノーツのチャーリー・ヘイデン自身によるコメントより。
＊2／1946年、オクラホマ州出身のシンガー&ソングライター。1967年の『恋はフェニックス』（グレン・キャンベル）、翌年の『マッカーサー・パーク』（リチャード・ハリス）等、代表曲は多数。本作⑥の邦題は『月はいじわる』で、リンダ・ロンシュタットやジョー・コッカーでも有名。

QUARTET
PAT METHENY GROUP

1996

『カルテット』
パット・メセニー・グループ

① QUARTET (INTRODUCTION)　0:56
② WHEN WE WERE FREE　5:39
③ MONTEVIDEO　2:55
④ TAKE ME FREE　3:37
⑤ SEVEN DAYS　4:04
⑥ OCEANIA　3:47
⑦ DISMANTLING UTOPIA　6:52
⑧ DOUBLE BLIND　4:15
⑨ SECOND THOUGHT　2:50
⑩ MOJAVE　3:36
⑪ BADLAND　7:30
⑫ GLACIER　1:25
⑬ LANGUAGE OF TIME　7:32
⑭ SOMETIMES I SEE　5:16
⑮ AS I AM　5:47

All Music by Pat Metheny,
Except ④・⑬ by P.Metheny & Lyle Mays,
③・⑦・⑪ by P.Metheny & L.Mays & Steve Rodby
& Paul Wertico, ⑥・⑧・⑫ by L.Mays
Geffen Records

□1996年5録音
□プロデューサー：パット・メセニー
□コ・プロデューサー：スティーヴ・ロドビー&ライル・メイズ
□アソシエイト・プロデューサー：デイヴィッド・オークス
□録音スタジオ：ライト・トラック・レコーディング
（アメリカ、ニューヨーク）
□エンジニア：ロブ・イートン
□参加ミュージシャン
パット・メセニー：アコースティック&エレクトリック・ギター、12弦ギター、42弦ピカソ・ギター、イー・ボウ&スライド、ソプラノ・ギター、フレットレス・ギター、ギター・シンセサイザー
ライル・メイズ：ピアノ、ノン・チューンド・スピネット・ピアノ、チェレステ、ペダル・ハーモニウム、オートハープ、エレクトリック・ピアノ、クラヴィネット
スティーヴ・ロドビー：アコースティック・ベース、ピッコロ・ベース
ポール・ワーティコ：ドラムス&パーカッション

4人だけの「自然体PMG」で、グループの絆を確認する

メセニー自身がライナーノーツで述べているように、本作ではワールドツアーの合間に「PMGのコアメンバーの4人だけで素早く自然体で創り上げる」ことを目指していた。故に素材に対して綿密なアレンジは施されておらず、軽いリハこそあるものの、基本は一発勝負で何ができるか？というチャレンジの成果となる。『ウィ・リブ・ヒア』の次に本作をリリースしたことに、メセニーが改めて「PMGの内なるもの」を深掘りして、更なるステップへ進まんとしていた意図が読み取れよう。③・⑦・⑪は4人の完全なインプロヴィゼイションで成立しており、このメンバーだからこそのイマジネーションに、メセニーが信頼を置いていたことも窺える。そうした背景を踏まえて、本作は耳を限りなくオープンにして彼らと「同じ空気」の中に身を置くかのように、それぞ

れが奏でる音の行方を追うのが正解だ。ここでは各曲の聴きどころを少しだけ押さえておこう。

本作のオープナーの①は、メセニーが1972年頃のハイスクール時代に思い付いていたのを採用した曲。[*1] ノンコードによるごく短いイントロだが、アルバムの行方を的確に示している。続く②は以降もメセニーの愛奏曲となるもので、『ウィ・リブ・ヒア』にあってもおかしくない楽想。ロドビーとワーティコによるルーズなビートに乗って、メセニーがEマイナーのメロディーを奏で、そのまま深みのあるソロを聴かせる。メイズはバッキングこそシンプルだが、ソロでは速いアルペジオを駆使して盛り上げていく。
④はインプロヴァイザーとしてのメセニーのショーケース。ワーティコのシンバル・ライドに乗って、スピーディーに弾き飛ばしていくプレイは全くもって圧巻。彼らは演れと言われれば、こういう演奏を何時間でも続けられるのだろう。バラードの⑤は複雑にキーが動いていく曲。メセニーとメイズはソロを短くまとめ、メイズのバラード⑥へと繋げる。民族音楽風の⑦ではフォーマットだけを決めて4人が自由に遊ぶが、1分53秒からユーモラスな音色でメロディーを展開。フリーなパートを挟んでミニマル的なボサノヴァへと向かうという何でもアリな具合も愉快。⑧と⑨では共に、無調の短い素材を基にルバートのインプロを展開。⑩はEのドローン上で、ロドビーが⑭のメロディーを奏でる不思議なインタールード。そこから突入する⑪では、メセニーがピカソ・ギターで示したステートメントをメンバーが音響的に弄んでいく。スライドでSEを流し込むメセニーも面白い。メイズの⑫はピアノの高音部による響きを活かした⑬へのイントロで、その⑬はアルバム中最も作り込まれたセクションが多い、ドラマティックな構成の楽曲。メセニーはギター・シンセのロングソロを聴かせる。⑭はDマイナー、⑮はFマイナーのバラードで、メイズとメセニーがそれぞれの歌心でアルバム終盤を飾る。⑮はマイケル・ブレッカーが自身のリーダー作『タイム・イズ・オブ・ジ・エッセンス』（↓P194）でも採り上げている名曲なので、そちらもぜひ。

＊1／*PAT METHENY SONG BOOK*, 444 本稿の作曲に関する解説の多くは、同ページより。

TALES FROM THE HUDSON
MICHAEL BRECKER

1996

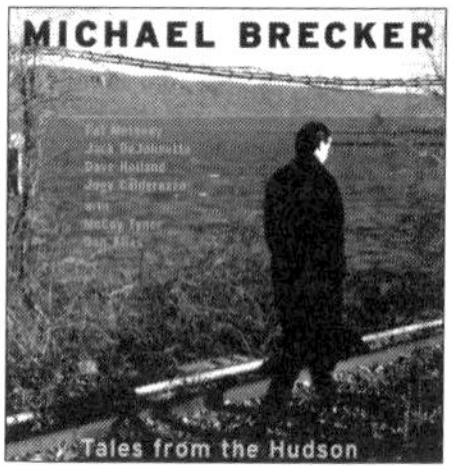

『テイルズ・フロム・ザ・ハドソン』
マイケル・ブレッカー

① SLINGS AND ARROWS 6:19
② MIDNIGHT VOYAGE 7:17
③ SONG FOR BILBAO 5:44
④ BEAU RIVAGE 7:38
⑤ AFRICAN SKIES 8:12
⑥ INTRODUCTION TO NAKED SOUL 1:14
⑦ NAKED SOUL 8:43
⑧ WILLIE T. 8:13
⑨ CABIN FEVER 6:59

①・④・⑤・⑦・⑨ by Michael Brecker,
② by Joey Calderazzo, ③ by Pat Metheny,
⑥ by M.Brecker & Dave Holland,
⑦ by Don Grolnick
Impulse!

□ 1996年録音
□ プロデューサー：
ジョージ・ウィッティ&マイケル・ブレッカー
□ 録音スタジオ：パワー・ステイション
（アメリカ、ニューヨーク）
□ チーフ・エンジニア：ジェームス・ファーバー
□ 参加ミュージシャン
マイケル・ブレッカー：テナー・サックス
パット・メセニー：ギター、ギター・シンセサイザー
ジャック・ディジョネット：ドラムス
デイブ・ホランド：ベース
ジョーイ・カルデラッツォ：ピアノ（③・⑤以外）
マッコイ・タイナー：ピアノ（③・⑤）
ドン・アライアス：パーカッション（③・⑤）

ジャズ・レジェンドのタイナーを迎えて、サバンナとNYを往還する

盟友マイケル・ブレッカーのインパルス・レーベルにおける3作目。当時インパルスはGRPレーベルの傘下にあり、マイケルの前作『ナウ・ユー・シー・イット』（1990年）もGRPからのリリースであったが、本作で元鞘のインパルスに復帰。心機一転のムードもあってかメセニーは全面的に参加しており、ほぼマイケルとメセニーの双頭バンドのような体裁だけに、全曲聴き逃せない快演集となっている。

ここでのキーマンは、やはりマッコイ・タイナーだろう。メセニーがタイナーをイメージして作った③を、本人が演奏しているのだ。更にブレッカー・ブラザーズのアルバム『アウト・オブ・ザ・ループ』（1994年）で披露したマイケルのオリジナル⑤にも、タイナーは参加。いずれもパーカッションを加えることにより、サウンドが「タイナーのサバンナ」と化す中、マイケルとメセニーが嬉々として戯れている。③ではマイケルとタイナーの意外とあっさりしたソロに続いて、ギター・シンセで出るメセニーは気合い充実。ディジョネットの執拗なアタックを軽やかにあしらいながら、トライに向けてひた走る。⑤も同様のアフロ・ポリリズムで、ソロではタイナーがコルトレーン・カルテット時代を彷彿とさせる灼熱のテンションでバサバサと雑草を掻き分け、マイケルがその後を追って速射砲を放つ。メセニーのソロはないが、バッキングで援護射撃する。

この2曲だけでも相当に凄いのだが、躍動感溢れるオープナーの①から堪らない瞬間の連続。テーマに続いて出るメセニーのソロは、少しダークなトーンで快速フレーズを飛ばし、マイケルも負けじと制限速度を超えていく。ジャック・ディジョネットの煽りは鼻血が出そうな勢い、マイケルお気に入りの俊英ジョーイ・カルデラッツォ[*1]のテクニシャンぶりも光ってご機嫌。タイトル通りに渋い楽想の②は、インパルスというよりはブルーノートのムード。メセニーがオーソドックスな曲で聴かせるジャズ・スキルが堪能できる。バラードの④はPMGの『カルテット』を聴いた後だと、そこにマイケルが加わったような印象。前半では、メセニーのソロのバックでディジョネットはシンバルだけ叩き、リズムをデイブ・ホランドに委ねる。2人の緊密さが伝わる展開だ。

マイケルとホランドのインプロによる⑥をイントロに、アルバムの裏番長的な⑦に突入。遅いスウィングの上でのマイケルのシャウトは緩急に富むもので、彼のプレイがここでまた一段と進化したことがわかるだろう。⑧は本作録音の同年に天に召されたドン・グロルニック[*2]によるもので、マイケル、メセニー、カルデラッツォの順にスウィンギーな鎮魂歌を奏でる。ラストの⑨は一転してオーネット・マナーの曲で、テーマに続いてマイケルがディジョネットとホランドとのトリオで大暴れ。メセニーは理知的に弾き流して、カルデラッツォはスキャット混じりで疾走。コンテンポラリー・ジャズの醍醐味をたっぷり味わえる名盤と言っていいだろう。

＊1／1965年、ニューヨーク州出身のピアニスト。マイケルやブランフォード・マルサリスを支えたテクニシャン。近年は自身のトリオで活躍。
＊2／1947年、ニューヨーク州出身のピアニスト、作曲家。ドリームス、ブレッカー・ブラザーズ、ステップス・アヘッド等で活躍。

PURSUANCE :
THE MUSIC OF JOHN COLTRANE
KENNY GARRETT

1996

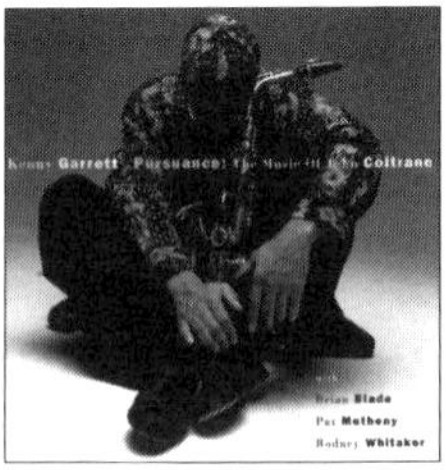

『追求〜コルトレーンに捧ぐ』
ケニー・ギャレット

① COUNTDOWN 3:42
② EQUINOX 7:38
③ LIBERIA 7:33
④ DEAR LORD 5:53
⑤ LONNIE'S LAMENT 5:23
⑥ AFTER THE RAIN 7:21
⑦ LIKE SONNY 6:13
⑧ PURSUANCE 6:05
⑨ ALABAMA 6:10
⑩ GIANT STEPS 3:23
⑪ LATIFA 5:47

All Music by John Coltrane,
Except ⑪ by Kenny Garrette, Pat Metheny,
Rodney Whitaker & Brian Blade
Werner Bros. Records

□1996年録音
□プロデューサー：
マット・ピアソン&ケニー・ギャレット
□録音スタジオ：パワー・ステーション
（アメリカ、ニューヨーク）
□チーフ・エンジニア：ジェームス・ファーバー
□参加ミュージシャン
ケニー・ギャレット：アルト・サックス
パット・メセニー：ギター
ロドニー・ウィテカー：ベース
ブライアン・ブレイド：ドラムス

名手ギャレットと手を携え、コルトレーンをさまざまに解釈

マイルスの晩年を支えた名手、ケニー・ギャレット*1によるコルトレーン集。その実力に比してリーダー作ではちょっと焦点を絞りきれていない感があったギャレットだが、本作で大胆に吹っ切れたという印象だ。そこにメセニーの力が大きく作用していると思うと、やはりジャズは「共演者から得るもの」の比重が高い音楽だと言えよう。なお正確な録音時期は不明だが、メセニーがワンホーンのグループに加わった際の「共演者の個性を活かした演奏」が確認しやすいと考え、マイケル・ブレッカーの後に置くことにした。またエンジニアがジェームス・ファーバーであることとサウンドのニュアンスから録音スタジオをパワー・ステーションと推察、日本盤にのみ収められたボーナス・トラック（メセニーは不参加）をスルーしていることも併せてお断りしておく。

①にはメセニーは不参加。ギャレットとブライアン・ブレイドによるデュオは、当然ながらコルトレーンのオリジナルを意識したものだが、ギャレットは最後までコンピングを入れずにデュオで吹き切り、圧倒的なスキルを見せつける。一転して落ち着いたムードのマイナー・ブルース②では、レイジーなムードをキープしながらも、徐々にスピリチュアルな咆哮へと熱量を高めていくギャレットが強力。メセニーもこれに合わせて、5分50秒からは得意のブルーノートによるフレーズ・ランを36回も繰り返し、ラリー・コリエルと化す。③は『コルトレーン・サウンド』（1964年）に収録のモード曲で、オリジナルに忠実ながらもより軽快でクリスピーな演奏。リックを避け、フレーズを発展させつつアウトしていくギャレット。クロマティックの中に泣きを捻じ込むメセニー。それぞれのモード解釈が楽しめる。

バラードの④はほっと一息のリラックスした演奏。大らかな歌心で迫るギャレットに対し、メセニーは細かなフレーズで歌い、コントラストを描く。味わい深い名演だ。続く⑤ではギター・シンセによる雄叫びでコルトレーンに迫るメセニーが本アルバム一のアツさで、後半はギャレットとともに絶叫。「もっと行け〜！」というところでフェイドアウト。⑥はスピリチュアル度をさらに深めるかのようにピカソ・ギターで降臨。全員がルバートで自在に暴れつつ、天界のコルトレーンに魂を捧げていく。こういう状況でのブレイドの瞬発力は抜群。野太く蠢くロドニー・ウィテカーの地力も凄い。人気曲の⑦で少しテンションをリリースし、メセニー、ギャレット、ウィテカーがスウィンギーに歌う。メセニーの軽やかなバッキングも楽しめるし、これも良いトラック。

タイトル・チューンの⑧は敢えて軽めの演奏とすることで、ギャレットはどこまでも自在に飛翔していく。本作は左にギャレット、右にブレイドが定位するという往年のジャズ仕様なのも、極めて効果的だ。以降も深みのある⑨、ワルツが斬新な⑩、全員によるインプロで昇天させる⑪と、文句なしの快作。

＊1／1960年、ミシガン州デトロイト出身のサックス・プレイヤー。マイルス以外にも、マーカス・ミラーのバンドのフロントも務め、チック・コリアとジョン・マクラフリンのファイブ・ピース・バンドに抜擢されるなど、常にシーンのトップで活躍。

THE SOUND OF SUMMER RUNNING
MARC JOHNSON

1998

『ザ・サウンド・オブ・サマー・ランニング』
マーク・ジョンソン

① FAITH IN YOU　5:53
② GHOST TOWN　5:35
③ SUMMER RUNNING　5:56
④ WITH MY BOOTS ON　4:25
⑤ UNION PACIFIC　5:29
⑥ PORCH SWING　4:12
⑦ DINGY-DONG DAY　3:51
⑧ THE ADVENTURES OF MAX AND BEN　6:08
⑨ IN A QUIET PLACE　5:17
⑩ FOR A THOUSAND YEARS　6:28

All Music by Marc Johnson,
Except ②・⑧ by Bill Frisel,
⑨ by M.Johnson & Eliane Elias,
⑩ by Pat Metheny
VERVE

□ 1998年録音
□ プロデューサー：リー・タウンゼンド
□ 録音スタジオ：アヴァター・スタジオ
（アメリカ、ニューヨーク）
□ エンジニア：ジョー・ファーラ
□ 参加ミュージシャン
マーク・ジョンソン：ベース
ビル・フリゼール：
エレクトリック&アコースティック・ギター
パット・メセニー：
エレクトリック&アコースティック・ギター、
42弦ピカソ・ギター
ジョーイ・バロン：ドラムス、タンバリン

フリゼールと共に「夏メロ」を奏でる、最高のギター・インスト

大好きなのだ、このアルバムが。ジャケット・アートとサウンドがここまで完璧にシンクロすることは、なかなかない。この透明感に溢れた、ポップかつ開放的な音楽をシェアしたくて、発売当時、何人かに本作をプレゼントした程だ。ＰＭＧほど多層的ではなく、全体的な表情も至ってシンプルなのだが、本作に収められた音楽は「エレキギターでなければこうはならない」という突き抜けた快楽に満ちている。ジャズ云々の以前に、ザ・ベンチャーズ[*1]にも通じる「最高のギター・インスト」だと、ひとまず断言してしまおう。

リーダーのマーク・ジョンソンは本作以前には、ジョン・スコフィールドとビル・フリゼールのツインギターをフィーチャーしたカルテット、ベース・デザイアーズを率いていた（ドラムスはピーター・アースキン）。そ

こからジョンスコとメセニーがスイッチした格好だが、音楽の相貌が全く変わり、アメリカーナ色が俄然強くなるのだから面白い。それはオープナーの①から顕著で、メセニーとフリゼールが「やあやあ」と会話を始めるようにスタートするが、ECMとは異なるリヴァーブ処理による録音の透明感にまずうっとりする。メセニーのソロがきっちりとストーリーを描くのに対し、フリゼールはフレーズを自由に撒き散らして空間を捩れさせていく。どっしりと支えるジョンソンの笑顔が見えるようだ。長閑なカントリーの②は「シンプルなコードでのギター・アンサンブル」のお手本のような演奏。そして前半のベスト・トラックが③。スカッと爽快なアコギのかき鳴らしに、メセニーとフリゼールが果てしない青空に向けて放つメロディーはなんとも言えない郷愁を誘う。ジャケットの子供達のように飛び跳ねるメセニーのソロに続いて、フリゼールはスチール・ギターのようにフロウ。3分27秒からのシンプルな反復フレーズは彼ならでは。エンディングで遠鳴りするフリゼールが軽やかな狂気を見せる、エンリピ必至の約6分なのだ。

ジョーイ・バロンが軽やかなブラシで出る④は、左右にアコギを従えたジョンソンが、グリグリしたトーンで重厚なソロを取る。スウィンギーな⑤では、律儀な3連符のメセニー、モタつかせて揺らぐフリゼールと、両者のノリの違いがよくわかるだろう。牧歌的なワルツの⑥からは、中西部の広大な風景がダイレクトに伝わってくる中、フリゼールが弛緩したソロで先行、メセニーもムードを受け継ぎながら訥々と歌う。サーフなロックンロールの⑦は多重録音によるギター・アンサンブルで進むが、ひっきりなしに転調し続けることで、なかなか着地点が見出せないのがユニーク極まりない。ドラッギーな⑧は完全にフリゼールの音世界で、メセニーのピカソ・ギターが効果絶大だ。ベースが美しいメロディーを奏でるバラードの⑨、メセニーがこの編成のために書き下ろした⑩（ラストでリハの様子がちょこっと現れるのもお茶目）と傑作揃い。日本の夏にマストの1枚。

＊1／1959年にドン・ウィルソンをリーダーとして結成された、ギター・インストゥルメンタル・バンド。『急がば廻れ』『パイプライン』『十番街の殺人』『ダイアモンド・ヘッド』等で、エレキ・ブームを巻き起こす。2010年春の叙勲で旭日小綬章を受章。

THE SIGN OF 4
DEREK BAILEY PAT METHENY
GREGG BENDIAN PAUL WERTICO

1997

『サイン・オブ 4』
デレク・ベイリー／パット・メセニー／
グレッグ・ベンディアン／ポール・ワーティコ

(DISC-1)
①～⑨ A STUDY IN SCARLET 62:51
(DISC-2)
① EVIDENTRY 7:45
② UNTIDY HABITS 6:21
③ THE RULE OF THREE 2:37
④ STRANGE STORY 4:05
⑤ THE AURORA 3:38
⑥ TRACKS 5:37
⑦ A BREAK IN THE CHAIN 8:35
⑧ ONE OBJECT 6:12
⑨ EUCLID 6:31
⑩ FORTUNE 9:53
(DISC 3)
① POISONED ARROWS 14:59
② TRICHINOPOLY 7:18
③ RANSOM 19:02
④ ANTECEDENTS 7:26
⑤ IN QUEST OF A SOLUTION 19:24

All Music by Derek Bailey, Pat Metheny,
Greg Bendian, Paul Wertico
Knitting Factory Works

□1996年12月録音
□プロデューサー：グレッグ・ベンディアン
□録音地：ディスク1&3 ニッティング・ファクトリーでのライヴ、
ディスク2 サウンド・オン・サウンド・スタジオ
（アメリカ、ニューヨーク）
□参加ミュージシャン
デレク・ベイリー：エレクトリック&アコースティック・ギター
パット・メセニー：エレクトリック&アコースティック・ギター、
アコースティック・シタール・ギター、
アコースティック・バリトン・ギター、ピカソ・ギター、
フレットレス・ギター、ピカソ・ギター・シンセサイザー
グレッグ・ベンディアン：ドラムス、ヴィブラフォン、ダンベグ、
ウッドブロック、アルコ・ディスク、ログ・ドラム、チェーン、
ロート・タム、グロッケンシュピール、ベース・マリンバ 他
ポール・ワーティコ：ドラムス、パーカッション、メタル、
プリペアド・ドラム、ドノ・ドラム、ログ・ドラム、
メジャー・テープ、ボーイング・シンバル 他

ベイリーの庭でノイズを撒き散らし、フリーの魂を継承

フリー・ジャズ界の極北に位置する存在、デレク・ベイリー[*1]との共演作品は、なんと3枚組という軽やかに殺人的なボリュームでリリースされた。グレッグ・ベンディアン[*2]とポール・ワーティコがベイリーと懇意にしていたことから始まったプロジェクトだが、メセニーにとっては畏敬するベイリーとの共演は望むところ。ベイリーにとっては「解放されること、自由になること」という自らの哲学を伝承するための良き機会であり、両者にとって有意義な時間となったことだろう。そのサウンドは概ね「ノイズ」という言葉に収斂していくものであり、個々の楽曲について解説することにあまり意味はない。演奏者各人の発する音をひたすら浴びることで、時間感覚を麻痺させて、聴く方も「解放され、自由になること」が求められるわけだ。従って以下の解説は、この手の音楽

を聴き慣れていないリスナーのための「手がかり」に過ぎないということをお断りしておく。

まずディスク-1の①は、便宜上9つのチャプターが切られているが、通しで1曲のコレクティヴ・インプロヴィゼイション。右チャンネルにベイリーとワーティコ、左チャンネルにメセニーとベンディアンが振り分けられているが、お互いの音を聴きながら反応・反発・拒絶・融和を気ままに行いつつ、それぞれが思いつくままの音を放射していく。音程感すら邪魔であると割り切るベイリーに比して、メセニーの音は幾分「演奏している感じ」があるが、何処かに居場所を求めているわけではないので、チャプターは「どこから聴いても良いですよ」との配慮だろう。これが意外と便利で、恐竜の威嚇合戦のような④、ベイリーの嵐のようなノイズ地獄にメセニーがシンセで絡む⑨が、筆者のお気に入りのパート。

ディスク-2はスタジオ録音集で、トラックごとに異なるテクスチャーを表出しているため、より聴きやすいかもしれない。ノイジーな①はディスク-1の延長上にあるが、ハーモニクスの断片をリピートする②、アンビエントかつ謎の宗教的な④、現代音楽風の⑤、キング・クリムゾン[*3]のインプロを思わせる⑦、メセニーのフレットレス・ギターがお喋りみたいな⑨など、興味深い音楽体験が待っている。

ディスク-3は再びライヴで、静謐なノイズ合戦から破壊へと向かう①、またしてもクリムゾン的な③、メセニーのギター・シンセが咆哮する⑤など、緊張感のあるインプロがたっぷりと楽しめる。とはいえこれらを全て通しで聴くのは大変な体力が必要だろう。まずはディスク-2で耳慣らしをしてから、ディスク-3、ディスク-1へと進むことで、ベイリーの深遠なる音世界をより楽しめるようになるはずだ。

＊1／1930年、イギリスのサウス・ヨークシャー州出身のギタリスト。1960年代よりアヴァンギャルドな演奏を開始、サックスのエヴァン・パーカー等と求道的な演奏を続ける。1976年にカンパニーを結成、アンソニー・ブラクストンやスティーヴ・レイシー等と共演。2005年没。

＊2／1963年、ニュージャージー州出身のパーカッショニスト、ヴィブラフォニスト。ワーティコとの双頭作『Bang!』（1996年）も発表。

＊3／1968年に結成された、プログレッシヴ・ロックバンド。ロバート・フリップをリーダーに、現在も精力的に活動中。

OUI OUI
AKIKO YANO

1997

『OUI OUI』
矢野顕子

⑦ I'M SO LONESOME I COULD CRY　4:50
⑧ BROOKLYN BRIDGE　5:45

※パット・メセニー参加曲のみ

⑦ by Hank Williams, ⑧ by Akiko Yano
Epic Records

□ 1996～97年録音
□ プロデューサー：矢野顕子
□ 録音スタジオ：パワー・ステーション、
アヴァター・スタジオ（アメリカ、ニューヨーク）
□ 参加ミュージシャン
矢野顕子：ヴォーカル、ピアノ
パット・メセニー：ギター、ギター・シンセサイザー、
ゼロ・トレランス・ギター
ジェフ・ボバ：サウンド・デザイン、
シンセサイザー＆ドラムス・プログラミング
スティーヴ・フェローン：ドラムス（⑧）
ウィル・リー：ベース（⑧）
ドン・アライアス：パーカッション（⑧）
カシーム・サルトン、エリック・トロイヤー、
ローリー・ダッド：バッキング・ヴォーカル（⑧）

矢野顕子の実験的ポップ・ワールドで、凄まじいノイズの洪水を放つ

本作の⑧を初めて聴いた時、正確に言えば「クレジットを見てから聴いた時」は心底ブッ飛んだ。ゼロ・トレランス・ギター、即ちあの「かきむしりノイズの世界」を、矢野顕子は自らの音楽にどのように採り入れるのか。期待しつつボリュームを上げて⑧に。果たしてイントロは、ハープのグリッサンドにメセニーがヴァイオリン奏法で夜明けのニューヨークを漂う、穏やかなムード。そこにスティーヴ・フェローンとウィル・リーがタイトなビートで現れ、矢野はお得意のオリエンタルなメロディーで歌い進む。この流れの何処にゼロ・トレランス・ギターが放たれるのか?と身を委ねること約2分。突如として洪水のように鳴らされるかきむしりノイズ。そこに琴のような音色のシンセ・リフが淡々と乗っかり、矢野のスキャットが被さって、次第に過激に燃え上がってい

くサウンド・スケープは凄まじい迫力。こんな風に「音楽の原風景」を共有できるからこそ、メセニーは矢野にとことん付き合うのだろう。４分25秒からはギター・シンセによるソロも左右チャンネルを駆け巡り大暴れ。ポップスの世界に限れば、矢野以外の誰もこのようなメセニーの使い方はできない。メセニーのファンの方でこれを未聴の方は、大急ぎでご確認を。

本作は矢野顕子にとって、17枚目のスタジオ・アルバム。ユニークなアレンジによるカヴァーとオリジナルをうまく組み合わせた力作で、メセニーは不参加だが沖縄民謡の②ではミノ・シネル[*1]やチャック・ローブ[*2]が加わるなど、ニューヨークのトップ・ミュージシャンがその個性的な音楽をバックアップしている。本作までにも矢野はエクスペリメンタルな面を垣間見せてきたが、ジェフ・ボバ[*3]を全面的に起用した本作はチャレンジ精神の塊で、聴きどころ満載なのだ。先に⑧を紹介したが、ハンク・ウィリアムスの⑦では、メセニーのナイロン弦のアコギをバックに切ないメロディーを英語で歌い、ほんの僅か自らのピアノを響かせる。少ない音数で歌うメセニーのソロも絶品で、両者の精神的な繋がりが感じられる名演。そこから⑧に進む流れはアルバム最大のハイライトであり、そのスケールの大きな音世界には魂を揺さぶられる。

メセニーのヴォーカリストとの幾多の共演の中でも、ミルトン・ナシメントと矢野顕子との共演は「真に音楽的なコラボレーション」と呼ぶことができよう。限りないピュアネスと、危うさ一歩手前の宗教性において共通するミルトンと矢野がメセニーに与えた刺激は、決して少なくないと思う。

*１／１９５７年、フランス出身のパーカッショニスト。'80年代にニューヨークに進出、マイルスの「カムバック・バンド」に抜擢。その後ウェザー・リポートにも参加し、ニューヨークを拠点とするトップ・プレイヤーとして活躍中。

*２／１９５５年、ニューヨーク出身のギタリスト。バークリー音楽大学でメセニーに学び、１９７９年にスタン・ゲッツのグループに抜擢されて頭角を現す。フュージョン〜スムーズ・ジャズの人気プレイヤーとして活躍。２０１０年にはフォープレイに加入。２０１７年没。

*３／１９５３年、ワシントン州出身のキーボード・プレイヤー。ビル・ラズウェルとの交流を経て、ハービー・ハンコックの『フューチャー・ショック』（１９８３年）に参加し、注目を浴びる。以降、ニューヨークを拠点にビリー・ジョエル、ホール&オーツ等のアルバムにも参加。

THE ELEMENTS : WATER
DAVID LIEBMAN

1997

『ウォーター』
デイヴ・リーブマン

① WATER　6:32
② WHITE CAPS　7:10
③ HEAVEN'S GIFT　4:27
④ BASS INTERLUDE　2:09
⑤ REFLECTING POOL　7:06
⑥ STORM SURGE　8:56
⑦ GUITAR INTERLUDE　1:19
⑧ THE BAPTISMAL FONT　4:14
⑨ EBB AND FLOW　5:58
⑩ WATER THEME (REPRISE)　1:12

All Music by David Liebman
ARKADIA

□1997年1月録音
□プロデューサー：
ボブ・カーシー＆デイヴ・リーブマン
□録音スタジオ：レッド・ロック・レコーディング・スタジオ（アメリカ、ペンシルヴァニア）
□参加ミュージシャン
デイヴ・リーブマン：
ソプラノ＆テナー・サックス、ウッド・フルート
パット・メセニー：エレクトリック＆アコースティク・ギター、ピカソ・ギター、ギター・シンセサイザー
ビリー・ハート：ドラムス
セシル・マクビー：ベース

リーブマンの耽美的な世界に、メセニーが多才に斬り込む

マイケル・ブレッカーやクリス・ポッター等が登場する以前のコルトレーン・スタイルの正統な継承者であるデイヴ・リーブマン[*1]は、コンテンポラリー・ジャズ・サックスにおける中興の祖的な存在。テナーとソプラノ、フルートを吹き分けるマルチ・リード奏者だが、特にソプラノのプレイは、1972年頃のマイルス・バンドにおけるウェポンであった。メセニーとは本作が初レコーディングになるが、単なるセッションではなく「水《ウォーター》」をテーマとしたコンセプト・アルバムとし、ジャズとアンビエントが共存するアルバムを創り上げた。

メセニーのナイロン弦ギターが独奏で出る①が、アルバム全体のステートメントとなる。1分14秒から合奏になるが、浮遊感のある不思議なメロディーを受けて、まずメセニーがソロを展開。抽象的なフレーズを積み重ねて想像力を掻き立て、リーブマンのソプラノへと繋ぐ。決して安易なリックを吹かないリーブマンのソロが空間に揺蕩い、聴く者の時間軸を麻痺させていく。②はセシル・マクビー*2のベースがリフを奏でるアコースティックなファンクで、メセニーはギター・シンセで、リーブマンのテナーと不穏なテーマをユニゾン。ソロはリーブマンが先行するが、シンセによるバッキングで煽っていく。4分8秒からは両者が絡み合い、そこからメセニーの激しいソロへ突入。ロック・テイストを交えたフリーなインプロは迫力満点だ。一転して①のテーマをセッション風に展開する③へ進み、ビリー・ハートとマクビーという強靭なリズム隊がスウィングの雨を降らせ、メセニーとリーブマンが雨粒をすり抜けていくようなソロを聴かせる。

　マクビーのソロによる④を挟み、ピカソ・ギターが幻想的な⑤へ。リーブマンの吹くウッド・フルートはオリエンタル風味。中間部でピカソ・ギターを大きくフィーチャーし、後半はソプラノに持ち替えてフリーキーな面も見せる。最後のフレーズから⑥に雪崩込むが、ここではリーブマンがイマジネイティヴな独奏で引き込み、ハートによるアフロなリズムに乗って、メセニーがロング・ソロを披露。ふんだんにクロマティックを持ち込んで調性感を暈《ぼか》しつつ、ブラウン運動のように宙を舞う。リーブマンも得意のフロウを放ち、そこにハートがシャープなフィルインをブッ込んでいき、4者のインタープレイが堪能できる。メセニーのスチール弦によるソロ⑦、からの⑧はギターとテナーのデュオローグで、テーマ周辺ながら何処へ進むかわからないリーブマンに、ピタッと付けるメセニーが見事。⑨はオーネット風のフリーな楽曲で、こうなるとメセニーのギター・シンセが激しく唸る。リーブマンのソプラノとトーンが近いので、2つの管楽器によるバトルの様相。ラストの⑩は①のリプライズで締めくくる。再評価が望まれるアルバムだ。

＊1／1946年、ニューヨーク州出身のサックス・プレイヤー。エルヴィン・ジョーンズ、マイルス等と共演後にリリースした『ルックアウト・ファーム』（1973年）は、独自の耽美的な音世界で高い評価を得る。教育者としても、サックスのビル・エヴァンス等、数多くの名手を育てている。

＊2／1935年、オクラホマ州出身のベーシスト。ニューヨークに進出した後は、マイルスやチャールズ・ロイド、ウェイン・ショーター、ファラオ・サンダース等と共演。

IMAGINARY DAY
PAT METHENY GROUP

1997

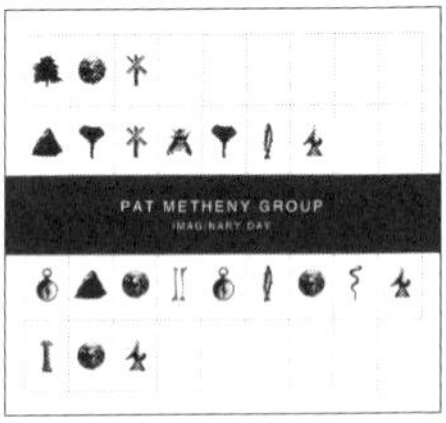

『イマジナリー・デイ』
パット・メセニー・グループ

① IMAGINARY DAY 10:11
② FOLLOW ME 5:56
③ INTO THE DREAM 2:27
④ A STORY WITHIN THE STORY 8:01
⑤ THE HEAT OF THE DAY 9:23
⑥ ACROSS THE SKY 4:48
⑦ THE ROOTS OF COINCIDENCE 7:48
⑧ TOO SOON TOMORROW 5:47
⑨ THE AWAKENING 9:28

All Music by Pat Metheny & Lyle Mays,
Except ③・⑧ by P.Metheny
Geffen Records

□ 1997年春録音
□ プロデューサー：パット・メセニー
□ コ・プロデューサー：ライル・メイズ＆スティーヴ・ロドビー
□ アソシエイト・プロデューサー：デイヴィッド・オークス＆ロブ・イートン
□ 録音スタジオ：ライト・トラック・レコーディング（アメリカ、ニューヨーク）
□ エンジニア：ロブ・イートン
□ 参加ミュージシャン
パット・メセニー：アコースティック＆エレクトリック＆シンセ・ギター
ライル・メイズ：アコースティック・ピアノ＆キーボード
スティーヴ・ロドビー：アコースティック＆エレクトリック・ベース
ポール・ワーティコ：ドラムス
マーク・レッドフォード：ヴォーカル、トランペット、フリューゲルホルン、ベース・トランペット
デイヴィッド・ブラマイヤーズ：ヴォーカル、バリトン・アコースティック・ギター、エレクトリック・ギター、ヴァイオリン、メロフォン、リコーダー、トランペット
ミノ・シネル、デイヴィッド・サミュエルズ、グレン・ヴェレス、ドン・アライアス：パーカッション

新たな音楽の旅へと飛び立った、PMGによる「9つの物語」

メセニーのイメージする音楽世界を具現化するためのバンドとしてスタートしたPMGは、『ウィ・リブ・ヒア』以降、「ライル・メイズとのスペシャル・プロジェクト」という位置付けになる。9つの物語から成る本作も、基本的にはメセニーとメイズが共同作業により楽曲を書き下ろした。従ってピカソ・ギターによるソロの③と、本作のレコーディングを進める中でメセニーが思いついた⑧以外は、2人が連名でクレジットされている。

そして本アルバムのコンセプトは、ダイレクトに「旅」。メセニーは「聴き手1人1人が自分ならではのシナリオやストーリー、そしてそれに伴う情感を自由に思い描くことができる音楽領域へと誘う、深淵なる旅」と語っており、[*1] PMGがこれまで得意としてきたトリップ感覚を掘り下げることに主眼が置かれている。既にメセニーは独力で『シークレット・ストーリー』という旅をテーマとした壮大な音楽的成果を残しているわけで、本作ではメイズをコ・パイロットとし、優秀なPMGのクルーとともに、さらに広大な世界へと飛翔することになる。同時に、メセニーの音楽は常に「新しく手にした楽器をどのように使うか」も表現力を拡張するための重要なポイントになっており、新たにフレットレス・クラシック・ギター、ピカソ・ギター、ローランドVG8[*2]というウェポンが投下されている。

アルバムは旅の始まりを告げるオリエンタルなオーバーチュアとしての①からスタートする。インドネシアへのツアー時に経験したガムランと、フレットレス・クラシック・ギターによるブルース感覚の融合——PMGはここでまたもや、「見慣れた見知らぬ音楽領域」に踏み出したのであった。メイズとロドビー、ワーティコの3者はメイン楽器の他に、「メタル&ウッド・アンサンブル」と表記される楽器群を操っているが、これらがガムラン的な要素。各種のホイッスルや口笛も加わったエスニックなサウンドは、聴く者を野生の風景へと導く。アンサンブルの合間を縫って、フレットレス・クラシック・ギターが奏でるメロディーは確かにブルージーなのだが、それは黒人音楽のブルースというより、もっと原初的な何かを感じさせる。3分42秒からはPMGのトレードマークと言える速いシンバル・ライドに乗って、メイズがシンセによるソロを披露。これがエスニックな笛の音色によるもので、アンサンブルに完全に溶け込んでいる。続くメセニーのソロは、フレットレス・クラシック・ギターを僅かにオーヴァードライブさせたユニークな音色と独特の音程感で、遠くまで連れて行ってくれる。個々のフレーズ自体はジミ・ヘンドリックス的なロックでもあり、『ゼロ・トレランス・フォー・サイレンス』にも通じている。やはりメセニーの音世界は、どのような場所にあっても「風通し」が保たれているのだ。

10分オーバーの①で、我々は広大な異郷に呆然と立ち尽くすのだが、そこに「こっちだよ」とグイッと手を引くようにポップな②が現れる。ショーン・コルヴィンにインスパイアされた曲とのことだが[*3]、確かにメロディーは彼女のヒット曲SUNNY CAME HOMEあたりに共通するもの。メセニーはここでは、ギターのナチュラル・

ハーモニクスだけでメロディーを奏でることにチャレンジしている。具体的には1〜3弦の12、7、5フレットのハーモニクスでEマイナーのメロディーを綴っているのだが、これはエイトル・ヴィラ＝ロボスの『前奏曲《プレリュード》第4番』でも使われている、クラシック・ギタリストには常識と言えるテクニック。とはいえ、これをバンドのアンサンブルの中で使ったのはメセニーが初めてだろう。ブラマイヤーズによる軽快なアコギのストロークが曲のムードを引っ張り、メガホンを使ったヴォーカルも効果的に用いられるが、ここでついにギター・シンセによるソロが稲妻のように登場。それがアンサンブルを織り成す4分あたりの展開は、PMGでしか味わえない風景だ。

ピカソ・ギターのテクニックを駆使した③に続いては、ロドビーのベースラインが印象的な④へと進む。4／4×4小節と3／4×1小節の5小節がワンユニットになっており、キーはメセニーお得意のCマイナー。レッドフォードのフリューゲルもフィーチャーされ、メセニーのソロはブルージーなリックをたっぷりと詰め込んだもの。旅の途中で一休み、といった落ち着いたナンバー。

ゆったりとしたリズムに身を任せた後は、フラメンコ風のパルマ《手拍子》が激しくリズムを刻む⑤へ。メセニーはシタール・ギターでオスティナートを弾き、そこにピアノが重なり、中近東風のメロディーが展開していく。リズムは3／4と4／4と2／4が複雑に入り組んだもので、一筋縄ではいかない。ヴォーカルが加わる1分47秒からのメロディーに一時PMGらしさを感じるが、すぐさま混沌に溶け込む。2分49秒からはお待ちかね、メイズのピアノソロの登場だ。スパニッシュなムードの上でブロックコードを積み重ねていき、徐々に激しいアルペジオを交えて昇天していくソロは、ここだけ切り取っても見事に一つのストーリーを描くもの。続くメセニーはギター・シンセで降臨。スペインの赤土の砂埃を険しい表情で掻き分ける。ソロがヒートアップするところでアンサンブルが折り重なり、テーマへとスムーズに戻る構成も極めてドラマティック。これもアルバムの大きなハイライトだろう。

フラメンコ的な興奮の後は、スペイシーな⑥が待っている。ミステリアスなイントロから入り、一旦アンビエントなメロディーに入ると、それが何度もリピートされ、無限にループする道に迷い込んだような不思議な感覚。メセニーはアイバニーズのＰＭ20[*4]の太い音色で存分に歌う。なお本曲は、ゴールディによるリミックス・シングルも発売されているので併聴を。その長い余韻から雪崩れ込む⑦は、エレクトロなシンセ・ベースのリフをメセニーが新兵器のローランドＶＧ８で切り裂いていく、ＳＦ映画のサントラ的な楽曲。ハードでせわしないリズム、メタリックで破壊的なギター・ノイズ、コラージュ的な展開と、ここでの旅の舞台は宇宙空間か、或いは神経細胞か。ヒリついたムードの中で、メセニーはＶＧ８のダークなトーンでコードの渦を駆け抜ける。４分48秒からはディストピア的なループ空間でシンセによるアンサンブルが繰り広げられ、メセニーのＶＧ８は断末魔の呻きを上げて、次第に遠去かっていく。ＰＭＧに新たなページを加えた、実験的かつスリリングな傑作といえよう。

メセニー単独作のバラード⑧ではナイロン弦のアコギで、旅の終わりへと向かう心情を吐露する。そしてラストの⑨では、バグパイプ風のドローンに乗ってシンセがアイリッシュなメロディーで鼓舞し、フレッシュな覚醒へと向かう。連続する３連符は『アメリカン・ガレージ』所収のTHE SEARCHの進化形のようなニュアンスもあり、約20年の時を経てＰＭＧがどのように変わったかを知る手がかりにもなる。こういうクールなサウンドでは、メイズのピアノが一際映えるのだ。４分15秒からのソロは端正そのもの。６分50秒からのインタールードも雪原が果てしなく広がる風景を描き、聴く我々を乗せた小さな橇《そり》は、バグパイプとともに次第に遠景へと吸い込まれていく。そしてＰＭＧは、次なる新大陸を目指すのであった。

＊1／本作の日本版の発売時のライナーノーツのジェイムス・アイザックによるパット・メセニーへのインタビューより。
＊2／ローランドが開発したCOSMテクノロジーにより、さまざまなギターのピックアップやボディシェイプ、ギター・アンプ等のシミュレートを可能にしたギターシステム。
＊3／*PAT METHENY SONG BOOK*, 445　ショーン・コルヴィンは1956年、サウスダコタ州出身のシンガー・ソングライター。ジョニ・ミッチェルの影響を受けてコンテンポラリー・フォークの分野で活躍。SUNNY CAME HOMEは1997年にシングルヒットした彼女の代表曲。
＊4／メセニーの長年の愛器であるギブソンES-175をベースとしたフル・アコースティックのエレキギター。1ピックアップ、シングル・カッタウェイで、豊かな中音域が特徴。

LIKE MINDS
BURTON COREA METHENY
HAYNES HOLLAND

1998

『ライク・マインズ』
ゲイリー・バートン

① QUESTION AND ANSWER　6:23
② ELUCIDATION　5:20
③ WINDOWS　6:15
④ FUTURES　10:35
⑤ LIKE MINDS　5:46
⑥ COUNTRY ROADS　6:21
⑦ TEARS OF RAIN　6:28
⑧ SOON　6:22
⑨ FOR A THOUSAND YEARS　5:20
⑩ STRAIGHT UP AND DOWN　8:59

①・②・⑦・⑨ by Pat Metheny,
③・④・⑩ by Chick Corea,
⑤・⑥ by Gary Burton, ⑧ by George Gershwin
Concord Records

□ 1997年12月録音
□ プロデューサー：ゲイリー・バートン
□ 録音スタジオ：アヴァター・スタジオ
（アメリカ、ニューヨーク）
□ チーフ・エンジニア：ジェームス・ファーバー
□ 参加ミュージシャン
ゲイリー・バートン：ヴィブラフォン
チック・コリア：ピアノ
パット・メセニー：ギター
デイヴ・ホランド：ベース
ロイ・ヘインズ：ドラムス

チック・コリアを迎えてのドリーム・セッションで存分に弾き捲る

これまた豪華なメンバー。『クエスチョン・アンド・アンサー』のメセニー・トリオに、『クリスタル・サイレンス』（1972年）以降数多くのデュオ・アルバムを発表していたチック・コリアとゲイリー・バートンが加わるというドリーム・セッションだ。多くのジャズ・レジェンドと共演してきたメセニーが、コリアとのアルバム制作を望んでバートンに仲を取り持ってもらうべくメールを送った、というのがこのプロジェクトの発端。[*1] 当初のアイデアは「コリアとメセニーという、2人の偉大なジャズ作曲家」のオリジナルからベストをチョイスするというものだったが、メセニーはバートンの旧い楽曲⑥を演奏することを提案。結果としてスタンダードの⑧以外は、メセニー4曲、コリア3曲、バートン2曲というバランスでレコーディングが進められる。なお本作は全て中央にバートン、左にコリア、右にメセニーという明確な定位で録音されており、コンコードらしい生々しいサウンドなので、オーディオ・リファレンスとしても最適だろう。

①はレコーディング・セッションの最初にプレイされたもの。セッション向きのマイナー・ブルースは幾分おとなしくスタート。ソロの先発のコリアは、コードを自由に解釈して弾き流す。バートンはお得意のモチーフ展開で盛り上げ、メセニーはたっぷりと泣きを入れて、コリアが絶妙のコンピングで迎える。これは演奏していて楽しいでしょう。メセニーの本作のための書き下ろしの②は、コリアの作風を意識したと思われるスピーディーなスウィングで、やはりコリアが先行し、リターン・トゥ・フォーエヴァーでのプレイを想起させる。続くメセニーはコード進行上を軽やかにサーフして、コリアとの共演を歓ぶ。バートンも負けじとギアを上げて快速で駆け抜けていき、聴いているこちらは口あんぐり。圧巻の5分20秒。

コリアによるワルツの③は、ヘインズのシンバル・ライドで勢いよく走る。このテンポで3連符を畳み掛けるバートンのマレット捌きは本当に見事だ。コリアのバラード④は、バートンとの日本ツアー中に大阪で書かれたもの。ミステリアスなテーマとコード進行で、メセニーのソロを受けて速いフレーズから出るコリアが、流石の貫禄で弾き切る。ヘインズが歌いながらプレイしている様子も、よく捉えられている。

バートンの新曲⑤は、やはり日本ツアー中の福岡のブルーノートで、開店前の掃除機の音をバックに書かれた曲。自身によるオリジナル曲が少ないバートンだが、その気になればこんな渋い曲が書けるのだ。ソロはバートン、メセニー、コリア、ホランドの順に、軽快に歌い継いでいく。変形ブルースの⑥でもホランドのベースをフィーチャー、ユーモラスな演奏が楽しい。メセニーの⑦は遅いスウィングで、バートンのヴァイブの音色とピタッと噛み合っている。さらにはガーシュインの陽気な⑧、前掲のマーク・ジョンソンのアルバムに納められたフリゼールのバージョンと比較ができる⑨、テクニカルな⑩と、ジャズ・セッションの醍醐味が堪能できる1枚。

＊1／本作のゲイリー・バートン自身による長文のライナーノーツより。本作の楽曲解説部分の多くは、同ライナーノーツによる。

TRAVELING MILES
CASSANDRA WILSON

1999

『トラヴェリング・マイルス』
カサンドラ・ウィルソン

⑩ SKY AND SEA (BLUE IN GREEN)　5:23

※パット・メセニー参加曲のみ

⑩ by Miles Davis, Lyrics by Cassandra Wilson
Blue Note Records

□ 1997年12月、1998年5＆9月録音
□ プロデューサー：カサンドラ・ウィルソン
□ 録音スタジオ：ザ・ヒット・ファクトリー、
ベアズヴィル・スタジオ
（アメリカ、ニューヨーク）
□ エンジニア：レイ・バルディーニ
（ザ・ヒット・ファクトリー）、
ダニー・コペルソン
（ベアズヴィル・スタジオ）
□ 参加ミュージシャン
カサンドラ・ウィルソン：ヴォーカル
パット・メセニー：クラシカル・ギター
デイヴ・ホランド：アコースティック・ベース
ケヴィン・ブリート：
マンドリン、アコースティック・ギター
ジェフリー・ヘインズ：パーカッション
エリック・ルイス：ピアノ

歌姫カサンドラの野心作で、マイルスへの鎮魂歌《レクイエム》を捧げる

現代ジャズ・シーンにおけるディーヴァの最高峰、カサンドラ・ウィルソン[*1]のマイルス・トリビュート作。単にマイルスの曲をカヴァーするのではなく、'60〜'80年代の広範囲なマイルスのレパートリーから選曲し、かつオリジナルも加えることで、「プリンス・オブ・ダークネス」と呼ばれたマイルスの音世界に新たなスポットを当てるという、野心的な作品である。メセニーの参加は⑩の僅かに1曲ではあるが、あの『カインド・オブ・ブルー』（1959年）に所収の名曲BLUE IN GREENに歌詞をつけて歌ったものとあれば、スルーはできない。

件の⑩だが、まずホランドが重厚なリズムを打ち出し、ジェフリー・ヘインズのパーカッションとケヴィン・ブリートのマンドリンが最低限の彩りを添える。原曲の持ち味を活かしつつフォーキーなテイストも加えた巧妙なアレンジで、メセニーも訥々と音を放ち、カサンドラがディープ・ヴォイスでエレジーを歌う。1分54秒からはメセニーのソロが始まり、音空間を慈しむようにじっくりとノートを重ねる。徐々にピアノがサウンドを支配していくが、エンディングでは再びメセニーが短く歌い、ハーモニクスとともに曲は遠ざかっていく。終始情感豊かな演奏で、数あるマイルスへのレクイエムの中でも最高のものの一つだろう。

アルバム全体としてギターサウンドによるフォーキーでアメリカーナな世界観が横溢している——それはメセニーがジャズに持ち込んだものでもあった——ので、メセニーが不参加の曲についても、聴きどころを押さえておこう。まずオープナーは『ビッチェズ・ブリュー』(1969年)に収録のファンクをフォーク・ブルース化して歌う①RUN THE VOODOO DOWNで、早くもカサンドラの才気は全開。マイルスの晩年のレパートリーであったシンディ・ローパーの④TIME AFTER TIMEもゆったりしたテンポによる心に沁み入る歌唱で、彼女のヴォーカリストとしての表現力がよくわかる。⑥SEVEN STEPSはベン・シドラン[*2]によるカヴァーも有名だが、より軽妙なアレンジの上でスキャットを披露する。⑧NEVER BROKENの原曲は『E. S. P.』(1965年)の表題曲だが、ウェイン・ショーターによるあの特徴的なメロディーをエスニックなサウンドに変換し、オリジナルのように扱う大胆なアレンジが冴える。続く⑨RESURRECTION BLUESの原曲は『TUTU』(1986年)の表題曲で、曲のレイジーなムードを保ちつつマーヴィン・スーウェル[*3]がエレキギターをスライドでプレイして脱構築していく。その他のオリジナルも佳曲ぞろいなので、持っておいて損はないアルバムだ。

*1／1955年、ミシシッピ州ジャクソン出身のシンガー・ソングライター。シカゴのM-Base派のヴォーカリストとして脚光を浴びた後、1996年にブルーノートよりリリースした『ニュー・ムーン・ドーター』でグラミーのベスト・ジャズ・ヴォーカル賞を受賞。リーダー作多数。
*2／1943年、イリノイ州シカゴ出身のシンガー・ソングライター、ジャズ評論家。1979年のアルバム『ザ・キャット・アンド・ザ・ハット』で、スティーヴ・ガッドとジョー・ヘンダーソンをフィーチャーしてSEVEN STEPSをカヴァー、多くのミュージシャンに衝撃を与えた。
*3／イリノイ州シカゴ出身のギタリスト、作曲家。1990年にニューヨークに進出し、ジャック・ディジョネットやゲイリー・トーマス等と共演。1995年よりカサンドラをサポートし、数々の傑作を送り出す。現在は自身のグループを率いて活躍中。

JIM HALL & PAT METHENY

1999

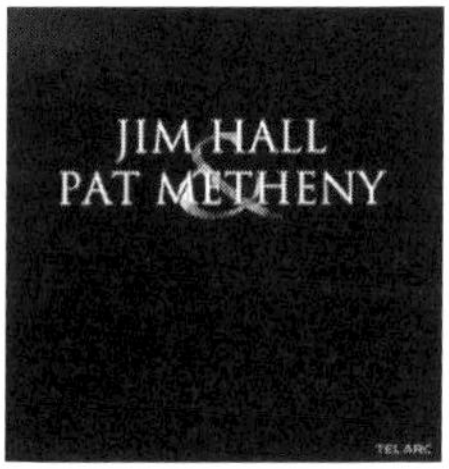

『ジム・ホール&パット・メセニー』

① LOOKIN' UP 4:34
② ALL THE THINGS YOU ARE 6:58
③ THE BIRDS AND THE BEES 5:04
④ IMPROVISATION NO.1 1:05
⑤ FALLING GRACE 4:39
⑥ BALLAD Z 4:33
⑦ SUMMERTIME 5:35
⑧ FARMER'S TRUST 5:29
⑨ COLD SPRING 6:29
⑩ IMPROVISATION NO.2 1:11
⑪ INTO THE DREAM 3:05
⑫ DON'T FORGET 4:46
⑬ IMPROVISATION NO.3 3:22
⑭ WAITING TO DANCE 4:38
⑮ IMPROVISATION NO.4 2:37
⑯ IMPROVISATION NO.5 2:08
⑰ ALL ACROSS THE CITY 7:34

①・⑨・⑭・⑰ by Jim Hall,
⑥・⑧・⑪・⑫ by Pat Metheny,
④・⑩・⑬・⑮・⑯ by J.Hall & P.Metheny,
② by Jerome Kern, ③ by Attila Zoller,
⑤ by Steve Swallow, ⑦ by George Gershwin
TELARC

□1998年7&8月録音
□プロデューサー：ギル・ゴールドスタイン、
スティーヴ・ロドビー&パット・メセニー
□録音地：ライト・トラック・スタジオ
（アメリカ、ニューヨーク）、
②・③・⑦・⑧・⑨・⑰はピッツバーグ・クラフトマンズ・ギルド（アメリカ、ペンシルヴァニア州）におけるライヴ
□参加ミュージシャン
ジム・ホール：エレクトリック・ギター
パット・メセニー：エレクトリック・ギター、
アコースティック・ギター、
フレットレス・クラシカル・ギター、
42弦ピカソ・ギター

師と崇《あが》めるジム・ホールと描く、水墨画を思わせる枯淡《こたん》のデュオ

これもメセニーにとっては夢の共演、大師匠ジム・ホール[*1]とのデュオ・アルバムである。メセニーが最も影響を受けたというウェス・モンゴメリーとの共演こそ叶わなかったが、こうしてホールとともに1枚のアルバムを作ることが、どれほど光栄なことか。制作の大半をメセニー・グループ・プロダクションで手掛けておきながら、ホールの所属レーベルであるテラークからのリリースとしたことにもホールへの大きな敬意が感じられ、目頭が熱くなる。そういう男なのだ、メセニーは。7月にスタジオ、8月にライヴと、異なるケミストリーを狙ってレコーディングを行ったことからも、師弟の限りなく深い信頼関係が見て取れるのではないか。なおホールは全編を1本のギターで通し（左チャンネル）、メセニーは曲によってギターを使い分けることでサウンドのニュアン

スをより豊かにしている（右チャンネル）。

　スタジオ録音のトラックももちろん良いのだが、ライヴの②・③・⑦・⑧・⑨・⑰の6曲が、圧倒的な素晴らしさ。まず定番の②だが、ホールがテーマを仄めかせながら静かに出て、そこにメセニーが対位的に絡んでいく。2分36秒からはメセニーが得意の同音連打でスウィングし始め、ホールが複雑なハーモニーを被せる。3分9秒からはホールのソロで、メセニーはオーソドックスなウォーキング・ベースでバッキング。いつしかワルツになり、再びメセニーのソロから両者がもつれあうエンディングへと向かう。1音たりとも聴き逃せない、緊張感とリラックスが同居した約7分だ。ホールとメセニーの橋渡し役となったアッティラ・ゾラーによる③は民謡調のシンプルな曲で、メセニーのゆるやかなバッキング上で、ホールが甘くメロディーを弾く。⑦でのメセニーがアコギをかき鳴らすパターンはジョン・スコフィールドとのライヴでも披露済み。ホールはオクターヴ奏法も交えてメロディーを自在に弄ぶ。強いアタックで、意外と攻撃的な面を見せるのも面白い。大きな拍手を受けた後、究極の癒しナンバーの⑧が登場。メセニーのナイロン弦のアコギとホールのマイルドな音色が完全に溶け合う、至高の演奏だ。さらにライヴは⑨へと続き、童謡のような素朴なモチーフを、両者が思うがままに展開していく。ラストはバラードの⑰で、滋味に溢れた演奏の中、時折ブルージーなフレーズを交えるホール、ナイロン弦で音を慈しむように弾くメセニーと、両者の歌心の違いと共通点が浮かび上がる。

　スタジオ録音ではアルバムのオープナー①から緊密な音の交歓が始まるが、スティーヴ・スワローによる⑤、メセニーの書き下ろしをギル・ゴールドスタインがアレンジした⑥、ピカソ・ギターにホールが寄り添う⑪、サントラ『天国への道』所収の美メロの⑫、ホールらしい浮遊感のあるワルツ⑭と、全てが水墨画のような深遠な美しさ。④・⑩・⑬・⑮・⑯の完全インプロも含め、ギター・デュオの最高峰に認定することも許されよう。

＊1／1930年、ニューヨーク州出身のギタリスト。1955年よりチコ・ハミルトン楽団に加わり、頭角を現す。以降、エラ・フィッツジェラルド、ソニー・ロリンズ、アート・ファーマー、ビル・エヴァンス等と共演。リーダー作、デュオ作も多数。2013年没。

1対1だからこそ可能な、極意の伝授に身を捧げる

ジャズにおいて「デュエット」というのは、あまり一般的なスタイルではない。特にギターの場合、まずはギタートリオ、或いはピアノを加えたカルテットが主流であり、「リズム・キープはベースとドラムスに任せる」という状態が普通のパターンだ。つまり「メイン奏者＋伴奏としてのリズム・セクション」という構図であり、ビル・エヴァンスのトリオが「3者が緊密に絡み合ったサウンド」とともに登場するまでは（現在ではこれがはジャズ・トリオの常識だが）、メイン＋伴奏という「ヴォーカリスト＆バックバンドと同様の構図」で、サウンドが奏でられてきた。

翻ってデュオの可能性というものを考えるとギターの相手は、同じギターはもちろん、ピアノをはじめとする鍵盤楽器、管楽器、ベース、ドラムス、もちろんヴォーカルと、どのような組み合わせでもOKではある。一方でいずれの場合も、ギターへの負担はかなり重くなる。編成が少ない分、メロディー、コード、リズムのより多くを担う必要があるので当たり前なのだが、ピアノより少ない限られた音数で補わなければならない分、そのセンスが大きく問われることになる。

更にデュオの場合、「相性」というものが大きく作用する。お互いの音に真正面から向き合わざるを得ないため、ちょっとした感覚のズレが音楽を阻害する可能性があるわけだ。よって「デュオ名人」であるには、相手を選ばずにスッと相手の音に寄り添えるような懐の広さも必要になってくる。

メセニーはこれまでの作品群で、チャーリー・ヘイデンやジム・ホールという「ジャズ史上、屈指のデュオ名人」とアルバムを制作してきた。いずれも多少は胸を借りる部分があったにせよ、結果として「メセニーの音楽」としてしっかりと成立していることに、まずは彼の非凡さを感じずにはいられない。逆に言えば、「メセニーの音楽」として成立し得るレベルに自らの表現が成熟しているという自負がメセニーにあったからこそ、ヘイデンやホールとのデュオ・アルバム制作に踏み切れたのだろう。1970年代までのメセニーであれば、彼らとデュオを行うことはできても、純粋に「胸を借りる」という感じになっ

「最強のデュオ名人」としての、メセニー誕生

ていたはずだ。

類《たぐ》い稀《まれ》な耳の良さをベースに、ビバップであれモードであれフリーであれ、いかなる展開になっても対応できる「多彩な引き出し」を持ち、その瞬間瞬間における音楽の相貌を正確に把握しながら、「次へ」と進むことができるのがメセニーの強みだ。言い換えれば、一切のエゴを排除して相手を立てることに徹した演奏から、自らの完全なエゴによって相手を従わせる強引さまで、そのダイナミック・レンジの広さにおいて、今やメセニーは「最強のデュオ名人」と言えるだろう。

そしてヘイデンとホールから直接伝授されたものを更に発展させて、新たなるデュオのスタイルを構築していく役割に対してもメセニーは自覚的で、1990年代の後半以降には、バンドやトリオでのライヴにおいて必ずメンバーとのデュオのコーナーを設けるようになる。これはデュオならではの親密感とオープンさ、どこへでも飛翔できるスリルを毎回のライヴで愉しんでいるとともに、「1対1だからこそ、自らが巨匠たちから直接学んだ極意の数々を相手に直接伝授できる」と考えているに違いない。メセニーに続く世代であるブラッド・メルドー（ピアノ）やメルドーの右腕たるラリー・グレナディア（ベース）、トリオ活動で頻繁に起用することになるクリスチャン・マクブライド（ベース）、PMGおよびユニティ・バンドでのクリス・ポッター（サックス）、ベン・ウィリアムス（ベース）、そしてメセニーが最もお気に入りのドラマーであるアントニオ・サンチェスといったジャズの今後を担うミュージシャン達との頻繁なデュオに、筆者はメセニーの「ジャズの歴史を背負いつつ、次世代にバトンを渡す」という強い意思を感じるのである。それは2017年現在のメセニーのツアー・カルテットのメンバー、リンダ・オー（ベース）、グウィリム・シムコック（ピアノ）に対しても受け継がれている。おそらく今後も、メセニーはいくつもの「デュオの名盤」を残してくれるだろう。そしてそれは、若手に胸を貸しながらも、自らの新たな可能性を示すものになるはずだ。

A MAP OF THE WORLD
PAT METHENY

1999

『ア・マップ・オブ・ザ・ワールド』
パット・メセニー

① A MAP OF THE WORLD 5:36
② FAMILY 2:10
③ NORTH 4:17
④ HOME 0:42
⑤ SISTERS 4:05
⑥ CHILDHOOD 1:25
⑦ FALL FROM GRACE 2:35
⑧ MEMORY 0:53
⑨ GONE 6:28
⑩ FLIGHT 0:51
⑪ ALONE 1:18
⑫ OUTCASTS 1:31
⑬ SUNDAY 1:39
⑭ DISCOVERY 2:31
⑮ ACCEPTANCE 1:12
⑯ REALIZATION 1:18
⑰ SOLILOQUY 2:49
⑱ NIGHT 1:54
⑲ SUNRISE 0:46
⑳ RESOLUTION 3:45
㉑ PICTURES 0:20
㉒ PATIENCE 1:20
㉓ TRANSITION 0:53
㉔ REUNION 1:13
㉕ RENEWAL 1:52
㉖ HOMECOMING 3:17
㉗ FORGIVING 4:34
㉘ HOLDING US 4:09

All Music by Pat Metheny
Warner Bros Records

□1999年2月録音
□プロデューサー：
パット・メセニー&スティーヴ・ロドビー
□録音スタジオ：ライト・トラック・レコーディング、
クリントン・サウンド、エファネル・サウンド
（アメリカ、ニューヨーク）
□オーケストレーター&コンダクター：
ギル・ゴールドスタイン
□参加ミュージシャン
パット・メセニー：アコースティック・ギター、
ピアノ&キーボード
スティーヴ・ロドビー：アコースティック・ベース、
オルガン
デヴィッド・サミュエルズ：パーカッション
ギル・ゴールドスタイン：オルガン
with オーケストラ

再びのサントラでは、オーケストラをバックにアコギを優美に奏でる

ジェーン・ハミルトンによる同名小説を原作とする映画のサントラ（小説、並びに映画の詳細については各自調査でお願いします）。先行するサントラ作品の『天国への道』ではメセニーは自らのギターを封印し作曲に専念したのに対して、本作では作品の舞台であるアメリカ中西部のウィスコンシン州の風景をイメージし、メインの楽器にアコースティック・ギターを選んでいる。また時間的にも予算的にもゆとりがあったため、ギル・ゴールドスタインが編曲と指揮を手掛けるオーケストラを加えて、豊かなサウンド・スケープを生み出している。収録されている28曲のうち、個別の楽曲としてメセニーが新たに書き下ろしたのは、①・②・⑫・⑳・㉖・㉗の6曲。それ以外は概ねメインテーマ①のヴァリエーションや短いフラグメンツ《断片》となる。

まず①は、リンダ・マンザー製作のソプラノ・ギターによる独奏ソロに始まる。アルペジオのオスティナートが内省的なムードを作り、ギターが重ねられ、僅かにピアノも加わって、郷愁に満ちたメロディーが綴られる。後半はストリングスも加わりドラマティックになるが、あくまで序章としての頃合いに留まっている。なお本曲は、メセニーの息子のニコラスに捧げられている。[*1]

続く②はアコギのストロークとストリングスが爽やかに出るナンバーで、ロドビーがどっしりとリズムを刻み、ソプラノ・ギターが甲高い音色でメロディーを奏でる。サントラゆえインプロには進まずに短く終わるが、単独の作品としても佳曲と言える仕上がり。③はアコギのストロークとオーケストラをバックにしてのインプロがたっぷりと味わえ、⑨ではミステリアスなストリングスに囲まれたインプロの展開が聴かれる。⑩はバッハの『来たれ、甘き死よ』[*2]のメロディーがオルガンで奏でられ厳かな雰囲気。そこからギターのアルペジオによる⑪、情感豊かな⑫への流れが美しい。一時、ヒップホップ風のリズムで進む⑬にちょっと驚くが、すぐさま⑭でシネマティックな世界に回帰する。

⑳は原作や映画のシーンからではなく、メセニーが独自にイメージした幽玄な楽曲。アコギのストロークが導くフォークタッチの㉖でも、テーマに続いてストーリー感のあるインプロが聴かれる。㉗は①のテーマをリピートするエピローグで、実際のサントラとしては一旦ここで終了。㉘はエンディングのタイトルロール用に書かれた荘重な曲だが、尺の関係で映画には用いられなかったため、サントラにのみ収録されている。

アルバム全体を一つのシンフォニーのようにも楽しむことができる本作には、派手な楽曲もなく、オーケストレーションも編成規模の割には地味な使い方だが、作曲家としてのメセニーの成熟が十分に窺えるだろう。

＊1／PAT METHENY SONG BOOK, 445　本稿における楽曲解説の多くは、同ページより。
＊2／原題はドイツ語で Komm,süsser Tod（コム・ズューサ・トート）、BWV478。オリジナルは独唱と通奏低音のための歌曲。チェロのパブロ・カザルスによる演奏でも有名なメロディー。

TIME IS OF THE ESSENCE
MICHAEL BRECKER

1999

『タイム・イズ・オブ・ジ・エッセンス』
マイケル・ブレッカー

① ARC OF THE PENDULUM　8:58
② SOUND OFF　6:04
③ HALE PAST LATE　7:53
④ TIMELINE　6:06
⑤ THE MORNING OF THIS NIGHT　7:40
⑥ RENAISSANCE MAN (FOR EDDIE HARRIS)　8:34
⑦ DR. SLATE　7:40
⑧ AS I AM　6:48
⑨ OUTRANCE　10:08
⑩ LUNATIONS　5:48

①・③・⑤・⑦・⑨・⑩ by Michael Brecker,
④・⑧ by Pat Metheny,
② by Larry Goldings,
⑥ by George Witty
Impulse!

□1999年録音
□プロデューサー：ジョージ・ウィッティ
□録音スタジオ：アヴァター・スタジオ、ライト・トラック・レコーディング（アメリカ、ニューヨーク）
□チーフ・エンジニア：ジェームス・ファーバー
□参加ミュージシャン
マイケル・ブレッカー：テナー・サックス
パット・メセニー：ギター、ギター・シンセサイザー
ラリー・ゴールディングス：オルガン
エルヴィン・ジョーンズ：ドラムス（①・④・⑨）
ジェフ・ティン・ワッツ：ドラムス（②・⑤・⑦）
ビル・スチュアート：ドラムス（③・⑥・⑧・⑩）

新時代のオルガン・ジャズで、エルヴィン・ジョーンズの大海原を泳ぐ

前作『テイルズ・フロム・ザ・ハドソン』でマッコイ・タイナーを召喚してコルトレーン・スピリットをたっぷりと浴びたマイケルとメセニーは、本作ではエルヴィン・ジョーンズ[*1]を引っ張り出す。取り組んだのはオルガン・ジャズ。しかもドラマーを3者とすることで、そのタイム感の違いを味わってほしい……というコンセプトを、親切にもアルバムタイトルで表現してくれている。アルバム全曲でセンターにラリー・ゴールディングス[*2]のオルガンを鎮座させ、彼がベースラインも弾き、左にマイケル、右にメセニーが構えるので、ドラマーのタイム感覚の差が確かにわかりやすい。実に見事に個性の異なるドラマーを揃えたものだ。

まずは必殺のエルヴィン、①からその怒涛のドラミングが炸裂。オルガン・ジャズ然とした3拍子のクールな

テーマで、先行するマイケルは序盤こそ様子を窺うが、意を決して2分28秒からは光速ワールドに突入。対してメセニーは、あくまでもクールにブルースを弾き、エンディングではエルヴィン節も炸裂する。

②ではドラムスがジェフ・ティン・ワッツに替わり、クリスピーなライド・シンバル、鋭いハイハットなど、一転してコンテンポラリーなスウィングで疾走。マイケルが終始ブッ飛ばす中、メセニーとゴールディングスの伴奏が被らないのは流石。ゴールディングスのモーダルなソロも渋い。③のドラムスはビル・スチュアートで、セカンドライン風のリズムでファンキーに迫る。フラジオで吠えるマイケル、シュアにフレーズを展開するメセニー、共にノリノリ。④はエルヴィンのクロス・リズムを活かすべく本作のためにメセニーが書き下ろしたマイナー・ブルースで、テーマの後半でその妙味が窺える。ソロはメセニーから飛び出してエルヴィンの大海原をスイスイと泳ぎ、2分16秒からは異弦同音フレーズを連発してエルヴィンにスネアを打ち込ませ、スウィング感を強調させる。

ユニークなタイトルの⑤はマイケルによるバラードで、ワッツの軽妙なブラシ・ワークを得てメセニーが存分に高音で戯れ、マイケルも大らかに歌う。⑥はアルバム中盤のハイライトで、ベーシストの不在を感じさせないゴールディングスの重厚なプレイが冴える。スチュアートもダイナミックに煽り、メセニーもファンキーそのもの。ワッツがアフロ・ポリリズムで攻める⑦に続くメセニーのオリジナルの⑧は『カルテット』で披露していた曲だが、マイケルがダークに歌ってPMGとの違いを鮮明にさせる。本編ラストの⑨はエルヴィンのソロから入り、すかさずスウィング。マイケルとエルヴィンの壮絶なデュオパートが白眉で、フリーキーに昇天していくマイケルのプレイを聴いていると、彼の早すぎる死がしみじみ惜しまれる。ラストで聴こえるエルヴィンの唸りも迫力。⑩は日本盤のみのボーナス・トラックで、スピーディーで入り組んだテーマから、マイケルのソロに雪崩れ込む快演。これをボーナス・トラックにするのはズルい、とは思うが。

＊1／1927年、ミシガン州出身のドラマー。コルトレーンの黄金カルテットや自身のグループ「ジャズ・マシーン」で活躍。2004年没。
＊2／1968年、マサチューセッツ州ボストン出身のピアニスト、オルガニスト。メイシオ・パーカからジム・ホールまで幅広く共演する名手。

SIMPLY SAID
KENNY GARRETT

1999

『シンプリー・セッド』
ケニー・ギャレット

⑦ SOUND LIKE WINTER　3:59
⑪ SIMPLY SAID　3:26

※パット・メセニー参加曲のみ

All Music by Kenny Garrette
Werner Bros. Records

□1999年録音
□プロデューサー：ケニー・ギャレット
□録音スタジオ：アヴァター・スタジオ、
ザ・ヒット・ファクトリー
（アメリカ、ニューヨーク）
□チーフ・エンジニア：ジョー・ファーラ
□参加ミュージシャン
ケニー・ギャレット：アルト・サックス
パット・メセニー：ギター
シェドリック・ミッチェル：ピアノ、オルガン
マーカス・ミラー：ベース
クリス・デイヴ：ドラムス

ギャレットの新たな自己表現に、ささやかな彩りを添える

我々メセニーのファンは、たった1曲でもクレジットにメセニーの名を見つけた段階で、躊躇することなくそのアルバムを買ってしまう。そしてメインのアーティストの音世界の中で、メセニーのサウンドがいかなるケミストリーを生んでいるかを確認し、更に「あの音色」でインプロでもしていようなら狂喜乱舞し、「買って正解」と思うのだ。本作は、『追求～コルトレーンに捧ぐ』で共にコルトレーンの世界に迫ったギャレットの作品で、メセニーが2曲にフィーチャーされており、おまけにベースはマーカス・ミラー[*1]、ドラムスは今をときめくクリス・デイヴ[*2]とくれば、当然、期待は盛り上がる。

まずは⑦。ポップス調のピアノのイントロにオルガンが重なり、ゴスペル然とした佇まい。ギャレットとメセニーはユニゾンで大らかなテーマを取って良い感じでじわじわと盛り上がっていくが、こういうメセニーは珍しい。マーカスのベースは程よく唸り、クリスのドラムスも羽目を外さない程度にグルーヴを弾ませていき、ギャレットが短くもソウルフルなソロで歌う。さあいよいよ、というところでテーマに戻ったかと思うと、曲は4分を待たずしてあっさりと終了。ん？　メセニーの出番は？　と誰もが思うだろう。

まあよい。気を取り直してタイトル・トラックの⑪へ。メセニーはアコギのストロークで加わり、広大なサバンナの草原を思わせる明るいメロディーに彩りを添える。コブシを交えて歌うギャレット、「YEAH」と思わず出るのもわかるが、ここでもメロディーを2コーラス吹き切ると、何事もなかったかのようにエンディングへと向かう。「ちょっと待った！」と思わずつっ込んでしまうぐらいにメセニーの影は薄いのだが、逆に言えばなんという贅沢な使い方なのか。『追求～コルトレーンに捧ぐ』での大フィーチャーは、いったい何だったのか？とは思うが、それがギャレットの狙い。本作はアルバム・タイトルが示すように、アフロ・アメリカンとしての自らのアイデンティティをさりげなく主張をする、という意図の「ギャレット小品集」なのであった。そのため楽曲はすべて書き下ろしのオリジナルとし、インプロヴァイザーではなくソングライターとしてのスキルを強調しつつ、サウンドのカラーリング並びにアルバム・セールス面での「メセニー効果」に主眼が置かれた、ということになる。そのように捉えれば、力の抜けた良いメロディーが並ぶ佳作なのであって、期待し過ぎたのが災いしたわけですね。とはいえ、クリスのタイトなビート上でマーカスのベースが鞭のようにしなる①（アルバムのベストトラック）や、『おもちゃのチャチャチャ』のような④を聴くと、もう少しメセニーの出番があったのではとも思うが、ここはひとつ、のんびりと次なる共演に期待しようではないか。

＊1／1959年、ニューヨーク州ブルックリン出身のベーシスト。重量感のあるスラップ・ベースからフレットレスまでをこなす柔軟なテクニックで、1980年代にトップ・プレイヤーに。ルーサー・ヴァンドロスやデイヴィッド・サンボーン等、プロデューサーとしても一流。

＊2／1973年、テキサス州出身のドラマー。1980年代にジャム&ルイスに認められ、ファンク・バンドのミント・コンディションでプロの道へ。以降、ディアンジェロ、ロバート・グラスパー、ホセ・ジェイムス、アデル等と共演。新生代のジャズ・シーンを切り拓く注目の存在。

TRIO 99 → 00
PAT METHENY

2000

『トリオ 99 → 00』
パット・メセニー

① [GO] GET IT　5:37
② GIANT STEPS　7:54
③ JUST LIKE THE DAY　4:43
④ SOUL COWBOY　8:29
⑤ THE SUN IN MONTREAL　4:36
⑥ CAPRICORN　6:19
⑦ WE HAD A SISTER　5:30
⑧ WHAT DO YOU WANT ?　5:24
⑨ A LOT OF LOVIN' TO DO　5:28
⑩ LONE JACK　5:31
⑪ TRAVELS　5:48

①・③・④・⑤・⑦・⑧ by Pat Metheny,
⑩・⑪ by P. Metheny & Lyle Mays,
② by John Coltrane, ⑥ by Wayne Shorter,
⑨ by Charles Strouse & Lee Adams
Warner Bros. Records

□ 1999年8月録音
□ プロデューサー：パット・メセニー
□ コ・プロデューサー：
ギル・ゴールドスタイン&スティーヴ・ロドビー
□ アソシエイト・プロデューサー：
デイヴィッド・オークス
□ 録音スタジオ：ライト・トラック・レコーディング
（アメリカ、ニューヨーク）
□ チーフ・エンジニア：ロブ・イートン
□ 参加ミュージシャン
パット・メセニー：ギター
ラリー・グレナディア：ベース
ビル・スチュアート：ドラムス

フレッシュな若手を起用し、ギター・トリオの新たなフォーマットを提示

『クエスチョン&アンサー』以来10年ぶりとなる久々のトリオ作だが、前作までとは趣旨が大きく異なる。本作ではメンバーに若手を起用することで、新しいスタイルのジャズギター・トリオのフォーマットを積極的に示そうとしているのだ。ドラムスのビル・スチュアートはジョン・スコフィールドやマイケル・ブレッカーとの共演で絶妙のサポートを見せ、メセニーが十分に信頼を置いている存在。ラリー・グレナディア*1とは本作が初共演だが、メセニーはブラッド・メルドー・トリオでの演奏を聴いて感銘を受けて、本作への参加を要請。カヴァー・ツアーにも誘う（故にメルドーへのサンクス・クレジットがある）。これ以降、自作のためにメセニーが選ぶメンバーは基本的に若手ばかりになるのだが、そういう意味ではキャリアの転換点に当たる作品と言えるだろう。

新トリオのために書き下ろされた5曲は、バラエティに富んでいる。まず早いブルースの①は、オーネットを思わせる自由な展開のテーマを持つメセニーのお気に入り曲で、ドラムスとのデュオで以降も頻繁に演奏されるレパートリーとなる。③はツアーのお気に入りの地であるイタリアをイメージした、スチール弦のアコギによるバラード。④はモンク風のミディアム・ブルース。⑤はやはり大好なツアー先であるモントリオールへの賛歌で、かの地の夏を彷彿とさせる穏やかなワルツ。⑧はリズム・チェンジによる楽曲だが、テーマを一捻りしており安易にそうとは気付かせない。以上、全てインプロ映えする新曲ばかりで、極めて柔軟性の高いこのトリオで試したかったことが何かが読み取れよう。

コルトレーンの②は、ボサノヴァにすることで曲の新たな魅力を引き出している。この「キーが移ろう感じ」はなるほどボサノヴァ向き。メセニーのソロも自由気ままに展開し、間断のないフレージングからコードソロへと進み、インプロヴァイザーとしての圧倒的な力量で聴き手をねじ伏せる。ショーターの⑥でも浮遊感のある原曲のムードそのままに、自在にフロウ。堅実なグレナディアとメセニーに細かく反応するスチュアートという、このトリオならではの構図が浮かび上がる。⑦はジョシュア・レッドマンの『ウィッシュ』所収の美しいバラードの再演で、繊細な表現が素晴らしい。スタンダードの⑨も凝ったリハーモナイズにより、流れに違和感なく溶け込む。PMGの⑩と⑪はファン・サービス的な面もあるが、よりスリリングに舞い上がる⑩ではスチュアートのテクニカルなドラムソロが圧巻。⑪はカントリー・ロック的なアーシーさも加わった泣ける名演。

ギタリスト、コンポーザー、そしてバンドリーダーとしてのメセニーの充実ぶりが窺える、素晴らしいニュー・トリオ。本作の時点で相当に凄いのだが、彼らのとてつもないポテンシャルが発揮されるのは次作のライヴゆえ、すぐに次を聴け！

＊1／1966年、カリフォルニア州出身のベーシスト。スタンフォード大学で学び、ボストンからニューヨークへ進出。ジョシュア・レッドマンやカート・ローゼンウィンケル等、気鋭の若手と共演。1990年代より現在に至るまで、ブラッド・メルドーにとって欠かせない片腕として活躍。

TRIO → LIVE
PAT METHENY

2000

『トリオ→ライブ』
パット・メセニー

(DISC-1)
① BRIGHT SIZE LIFE 4:18
② QUESTION AND ANSWER 19:53
③ GIANT STEPS 9:51
④ INTO THE DREAM 4:27
⑤ SO MAY IT SECRETLY BEGIN 7:10
⑥ THE BAT 7:28
⑦ ALL THE THINGS YOU ARE 9:37
(DISC-2)
① JAMES 6:08
② UNITY VILLAGE 5:18
③ SOUL COWBOY 11:06
④ NIGHT TURNS INTO DAY 8:20
⑤ FAITH HEALER 18:09
⑥ COUNTING TEXAS 8:07

All Music by Pat Metheny,
Except DISC-1 ③ by John Coltrane,
DISC-1 ⑦ by Jerome Kern,
DISC-2 ① by P. Metheny & Lyle Mays
Warner Bros. Records

□ 1999年～2000年録音
□ プロデューサー：
パット・メセニー&スティーヴ・ロドビー
□ アソシエイト・プロデューサー：
デイヴィッド・オークス
□ 録音地：ヨーロッパ、日本、北米ツアーにおけるライヴ
□ チーフ・エンジニア：デイヴィッド・オークス
□ 参加ミュージシャン
パット・メセニー：エレクトリック・ギター、
アコースティック・ギター、ギター・シンセサイザー、
42弦ピカソ・ギター、12弦フレットレス・ギター
ラリー・グレナディア：アコースティック・ベース
ビル・スチュアート：ドラムス

ギター・トリオのあらゆる表現を強引にねじ込んだ、戦慄の2枚組ライヴ

スタジオ作に続いて、速やかにライヴ・アルバムをリリースした点に、メセニーがこのトリオに大いに自信を持っており、その音楽的な成果をファンといち早く共有したかったことが窺える。それ程、このトリオは素晴らしい。スタジオ盤収録曲からの披露はディスク-1③、ディスク-2③の2曲のみ。他はソロ・デビュー作からのディスク-1①、ディスク-2②、PMGのディスク-1④・⑤、ディスク-2①、『80/81』からディスク-1⑥、ホランド&ヘインズで披露したトリオ楽曲のディスク-1②、スタンダードのディスク-1⑦、新曲のディスク-2④・⑤・⑥と、新旧さまざまなレパートリーをズラリと並べ、2枚組で堪能させてくれるのだ。

さっそくディスク-1①から聴いて行こう。さりげないアナウンスに続く観客の拍手の近さが、ライヴハウスならではの臨場感一杯。そして拍手の高まりから、メンバーがステージに登場して楽器を手に取るまでの動きも鮮明。この約20秒間で雰囲気が高まったところにギターが①のフレーズを放った瞬間、早くも首根っこをグッと掴まれる。懐かしのナンバーのはずが、生まれたばかりの新曲のように響くのは何故なのか。メセニーのソロはデビュー・アルバムから大きく進化した自在な展開で沸かせ、歌心溢れるラリー・グレナディアのソロに進む。音量を抑えつつも、ビル・スチュアートの細かなハイハットの動きが絶妙。サクッとテーマに戻って終わるこの曲を軽い挨拶代わりに、すかさずマイナー・ワルツの②に進む。これが圧倒的な名演なのだ。前半はリラックスしたムードの中、エレクトリック・ギターでメロディーを弾き綴っていくのだが、中音域でとめどなく流れるフレーズを畳み掛け、そこからコードソロを挟んで、高音で泣き、再びのコードソロで締めくくる。続くグレナディアも時間を気にすることなくじっくりとメロディーを展開し、スチュアートの長いドラムソロへ。こんなに歌いまくるドラムソロは滅多になく、スチュアートの凄さに改めて驚くだろう。怒涛のタム回しに気を惹かれている間にメセニーはギター・シンセに持ち替えて、8分42秒で舞い戻る。テーマを丸々弾いた後、イントロのリフをリピートしながら、いよいよトリオがアツくなる。観客の叫び声も良いタイミングで入り、メセニーは単音フレーズとリフを交互に重ねて飛翔していき、11分30秒あたりからドラムが落雷のごとく煽ると、ギター・シンセが完全に場外乱闘に専念し、もはやメセニーに帰ってくる気配は全くない。エキサイトする観客と狂乱のバトルを続け、果たしてどちらが先に倒れるかという様相になる。16分あたりでようやく終息に向かい、テーマの残滓《ざんし》を確認しながら屍の上をゆっくりと歩き、19分6秒で勝利の雄叫びを上げ、遂に戦闘に終止符が打たれる。おそらく天界ではジミヘンとコルトレーンが揃ってこれを観戦、顔を見合わせて「やるなあ」と爆笑していたはずだ。

③はスタジオ盤以上にアグレッシヴなリズム。メセニーはコードソロからテーマに入り、勝手気ままに弾き流していく。②で暴れまくったのにも関わらず、疲れ知らずでコルトレーンの庭を駆け回るメセニーの無尽蔵

なスタミナは、いったい何処から来ているのだろう。グレナディアもイマジネーティヴなソロで追従。エンディングではメセニーが同音連続のパターンからリズムのフェイズをズラして遊び、トリオで仲良く鼎談をしながら徐々にボリュームを落としてフィニッシュ。

42弦ピカソ・ギターのインプロ④は、極めてオリエンタルな「かぐや姫」の世界。ひとしきり幽玄に盛り上げたところから、お馴染みのベースラインが奏でられ、名曲⑤へ移行する。オーケストレーションがたっぷりと重ねられたオリジナルと較べ、当然ながらサウンドの音数が少ないシンプルな演奏ゆえ、改めてメロディーの良さが伝わってくる。スピーディーなフレーズを連発する演奏は、スペースの多いトリオならでは。エンディングでピカソ・ギターが遠鳴りしているのは、事前に録音したトラックを鳴らしているようだ。バラードの⑥でゆったり寛がせた後は、得意のスタンダード⑦へ。これまたトリオのポテンシャルの高さに口あんぐり、の凄まじい演奏。メセニーのフレーズに即座に反応するスチュアートの耳の良さ、煽られてどんどんスピードアップするメセニー、ウォーキング・ベースで疾走するグレナディア、必死の形相でチェイスする3者は速度制限の標識すらなぎ倒す勢い。ここでもスチュアートのドラムソロが痛快で、トニー・ウィリアムスやジャック・ディジョネットの「先の世界」を見せてくれる。ラストのテーマであっさりとは終わらず、メセニーは華麗なソロを継続しつつ、次第に収束させていく。

ディスク-2はPMGの人気曲①からスタート、イントロを飛ばしていきなりテーマから入るパターンだ。Aメロをワンコード的にオープンに弾き散らかし、Bメロでコードに忠実にメロディーを綴るというコントラストが楽しい。バッキングを交えてのドラムソロからも、3者のコンビネーションの良さがよくわかる。続く②も懐かしのナンバーだが、スチュアートが繊細なブラシで出て、ギターソロからはスティックに持ち変える。メセニーのソロはマイナー・ブルースを基調に展開し、曲に新しい風を吹き込んでいる。モンク風ブルースの③もライヴ映えする曲で、グレナディアの手堅いウォーキング・ベースに身を任せてメセニーがどこへ向かうのかわからない放蕩息子と化して、小節線を無視してスウィングの波間を彷徨う。ラストの4バースもこの3人だと、予定調和に陥ることはない。9分20秒から挑発的に突っ込むメセニーのいやらしさたるや、いやはや。

ラストの3曲はいずれも新曲。まず④はキーが刻々と移ろうバラードで、ナイロン弦のアコギによるルバート気味の独奏から入り、リズム隊は1分52秒から静かに加わる。全編で切々と歌うメセニーのプレイに身を任せ、ひたすらうっとりと聴き入る、揺り籠のような至福の約8分。そのシアワセな時間をあざ笑うかのように、リズム隊が超高速4ビートで走り出し、そこにメセニーがギター・シンセで鉄槌を落とす⑤へ。ディスク-1②と並ぶ長尺の演奏だが、これ、何がどこまで曲として書かれているのか。メセニーのギターはノイズの嵐で、前半ではノン・リズムでグチョグチョに空間を捩らせ、低音弦のスクラッチまで放ってのたうつ。テーマらしき無調フレーズを再び挟んでの2分6秒から先がまた凄い。メタリックな残響を延々とサスティンさせ、謎の地下採掘現場を3人が手探りで侵攻。グレナディアはアルコで呻き、メセニーは不埒なノイズをひたすら拡散。そこにスチュアートがパルシヴに斬り込んでいき、次第に全体が轟音となって採掘現場の天井が崩れ出す。9分36秒でまたしてもテーマをユニゾンして、一旦終わったかのような拍手に包まれるのだが、まだまだ許してはくれない。グレナディアとスチュアートがホラーなSEと化したような空間で、メセニーが高音でレクイエムを詠唱。14分40秒で地獄の底から邪悪なノイズが湧き出し、スチュアートがそれを激しく揺さぶる。そのままノイズが折り重なり、音程感が皆無のテーマユニゾンの末、17分20秒でメセニーの鉈が振り下ろされて唐突に終わる。フリーと音響をドロドロに混濁させたような戦慄の演奏は、ギター・トリオの新境地。ラストの⑥はフレットレス・ギターによる無調ながらカントリー・フレーズを散りばめた曲で、ベースとドラムスが独奏で対話する不思議な曲。メセニーによる興奮気味のメンバー紹介でアルバムは終わるが、これだけ広々とした光景を見せてくれるトリオはかつてなかった。メセニー、とんでもないところに辿り着いたものだ。

NOCTURNE
CHARLIE HADEN

2001

『ノクターン』
チャーリー・ヘイデン

② NOCHE DE RONDA
(NIGHT OF WANDERING)　5:45

※パット・メセニー参加曲のみ

② by María Teresa Lara
VERVE

□ 2000年8月録音
□ プロデューサー：チャーリー・ヘイデン
□ アソシエイト・プロデューサー：ルース・キャメロン
□ 録音スタジオ：
クライテリア／ザ・ヒット・ファクトリー・スタジオ
（アメリカ、フロリダ）
□ チーフ・エンジニア：ジェイ・ニューランド
□ 参加ミュージシャン
チャーリー・ヘイデン：ベース
ゴンサロ・ルバルカバ：ピアノ
イグナシオ・ベロア：ドラムス、ボンゴ、マラカス
パット・メセニー：アコースティック・ギター

ヘイデンのボレロ集でひときわ輝く、甘美なギター・サウンド

優れたベーシストであると同時に、軽やかなフットワークでジャズの新たな地平を拡大する「音の探求者」でもあるチャーリー・ヘイデン。メセニーは同じ志向を持つ先達として、ヘイデンには常に最大限の敬意を払っていたに違いない。本作はヘイデンが、キューバ出身のピアニスト、ゴンサロ・ルバルカバ[*1]と組んだボレロ集。名義こそヘイデンによるものだが、実質的にはルバルカバとの双頭作品だ。アメリカでのデビュー当初は超絶技巧で鳴らしたルバルカバが、本作では一転して繊細なタッチでボレロを響かせ、聴く者を驚かせた。ドラムスのイグナシオ・ベロア[*2]もルバルカバと同郷の名手であり、アルバム全編にロマンティシズムとキューバへの愛が横溢するナイト・ミュージックなので、ヘイデンの諸作の中でも長きに渡って筆者の愛聴盤なのである。

メセニーは②の1曲のみの参加だが、ここはいきなり②に行くのではなく、ピアノとベース、ヴァイオリン、テナーサックスにほんのりとオーケストレーションが添えられた①EN LA ORILLA DEL MUNDO (AT THE EDGE OF THE WORLD) から味わってほしい。その①のふくよかな余韻の中、ルバルカバがヴェールをそっと剥がすようにコードをひと鳴らし、そこにメセニーのアコギが飛び込み、ベロアのブラシがボレロを刻み始めると、時間の流れがぐっと芳醇になる。音楽の魔力を感じる、素晴らしい瞬間だ。曲はメキシコのマリア・テレサ・ララ[*3]によるもので、メセニーはレキント・ギター的に高音を中心に歌い上げ、それをルバルカバが微笑みながら優しく包み込む。1分34秒からメセニーがインプロを展開。たっぷりした後ノリでスケールを上下させながら甘いメロディーを紡いでいき、ひたすら聴き惚れてしまう。ヘイデンの重量級ベースのありがたみもひとしおで、一生この音に身を任せていたくなる心地良さ。エンディングでは濃密なコードを重ね、舞踏会の終りを告げる。他にもラテン歌曲だけでなく、ヘイデンとルバルカバのオリジナルも交えて飽きさせないアルバムゆえ、必ず押さえておきたい1枚。なおヘイデン&ルバルカバによる同路線の『ランド・オブ・ザ・サン』(2004年)所収のSUEÑO SÓLO CON TU AMOR[*4]はメセニーの参加を想定して用意された曲なのだがスケジュールの都合が合わず、替わりにラリー・クーンスが参加して素晴らしい演奏を披露しているので、そちらもぜひお聴きください。

＊1／1963年、キューバのハバナ出身のピアニスト。1990年、ディジー・ガレスピーの40年ぶりのキューバ帰還を描いたドキュメンタリー映画『ナイト・イン・ハバナ』で世界的な注目を浴びる。1993年にニューヨークで初公演。リーダー作、共演作多数。

＊2／1953年、キューバのハバナ出身のドラマー。ディジー・ガレスピーのバンドでニューヨークに進出。マッコイ・タイナーやチック・コリア、フレディ・ハバード等と共演。ラテン・ジャズのトップ・ドラマーとして敬意を集め、リーダー作はグラミーにもノミネートされている。

＊3／1904年生まれ、メキシコの作詞家、作曲家。高名なアグスティン・ララの実妹で、アグスティン作品の何曲かは彼女の名義。1984年没。

＊4／1961年、カリフォルニア州出身のギタリスト。父はギタリストのデイヴ・クーンス。ジミー・ワイブルに学び、ヒューバート・ロウズやボブ・ミンツァー、ボブ・ブルックマイヤー、ビリー・チャイルズ等と共演。

NEARNESS OF YOU : THE BALLAD BOOK
MICHAEL BRECKER

2001

『ニアネス・オブ・ユー：ザ・バラード・ブック』
マイケル・ブレッカー

① CHAN'S SONG　5:15
② DON'T LET ME BE LONELY TONIGHT　4:43
③ NASCENTE　6:18
④ MIDNIGHT MOOD　6:22
⑤ THE NEARNESS OF YOU　4:32
⑥ INCANDESCENCE　5:21
⑦ SOMETIMES I SEE　5:26
⑧ MY SHIP　7:10
⑨ ALWAYS　5:37
⑩ SEVEN DAYS　5:32
⑪ I CAN SEE YOUR DREAMS　3:50
⑫ SAY IT (OVER AND OVER AGAIN)　5:10

① by Herbie Hancock, ② by James Taylor,
③ by Flavio Venturini & Murlio Antunes,
④ by Joe Zawinul,
⑤ by Hoagy Carmichael & Ned Washington,
⑥・⑪ by Michael Brecker,
⑦・⑩ by Pat Metheny,
⑧ by Kur Weill & Ira Gershwin,
⑨ by Irving Berlin,
⑫ by Jimmy McHugh & Frank Loesser
VERVE

□2000年12月録音
□プロデューサー：パット・メセニー
□コ・プロデューサー：スティーヴ・ロドビー
□録音スタジオ：ライト・トラック・レコーディング（アメリカ、ニューヨーク）
□チーフ・エンジニア：ジェームス・ファーバー
□参加ミュージシャン
マイケル・ブレッカー：テナー・サックス
パット・メセニー：ギター
ハービー・ハンコック：ピアノ
チャーリー・ヘイデン：ベース
ジャック・ディジョネット：ドラムス
ジェームス・テイラー：ヴォーカル（②・⑤）
デイヴ・サミュエルズ：アディショナル・パーカッション

マイケルの歌心が永遠に響き渡る、珠玉のバラード集

マイケル・ブレッカーのソロ作品は傑作揃いであるが、ベストの1枚はどれかと問われれば、筆者は迷うことなく本作を挙げる。稀代のテクニシャンであるマイケルが、コルトレーンの名作『バラード』を意識しながら創り上げた、2000年代の新たなバラード集。プロデュースは信頼するメセニーに委ねて、考えられる最高のメンバーを集め、ゲスト・ヴォーカルにジェームズ・テイラー[*1]を迎えるという贅沢かつジャンルレスな本作は、単なる耳触りの良いBGMではなく「バラードという形式そのものへのリスペクト」をコンセプトとする至高の芸術作品なのだ。有名なスタンダード曲から、メセニーやハンコックのオリジナル曲、更に書き下ろしの自作曲を加えた幅広い選曲が、それを雄弁に物語っている。メセニーの視点から捉えると、本作は『80/81』に所収の珠

玉のバラード曲EVERY DAYの延長上にあり、両者の長きにわたるコラボレーションの「静の側面の頂点」に本作を位置づけることができよう。2曲にジェームス・テイラーが加わっていることにも、特別な意味がある。

アルバムは、ハンコックが映画『ラウンド・ミッドナイト』[*2]のために書き下ろした①から始まる。サブトーンを僅かに交えて低く出るマイケル、空間を舞うハンコック、サウンドに溶け込むメセニー、それをゆったりと支えるヘイデンとディジョネット。名人たちの織りなす極上の音空間にクラクラする。慈愛に満ちたテーマは崩さずに吹き進め、ソロでは速いパッセージも織り込んで緊張感を加えるなど、緩急自在のマイケルは早くも絶好調。続くメセニーはナイロン弦で訥々と歌った後、マイケルとテーマをユニゾン。ハンコックのバッキングのうまさも光る。続いてはテイラーのヴォーカルをフィーチャーした②だが、同曲はテイラーの1972年のアルバム『ワン・マン・ドッグ』に収録、マイケル初期の傑作ソロとの呼び声も高い名曲だ。テイラーの参加は「バラード・アルバムを作るそうだけど」と本人がマイケルに申し出たもので、②の選曲もテイラーのレコメンドによる。オリジナルから30年近くを経ての再演だが、ジャジーなバックを従えてナチュラル・ヴォイスで出るテイラーの気負いのなさは、さすがの貫禄。マイケルはオブリガートで寄り添い、2分21秒からソロを披露して再会を歓ぶ。メセニーはナイロン弦でのバッキングに専念しているが、サックスのソロのバックで、僅かにエレクトリック・ギターをダビングし厚みを加えている。心温まる名演。それに続くのがミルトン・ナシメントの名唱で知られる③、という選曲の流れも絶妙。③ではまず、ディジョネットのシンバルロールの美しさに耳を傾けてほしい。左右チャンネルを泳ぐように自在にパルスを刻み、空間を浄化していくかのようなプレイはもはや神懸かり的といっていいだろう。そこにマイケルが優美なテーマ・メロディーを、大地への賛歌として奏でていく。1分41秒からはメセニーがギター・シンセで降臨して聴く者を天界へと誘い、それに合わせて右チャンネルでアコギによるコード・ストロークがさざめく。続くハンコックのピアノもクロマティックの階段を駆け上がり、雲の上に辿り着いたところでマイケルにバトンタッチ。テナーの太いロングトーンに呼応してディジョネットが豪快にタムを回し、ラストは全員がルバート気味にメロディーを回想して昇天していく。このメンバーにしても滅多になし得ないだろう奇跡的な6分強であり、この演奏が本作の価値を数段高めていると思う。
ジョー・ザヴィヌルがキャノンボール・アダレイ・グループのために書いた④も渋すぎる。ハンコックがこういう曲で聴かせるエレガントなタッチにはビル・エヴァンスの影響を強く感じるが、実に気持ちの良いところを押さえていくのだ。マイケルはひたすらスローなまま進み、歌心一発で吹き切ってしまうという大胆さ。⑤で再びテイラーが加わり、お馴染みのメロディーをオリジナル・キーのFメジャーのままでさらりと歌う。アレンジはハンコックとメセニー、そしてギル・ゴールドスタインの3者によるもので、イントロの印象的なリフにその効果が表れている。前半はメセニーのボサノヴァ・ギターのみを伴奏に歌われ、サビからリズム隊が加わるが、ポップながら品格に満ちたアンサンブルが素晴らしい。1分57秒のサックスソロから1音上のGメジャーに転調するのもポップス的。マイケルはテーマをフェイクした大らかなソロを聴かせて、最後のテーマの前で再びEbメジャーに転調する。ジャズではあまりないこうした転調構成にも、本作のユニークさが見て取れよう。ここまでがチャプター1で、アルバムのロマンティックな面を象徴している。[*3]
チャプター2には、バラードの内省的な面を象徴する5曲が並ぶ。まず⑥は白熱光を意味するタイトルのマイケルのオリジナル。ここまでの楽曲に較べて幾分抽象的なテーマ・メロディーで、メセニーのギターソロが大きくフィーチャーされる。続く⑦はアルバム『カルテット』所収のメセニーの哀愁に満ちたワルツだが、ここではよりジャズっぽくオーソドックスな展開。ソロはマイケル、メセニーの順で、いずれも短いながらもしっとりと歌い上げる。エンディングに向けてのマイケルの繊細なフレージングも見事だ。スタンダードの⑧はギル・エヴァンスのスコアを基に、[*4]ゴールドスタインがクインテット用にアレンジしたもの。1分41秒からのアンサンブルはなるほどギルっぽい。マイケルは高めの音域で歌い上げ、ハンコックはモチーフをさまざまに変化させながら揺蕩う。やはりスタンダードの⑨では、ラリー・ゴールディングスのアレンジを採用。ディジョネットのブラシによる6／8拍子のリズムが独特の浮遊感を生んでおり、この曲の聴き慣れたムードとは少し異なる新しい解釈だ。その上でメセニーが軽快なソロを披露して、マイケルも楽しげに追う。メセニーの⑩はやはり『カルテット』に収録されていた曲で、マイケルの好みがよくわかる。ハンコックのソロは曲のミステリアスなステートメントを見事に活かし切っており、これにはメセニーも震えたことだろう。マイケルもエモーショナルに咆哮し、バンドのアンサンブルもどこまでも深く沈み込んでいく。

「エピローグ」と位置付けられた⑪はマイケルの新曲で、このクインテットをイメージして書かれたもの。タイトル通りにロマンティックな楽曲で、マイケルとメセニーがユニゾンでテーマを奏で、ディジョネットが感動的に煽り、ラストはマイケルとハンコックのデュオで締め括る。アルバム本編はここまでだが、間違いなく一家に一枚の名盤だ。

⑫は日本版のボーナストラックだが、コルトレーンの『バラード』オープナーのマイケルによるバージョン。敢えてメセニーが抜けているのはプロデューサーらしい配慮で、ピアノ・トリオをバックにマイケルがメロディーを噛み締めるように吹き綴る。インスピレーションに満ちたハンコックのソロとバッキングも終始圧巻で、エンディングではマイケルが無伴奏で存分に泣かせてくれる。

＊1／1948年、マサチューセッツ州出身のシンガー・ソングライター。1970年代より、キャロル・キング等とともにアメリカのシンガー・ソングライター・ブームの火付け役として活躍。2016年には栄えある「ケネディ・センター名誉賞」を受賞。
＊2／1986年、ベルトラン・タヴェルニエ監督によるアメリカ・フランス合作の映画。主演はデクスター・ゴードンで、彼のアカデミー主演男優賞へのノミネートも大きな話題となる。ハンコックは同映画の音楽で、アカデミー作曲賞を受賞している。
＊3／本作日本盤に掲載された、小川隆夫によるマイケル・ブレッカーへのインタビューより。
＊4／1912年、カナダ・オンタリオ州出身のピアニスト、アレンジャー。マイルス・デイヴィスの『クールの誕生』、『マイルス・アヘッド』、『ポーギー&ベス』、『スケッチ・オブ・スペイン』等で有名。自身のオーケストラによるアルバムも多数。1988年没。

REVERENCE
RICHARD BONA

2001

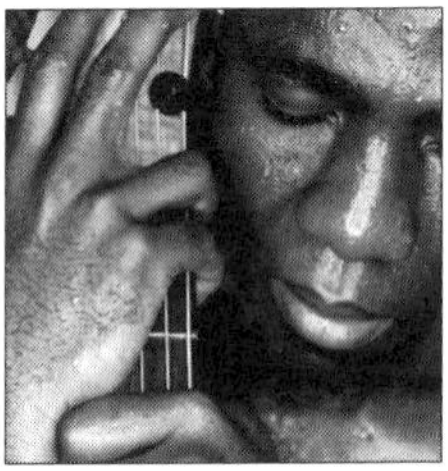

『レヴランス』
リチャード・ボナ

⑥ REVERENCE
(THE STORY OF A MIRACLE) 4:37

※パット・メセニー参加曲のみ

⑥ by Richard Bona
Sony Records

□ 2001年録音
□ プロデューサー：リチャード・ボナ
□ 録音スタジオ：ボナユマ・レコーディング・スタジオ、
シアー・サウンド（アメリカ、ニューヨーク）
□ エンジニア：リチャード・ボナ、トム・シック
□ 参加ミュージシャン
リチャード・ボナ：ヴォーカル、ベース、
フレットレス・ベース、ピッコロ・ベース
パット・メセニー：アコースティック・ギター
アリエル・M・ホーニグ：ドラムス
ギル・ゴールドスタイン編曲＆指揮
スモール・オーケストラ

次なるＰＭＧにも繋がった、才人ボナとの共演

　１９９０年代、カメルーンから彗星の如く現れたベーシスト、リチャード・ボナ[*1]。多くのジャズ・ファンは彼の存在をザヴィヌル・シンジケートにおける活躍で知ることになったのだが、サバンナを駆けるチーターの如き俊敏なグルーヴは衝撃的だった。更に彼の才能はベースに留まらず、ヴォーカル、ギター、キーボード、パーカッションまでをこなすマルチ・インストゥルメンタリストであり、出自であるアフリカ音楽を基調にしながらもポップで開放的なジャズ・フュージョンを展開し、シーンに新風をもたらしたのだった。

　本作は１９９９年の『シーンズ・フロム・マイ・ライフ』に続くボナのセカンド・アルバム。メセニーはタイトル曲である⑥に参加し、この新たな才能を支援している。イントロからメセニーのギターが鳴らされ、そこに木管とストリングスのアンサンブルが重なるワルツは、ギル・ゴールドスタインがアレンジしていることもあり、『シークレット・ストーリー』にも通じる風景。1コーラス目はピッコロ・ベース、2コーラス目はメセニーのギターで、ベドルジハ・スメタナの有名な『モルダウ』[*2]を思わせるマイナーのメロディーが奏でられるが、仄かなアフリカン・テイストに違和感なく溶け込んでいる。多重録音によるボナのコーラスも美しい。2分8秒からメセニーのソロが出るが、ナイロン弦によるタメの効いたノリで歌っていく。続くボナのフレットレスによるソロも軽やかそのもの。3分40秒からはメセニーが無伴奏でメロディーを綴り、そこにアンサンブルが加わって、爽やかなエンディングへ。短くも充実した演奏だ。

メセニーは不参加だが、マイケル・ブレッカーが加わった⑩NGADA NDUTU (WIDOW'S DANCE - CELEBRATION OF A NEW LIFE)も聴いておこう。ここでは名手ヴィニー・カリウタ[*3]と共に、存分にウェザー・リポート風のファンクで弾むボナが格好良い。マイケルのプレイもアンサンブルにソロにと大活躍する。日本盤にのみ収録の⑭『風がくれたメロディー』は本作リリース当時、NHKの『みんなの歌』でも放映されたが、「洒落たことをするなぁ」とNHKを見直したものだ。

本作でボナと接近したメセニーは、PMGの新メンバーを模索する際に「誰か良いパーカッションを知らないか?」とボナに電話。それに対して、ボナが「僕がいるじゃないか」と答えたことから、PMGに迎えたのは有名なエピソード。それを踏まえて再び⑥を聴き直すと、ぐっとPMG寄りに感じるはずだ。

*1／1967年、西アフリカのカメルーン出身のベーシスト。幼少時より音楽に親しみ、バラフォンやギターを習得。アルバム『ジャコ・パストリアスの肖像』に衝撃を受けてベースにスイッチし、1995年よりジョー・ザヴィヌルと共演。現在は自身のグループをメインに活動。

*2／ベドルジハ・スメタナは1824年生まれ、チェコの作曲家。代表曲『わが祖国』は6つの交響詩からなる連作で、第2曲『ヴルタヴァ（モルダウ）』の郷愁を誘うメロディーは特に有名。1884年没。

*3／1956年、ペンシルヴァニア州出身のドラマー。1978年にフランク・ザッパのバンドに抜擢され、一躍トップ・ドラマーに。ジノ・ヴァネリ、ジョニ・ミッチェル、スティング、チック・コリア、ジェフ・ベック、フェイス・ヒル等、常に第一線をサポートし続ける名手。

さまざまなカヴァー・ヴァージョンで、メセニー楽曲を味わい尽くす

メセニーの楽曲の大きな魅力の一つとして、メロディーの親しみやすさが挙げられる。特に初期ＰＭＧの楽曲には愛すべきポップな「歌モノ」が多く、そうした楽曲に歌詞を乗せてカヴァーするアーティストも少なくない。ここでは代表的なものを、いくつか紹介しよう。

初期の曲ではなんと言っても、４人姉妹のヴォーカルグループ、**Perri**《ペリ》による3曲だろう。アルバム『**CELEBRATE!**』（１９８６年）に収録のJACO TWOとAIRSTERAM TWO、次作『**THE FLIGHT**』（１９８８年）に収録のTRAVELS TWOは、いずれもメセニーの同曲に歌詞を乗せて、コーラスワークを加えて歌ったもの。特にメセニーのソロまでを完璧にヴォーカリーズしたAIRSTERAM TWOはなかなかの完成度。『CELEBRATE!』にはメセニーがライナーノーツも寄せており、彼女たちが引き続きこの路線で、'90年代以降の曲にもチャレンジしてくれていたらなあとは思う。

ジャズ・フュージョン系のインスト曲のヴォーカリーズで実績のある**ケヴィン・レトー**は、１９９５年のアルバム『**風の言葉〜ユニヴァーサル・ランゲージ**』でSO MAY IT SECLETLY BEGINをカヴァーしている（タイトルはSECLETLY BEGINと省略）。グルーヴ・タイプの大胆なアレンジを施しているが、サビ部分をハイトーンで歌いこなしており、ゲイリー・ミークのソプラノ・サックスのソロも暴れる痛快なトラック。よりオリジナルに忠実なのが**Anne Walsh**《アン・ウォルシュ》のヴァージョン。２００９年の『**PRETTY WORLD**』に収録のSO MAY IT SECRETLY BEGINで、スウィートな歌声を聴かせてくれる。このアルバム、キース・ジャレットのMY SONGやステップス・アヘッドのPOOLSも巧みにカヴァーしており、かなりオススメ。こうしたメセニーの曲のヴォーカリーズの頂点にあるのが、今のところアナ・マリア・ヨペック（→Ｐ２１８）ということになるかと思う。ちなみに男性では、**カート・エリング**が２００３年のアルバム『**MAN IN THE AIR**』でMINUANOをカヴァー。多重録音による凝ったコーラスが聴きものだ。

このメセニーも聴けば？ Part.2

そういえば……と歌手で思い出したのが、メセニーがプロデュースしたイスラエル出身のシンガー、**ノア**のアルバム『**Noa**』（１９９４年）だ。メセニーの楽曲ではないが、ライル・メイズやスティーヴ・ロドビー、ダン・ゴットリーブがサポートに加わっているので、ＰＭＧっぽい部分もあって結構楽しめる。

ジャズ・セッションの素材としてメセニーの曲が採り上げられることが意外と少ないのは、端的に「メセニー的になってしまうから」だろう。その点、**ボブ・ジェームス**はピアノトリオ・アルバム『**STRAIGHT UP**』（１９９６年）で、ベースにクリスチャン・マクブライド、ドラムスにブライアン・ブレイドを従えてJAMESを堂々とカヴァー。「ジェームスが弾くジェームス」だけに、文句なしに美しい（?）。チャーリー・ヘイデンはアルバム『**カルテット・ウエスト**』（１９８７年）でHERMITAGEをチョイス。アーニー・ワッツのサックスが曲の新たな魅力を引き出した、素晴らしい演奏を聴かせている。この2曲は必聴。また、**ボブ・カーナウ・ビッグ・バンド**による『**Music of Pat Metheny**』（１９９５年）とその第2弾『**Music of Pat Metheny & Lyle Mays–Volume 2**』（２０１２年）は大編成向けの力の入ったアレンジが楽しめるが、オリジナル以上の価値を見出すことはさすがに難しい。あくまで学習者向けということで。

ギターソロによるカヴァーとして、クラシック・ギタリストの**ジェイソン・ヴィーオ**の『**IMAGES OF METHENY**』（２００５年）と、**ペオ・アルフォンシ**の『**CHANGE OF HEART**』（２０１６年）も挙げておこう。前者は完全なクラシック・ギターの独奏曲集で、ヴィーオはこの分野では一流の奏者ゆえ、そのアレンジはテクニック的にかなり高度なものになっている。「メセニーも演奏不可能なメセニーのソロ曲」として、聴くべき点は多い。後者はよりジャンルレスに、原曲の可能性を自由に追求したもの。アルフォンシはアル・ディメオラとのデュオでも知られる名手だが、バリバリとテクニックで弾き切るのではなく、独自の解釈でメロディーを歌わせるタイプ。メセニーの世界を大きく捉えた温かな演奏はヴィーオとはまた異なり、ギター音楽の幅広い表現を知ることができるだろう。

SPEAKING OF NOW
PAT METHENY GROUP

2002

『スピーキング・オブ・ナウ』
パット・メセニー・グループ

① AS IT IS 7:40
② PROOF 10:15
③ ANOTHER LIFE 7:09
④ THE GATHERING SKY 9:22
⑤ YOU 8:29
⑥ ON HER WAY 5:39
⑦ A PLACE IN THE WORLD 9:52
⑧ AFTERNOON 4:43
⑨ WHEREVER YOU GO 8:03
⑩ EPILOGUE (BONUS TRACK) 4:06

All Music by Pat Metheny & Lyle Mays,
Except ③・⑤・⑧・⑩ by P.Metheny
Werner Bros. Records

□2001年録音
□プロデューサー：パット・メセニー
□コ・プロデューサー：スティーヴ・ロドビー&ライル・メイズ
□録音スタジオ：ライト・トラック・レコーディング（アメリカ、ニューヨーク）
□エンジニア：ロブ・イートン
□参加ミュージシャン
パット・メセニー：アコースティック、エレクトリック&シンセ・ギター
ライル・メイズ：アコースティック・ピアノ、キーボード
スティーヴ・ロドビー：アコースティック・ベース、チェロ
リチャード・ボナ：ヴォーカル、パーカッション、ハイ・フレットレス・エレクトリック・ベース、アコースティック・ギター
クォン・ヴー：トランペット、ヴォーカル
アントニオ・サンチェス：ドラムス
デイヴィッド・サミュエルズ：アディショナル・パーカッション&マリンバ

ＰＭＧチルドレン達を従えて辿り着いた、デジャヴとしての新大陸

前作『イマジナリー・デイ』から5年を経てのリリースとなったことからもわかるように、メセニーにとってスペシャル・プロジェクトであるＰＭＧは、「グループでないと不可能な表現領域」に臨むために、膨大な準備期間を要するようになった。メセニーの多岐に渡る活動の中でも、多くのファンが最も望んでいるのは何よりもＰＭＧの新作である。世界中のメセニー・ファンはＰＭＧでの音楽体験――少人数のアンサンブルでシンフォニックなサウンドとインプロヴィゼイションを融合させたもの――を通じて、耳をより大きく開き、新たな風景を共有することに歓びを感じてきた。その期待に応えるために、前作で一つの旅を終えたＰＭＧは、本作ではあえて具体的なアルバム・コンセプトから入るのではなく、よりナチュラルにメイズとの共同作業に取り組む。また当

然ながら、新たに迎え入れたメンバーがもたらすフレッシュなサウンドへの期待も込められ、結果として本作は、PMGサウンドの普遍性を確認すると共に、「デジャヴとしての新大陸」を体験できるアルバムになった。

2001年、まずはアントニオ・サンチェス[*1]が新しいメンバーとして迎えられる。前任者のポール・ワーティコはPMGの長いロードツアーに疲れ、家族のいる地元シカゴへの定着を決意。そこに、名門ニューイングランド音楽院で頭角を現したサンチェスが飛び込んだ格好だ。リチャード・ボナについては先に触れた通りだが、この段階でメキシコシティ出身のサンチェスとカメルーン出身のボナという、「ジャズの次なる風景」を描くポテンシャルを持ったリズム隊の布陣が確定する。ベトナム出身のクォン・ヴー[*2]は当時は無名の存在だったが、メセニーは偶然ラジオで聴いた彼の先鋭的なプレイに感銘を受けて、わざわざヴーの自宅を調べて電話してPMGへの加入を要請したという。[*3]こうして集まった新メンバーの3人に共通するのは、全員がまずもってPMGの音楽のファンであったという点だ。つまりPMGチルドレン達が、庭に自分たちのおもちゃを持ち込んで遊びつつ、庭の外に砂や土や植物の種等をやんちゃにバラ撒いていく。その様子を微笑みつつ見守るのがメセニー、ライル・メイズ、スティーヴ・ロドビーという親密な構造が見えてくる。

アコギのストロークにいきなりメロディーが被さる①の、何処かで聴いたような、しかしながら初めて聴くサウンドは「デジャヴとしての新大陸」への上陸に相応しいオープニング。26秒からはサンチェスがブラシでロックビートを刻み、ロドビーが重厚なリフでストライド。センターでテーマ・メロディーを奏でるエレクトリック、左で軽いストロークのアコースティック、右でテーマとリズムを合わせつつ開放弦のEを鳴らすシタールと、この段階で3本のギターが重ねられている。繰り返される印象的なメロディーは、2分1秒からはボナの特徴的なヴォーカルとシンセのリードに変わり、サンチェスはスティックに持ち替える。2分23秒からはヴーのトランペットが登場し、メイズが弾く展開部のメロディーに彩りを添える。こうして聴き進めると明らかなように、本曲は新メンバーの持ち味を順に「ちょい見せ」することで、彼らをさりげなくプレゼンテーションしていくような建て付けになっている。3分15秒からは満を持すかのように、メセニーのギター・シンセのソロが始まる。ステディなロックビートの上でモチーフを自在に展開していくが、バックではメイズを中心とする巧みなアンサンブルが回り舞台のように風景を先へ送っていき、サンチェスのドラムスもこれに連れてダイナミックに盛り上がり、メセニーの上昇フレーズと共に5分10秒で新たな地平に出るドラマティックな流れは圧巻。エンディングに向けて幾度もリピートするテーマを心で口ずさむうちに、聴く者はニューPMGにすっかり心を奪われていることに気づくだろう。

そこに疾風怒涛の如く、②が現れる。リズムはラテンタッチの速い4ビートで、ハーモナイズされたメロディーが風雲急を告げるかのような険しい表情だ。テーマではヴーのトランペットが大きくフィーチャーされ、複雑なブリッジを経てメセニーのソロへ。ここでのライド・シンバルのニュアンスに、サンチェスとワーティコの違いがよく表れている。あくまで軽く上空を飛翔するワーティコに対し、サンチェスはリズム全体を力強くプッシュしより推進力を与えているのだ。故にメセニーのソロも、いつにも増してアグレッシヴに迫ってくる。続くヴーのソロは空間をゆったり漂い、徐々に高度を上げて、メイズのピアノへと繋ぐ。鍵盤上を細かく上下に滑空するメイズのソロも緊張感に満ち、3者のソロパートを「急・緩・急」の構成とすることで、畳み掛けるようなエンディングへの高まりに持ち込んでいる。

ボナがコーラスを重ねる③は一転して、落ち着いたムードの遅いボサノヴァ。メセニーはナイロン弦でテーマとソロをたっぷりと聴かせ、4分21秒でボナとヴーがユニゾンで大地への賛歌を響かせる。エンディングに向かうメイズのピアノは、アントニオ・カルロス・ジョビンさながらの美しさ。続く④ではボナの弾くアフリカン・ギターが、アメリカーナとアフリカーナを地続きにする新たな風景を描き、PMGの25年間をも大きく束ねる。2分34秒からバンドが一丸となって走り出し、メセニーがソロで先頭に出る。6分から始まるダイナミックなユニゾンを縫うサンチェスの迫力たるや！ そこからシンセの雲海を泳ぎ、イントロの風景に戻る瞬間も最高のカタルシス。

⑤・⑧はいずれもボナのヴォーカルを大きくフィーチャーしたナンバーだが、特に⑧には驚く。完全にバート・バカラック・ミーツ・リチャード・ボナ＠ＰＭＧといった趣で、ここまでポップでリラックスした世界を見せてくれるとは思わなかった。このメロディーとコード進行の美しさについては、ぜひ楽譜集[*4]で確認してほしい。多くのアーティストにカヴァーしてほしい名曲だ。⑤の終わりにはアフリカンなシークレット・トラックも収められている。そこから入る⑥がまた抜群。これまでのＰＭＧらしい温かなメロディーにボナが加わることで、更に大きく包み込みような優しさが加わる。本当に素晴らしいシンガーだ。メセニーのソロも歓喜に満ちたプレイで、滑らかに弾き飛ばす。アルバムの中では短めのトラックだが、新たなＰＭＧの魅力をグッと凝縮した1曲と言えるだろう。

ショートストーリー的な構成を持つ⑦は、アルバム後半のハイライト。ここではメイズがたっぷりとソロを繰り広げ、ヴーも大らかに雲間を泳ぐ。メセニーのかき鳴らしも熱を帯び、エンディングでは次作『ザ・ウェイ・アップ』を軽く予告して、物語を収束に向かわせる。シタールの音色がメロディーに切なさを添える⑨は、今回の旅を回想するかのような、希望に満ちたラストナンバー。メセニーの流麗なソロ、エンディングに向かうシンフォニックなメロディー展開とアンサンブルが雄大な風景を織りなし、ギターの余韻と共に旅を終える。

日本版のボーナストラック⑩はメセニーの多重録音によるソロ。⑨の余韻の延長上にある演奏だが、旅の後に見る甘美で幻想的な夢、というところだろう。

＊１／１９７１年、メキシコシティ出身のドラマー。５歳からドラムを始め、10代でプロとして活躍。ボストンに進出しバークリー音楽大学とニューイングランド音楽院で学び、パキート・デ・リベラやダニーロ・ペレスと共演。２０１４年の映画『バードマン あるいは（無知がもたらす予期せぬ奇跡）』のサントラでも高い評価を獲得。

＊２／１９６９年、ベトナムのサイゴン出身のトランペッター。１９７５年に家族とシアトルに渡り、11歳でトランペットを始めて、ニューイングランド音楽院のスカラーシップを獲得。１９９４年にニューヨークに進出。自らのリーダー・グループでも活動。

＊３／本作の日本盤に掲載されたパット・メセニー自身のコメントより。

＊４／*THE PAT METHENY REAL BOOK*, 8

UPOJENIE
ANNA MARIA JOPEK &
FRIENDS WITH PAT METHENY

2002

『ウポイエニェ』
パット・メセニー&アナ・マリア・ヨペック

① CICHY ZAPADA ZMROK 3:28
② PRZYPŁYW, ODPŁYW, ODDECH CZASU (TELL HER YOU SAW ME) 4:50
③ TAM, GDZIE NIE SIĘGA WZROK (FOLLOW ME) 3:52
④ BIEL 3:24
⑤ CZARNE SŁOWA 5:15
⑥ LETTER FROM HOME 2:50
⑦ ARE YOU GOING WITH ME ? 8:34
⑧ ZUPEŁNIE INNA JA (ALWAYS AND FOREVER) 4:00
⑨ MANIA MIENIA (SO MAY IT SECRETLY BEGIN) 3:41
⑩ BY ON BYŁ TU (FARMER'S TRUST) 6:58
⑪ UPOJENIE 4:52
⑫ PIOSENKA DLA STASIA 3:54
⑬ ME JEDYNE NIEBO (ANOTHER LIFE) 3:10
⑭ POLSKIE DROGI 2:33

① Traditional, ②・⑥・⑧・⑨・⑩ by Pat Metheny,
③・⑦ by P.Metheny & Lyle Mays,
④・⑫ by Marcin Kydryński,
⑤・⑩ by Anna Maria Jopek, ⑭ by Andrzej Kurylewicz
Werner Music Poland

□ 2002年録音
□ 録音地：ワルシャワ（ポーランド）
□ プロデューサー：マルシン・キドリンスキ&パット・メセニー
□ 参加ミュージシャン
アナ・マリア・ヨペック：ヴォーカル、エレクトリック・ピアノ
パット・メセニー：エレクトリック&アコースティック・ギター、ギター・シンセサイザー、42弦ピカソ・ギター、ギター・シンセサイザー
Henryk Miśkiewicz：ソプラノ・サックス⑧⑪
Piotr Nazaruk：フルート、リコーダー、ダルシマー、バンジョー、ヴオーカル、パーカッション②⑤⑦
Leszek Możdżer：ピアノ②③⑤⑥⑨⑩⑪
Pawel Bzim Zarecki：シンセサイザー、オルガン、パーカッション②③⑤⑦⑨⑪⑫⑬
Mateusz Pospieszalski：シンセサイザー⑨⑬
Bernard Maseli：ビブラフォン⑨
Darek Oleszkiewicz：コントラバス②⑨⑩⑪⑫⑬⑭
Marcin Pospieszalski：ベース③⑤⑦
Marek Napiórkowski：ギター⑪
Cezary Konrad：ドラムス②③⑤⑦⑨⑩⑪⑫⑬
Mino Cinelu：パーカッション⑪⑬
Wojciech Kowalewski：パーカッション②③⑤⑦⑬
Barney：ヴォイス⑦
Mateusz Pospieszalski 指揮オーケストラ⑨⑬

多大な成果を上げた、ポーランドの歌姫との濃密なコラボ

これには驚いた。突然リリースされた、ポーランドの女性歌手アナ・マリア・ヨペック*1とのかなり濃密なコラボレーション・アルバム。メセニーの楽曲にポーランド語の歌詞をつけて歌っているのだが、当時リリースされたばかりのPMGの『スピーキング・オブ・ナウ』収録のANOTHER LIFEも含まれているというスピード感。メセニーはこの歌姫の本気度に感銘を受け、どっぷりと付き合うことになる。そして結果にも大いに満足したのだろう、同年12月にはワルシャワでのコンサートにも出演している（映像作品もリリース）。なおここに紹介するのは筆者所有のポーランドのオリジナル盤だが、2008年に3曲を加えた新装盤がノンサッチから発売されている（曲順も変わってオリジナル盤の良さは失われたが、入手しやすいので未聴の方はこちらで）。

収録曲のうち②・③・⑥・⑦・⑧・⑨・⑩・⑬がメセニー関連曲なのだがなかなかの選曲センスだし、原曲の持ち味を活かしながらオリジナリティを加えたアレンジで飽きさせない。なにしろポーランドはショパンやシマノフスキ[*2]ら高名なクラシックの作曲家から、最先端のエレクトロまでを生み出している、かなりの音楽大国なのだ。ヨペックのヴォーカルも透明感の中にも東欧的な情念を秘めたもので、メセニーとの相性も悪くない。

まず①から③の流れが面白い。メセニーのピカソ・ギターをバックにトラディショナルを歌うというアイデアが、ナチュラルにハマっている。②はコーラスが重ねられたシネマティックなアレンジで、メセニーは速いトレモロで彩りを添える。そこに③がオルガンのグリッサンドとともに登場。アコギのストロークはオリジナルそのままだが、エレクトロな音を加えてポップソングに生まれ変わったこのヴァージョンは相当に面白い。⑥はピアノの独奏で、そこからアンビエント感のあるエレクトロな⑦へ。メセニーはギター・シンセで空間を彷徨うが、3分57秒で遂に咆哮。気合いの入ったソロをエンディングまで5分間近く、たっぷりと繰り広げる。

印象的なベースのリフは活かしつつリズム・フィギュアを変形させた⑨は歌モノの代表曲だが、ここでもメセニーのフロウをたっぷりとフィーチャー。⑩も良い感じの開放感溢れるテイクで、これがPMGに女性ヴォーカルが入った感じに一番近いだろう。⑬の解釈もユニーク。やはりエレクトロな意匠を加え、コードも少しダークかつ転調を多めにアレンジ。メセニーはギター・シンセでソロを取るが、実に楽しげだ。その他の曲もメセニーのギターをうまく活かしたメランコリーな曲調で、味のあるサックスソロも聴けるタイトルナンバーの⑪や、インストによる⑭など絶品だ。

＊1／1970年、ワルシャワ出身の歌手、音楽プロデューサー。音楽一家に生まれ育ち、名門ショパン音楽アカデミーでクラシックを、ニューヨークのマンハッタン音楽学校でジャズを学ぶ。ブランフォード・マルサリスや小曽根真等とも共演。2015年にはポーランド復興勲章を受章。

＊2／ピアノの詩人と呼ばれるフレデリック・ショパン（1810〜1849年／生年は諸説あり）、神秘性と民族性を共存させた作風のカロル・シマノフスキ（1882〜1937年）は、いずれもポーランドを代表する作曲家。

ONE QUIET NIGHT
PAT METHENY

2003

『ワン・クワイエット・ナイト』
パット・メセニー

① ONE QUIET NIGHT 5:01
② SONG FOR THE BOYS 4:29
③ DON'T KNOW WHY 3:07
④ ANOTHER CHANCE 6:47
⑤ TIME GOES ON 3:18
⑥ MY SONG 4:20
⑦ PEACE MEMORY 6:10
⑧ FERRY CROSS THE MERSEY 3:57
⑨ OVER ON 4TH STREET 3:38
⑩ I WILL FIND THE WAY 7:48
⑪ NORTH TO SOUTH, EAST TO WEST 12:00
⑫ LAST TRAIN HOME 4:35
⑬ IN ALL WE SEE 6:39

All Music by Pat Metheny,
Except ③ by Jesse Harris, ⑥ by Keith Jarrette,
⑧ by Gerry Marsden,
Werner Bros. Records

□ 2001年11月& 2003年1月録音
□ プロデューサー：パット・メセニー
□ コ・プロデューサー：スティーヴ・ロドビー
□ 録音スタジオ：パット・メセニー自宅スタジオ
（アメリカ、ニューヨーク）
□ エンジニア：パット・メセニー、ピート・カラム
□ 参加ミュージシャン
パット・メセニー：ソロ・バリトン・ギター

静謐なギター・ソロで、自らの音楽のレンジを拡張

アルバムタイトルがそのまま、本作の成立状況を表している。「ある静かな夜《ワン・クワイエット・ナイト》」とは２００１年11月24日。メセニーは自宅のスタジオでギターを弾いて過ごしていた。リンダ・マンザーが製作したバリトン・ギターにナッシュビル・チューニングを組み合わせた新しいサウンド[*1]は彼を刺激し、その夜、さまざまな演奏方法を試してみた。その「プライベートな記録」に、ツアーを終えた２００３年1月に新たに数曲を加えて仕上げたのが本作である。ギター1本でオーバーダビングなし。それでアルバム1枚を丸ごと……というのは、クラシック音楽以外では、限られたギタリストにしか許されないチャレンジングな試みだ。それを「バリトン・ギター+ナッシュビル・チューニング」という新しい意匠で実現したことに、メセニーらしさを感じるとともに、確かにこ

の楽器とこのチューニングでなければ不可能な世界が広がっていることに、改めて敬意を表するしかない。

最初に録音された①・④・⑤・⑦・⑩・⑪・⑬は、メロディーやアレンジを整えてから演奏しているのではなく、インプロヴィゼイションから成っている。低音弦をドローン的に鳴らし、このチューニングならではの開放弦の織りなす近接したハーモニーやアルペジオを「演奏しながら味わっている様子」がよく捉えられている（特に⑪に顕著）。2003年に追加で録音された③・⑥・⑧のカヴァー曲、ツアーで毎夜演奏した⑫、新曲の②・⑨については、その成果を用いてのアレンジや作曲が行われているので、聴き比べることでメセニーが時を経てこの楽器をより使いこなすようになっていることもよくわかる。

まずは多くの方が気になるであろうノラ・ジョーンズのヒット曲③だが、キーはCメジャーとしてオリジナルに忠実にメロディーを綴っていく中、ベースラインが実に心地良い。2分過ぎからはリハーモナイズを挟んでAメジャーに転調し、短く締めくくっている。キース・ジャレットの⑥も嬉しい選曲。メロディー、コード、ベースを綺麗に弾き分け、完全に「小さなオーケストラ」と化した素晴らしい演奏で、同曲のギター・カヴァーの頂点だろう。ジェリー&ザ・ペースメイカーズのヒット曲⑧はメセニーの青春の1曲だが、こちらは原曲の味わい深いメロディーを活かしながら、リハーモナイズを加えて幻想的に仕上げている。

そしてセルフカヴァーの⑫が、本作の価値をより大きく高めている。流れるアルペジオの中にメロディーを浮かび上がらせるアレンジ、自在なルバート・コントロールと息遣い、どこまでも複雑に広がっていくコード展開、全てが圧倒的な名演と言えるだろう。

これ以降、メセニーはライヴでほぼ毎回、自作曲のカヴァー・メドレーをバリトン・ギターで披露するようになる。新たに手に入れた「静の表現」で、彼は自らの音楽のレンジを拡張したのだった。

＊1／メセニーはバリトン・ギターを、通常のアコースティック・ギターの5度下にチューニング。よって最低音はA。これをハーフ・ナッシュビル・チューニングとし、6弦からA、D、G↑、C↑、E、Aで演奏している（↑は1オクターヴ上の意味）。

THE WAY UP
PAT METHENY GROUP

2005

『ザ・ウェイ・アップ』
パット・メセニー・グループ

① OPENING　5:17
② PART ONE　26:27
③ PART TWO　20:29
④ PART THREE　19:48

All Music by Pat Metheny & Lyle Mays
Nonesuch Records

□ 2003年〜2004年録音
□ プロデューサー：パット・メセニー
□ コ・プロデューサー：スティーヴ・ロドビー&ライル・メイズ
□ 録音スタジオ：ライト・トラック・レコーディング（アメリカ、ニューヨーク）
□ エンジニア：ロブ・イートン
□ 参加ミュージシャン
パット・メセニー：アコースティック&エレクトリック・ギター、シンセ&スライド・ギター
ライル・メイズ：アコースティック・ピアノ、キーボード
スティーヴ・ロドビー：アコースティック&エレクトリック・ベース、チェロ
クォン・ヴー：トランペット、ヴォイス
グレゴア・マレ：ハーモニカ
アントニオ・サンチェス：ドラムス
リチャード・ボナ：パーカッション、ヴォイス
デイヴィッド・サミュエルズ：パーカッション

前人未到の領域に辿り着いたＰＭＧの、現時点での最新作

前作『スピーキング・オブ・ナウ』を引っ提げてのワールドツアーを終えたのは、２００２年末のこと。その時点でライル・メイズと「ＰＭＧとして次に何をすべきか」について語り合った結果、「アルバム１枚を１曲として扱う」というコンセプトを固めて、ツアーと同じメンバーでＰＭＧの次作レコーディングに取り掛かることになる。メセニーは２００３年夏のインタビューで「ラインアップは前作と同じ。かなり複雑な作品なので、完成にはまだ時間がかかるけど、本当にスペシャルなものになるのは間違いない」と語っており、リリースは２００４年の年内になるとも予告している。[*1] 一方でリチャード・ボナのＰＭＧへの参加は当初から1年の契約だったので、本作のレコーディング初期でＰＭＧを離れることになる。ボナの代わりのメンバーが簡単に見つかるはずもなかっ

たが、レコーディングが長期に渡ったことで転機が訪れる。カサンドラ・ウィルソンのバンドで演奏していた、ハーモニカのグレゴア・マレ[*2]の発見である。メセニーはこれまでもPMGで、メイズにハーモニカ的な音色のシンセでソロを取らせたり（『オフランプ』ARE YOU GOING WITH ME）、ペドロ・アズナールにピアニカを吹かせたり（『レター・フロム・ホーム』BEAT 70）、『シークレット・ストーリー』ではトゥーツ・シールマンスを起用したりと、結構な頻度でハーモニカを自身のサウンドに採り入れてきた。マレのスタイルはジャズ的インプロヴァイズを行うものであり、メセニーの求めるものに合致。クォン・ヴーのトランペットとの2管のアンサンブルとそれぞれの固有のヴォイスが、「アルバム1枚で1曲」というチャレンジに新たな可能性を加えることになった。

ここで「アルバム1枚で1曲」の意味についても整理しておこう。テクノロジーの進化とともに歩んできたメセニーにとって、LPからCDへの主要ディスク・メディアの変化は見逃せないものであった。時代を遡れば、ジャズはSPからLPへの変化により、「長いアドリブをそのまま収録できる」という自由を獲得して大きく発展した音楽である。同じようなレベルの進化、つまり「CDというフォーマット」に合わせた音楽があっても構わないはずなのに、ジャズの分野では未だ為されていない。一方では21世紀に入ってインターネットの普及により音楽の楽しみ方も多様化し、まとまった作品を長時間に渡って鑑賞するという習慣は、もはや遠ざけられる傾向にあった。本作は、そうした状況に対する「一種のプロテスト・ミュージック」としての側面も持ち合わせている。[*3]従って4つのパートに分かれてはいるものの、あくまで便宜上のトラック・チャプター（『サイン・オブ 4』のディスク-1でも見られた手法）であり、オープニングと3つのパートから成る組曲ではなく、「全体で1曲」というのが発売当初からメセニーが何度も強調していた点である。なお、ここで紹介するのは「ボーナスパートが含まれる日本盤」であり、ワールドワイド・リリースの通常盤は④が日本盤より4分程短い。構成上、ボーナストラックを1曲追加するような作品ではないがための処置だが、このような手間暇の掛け方からも「全体で1曲」というコンセプトへのこだわりが見て取れよう。

複数のギターやパーカッションによるミニマル・ミュージック風のパルスに、都市のSEが重なってフェイドインする①から曲はスタート。36秒でそれらを蹴散らすようにアントニオ・サンチェスがリズムインし、抽象的なライトモチーフが出る。このオープニングパートは厳密にスコアに落とし込まれており、ギターを中心にさまざまな楽器が畳み掛ける3連符のアンサンブルは壮絶だ。リズムは4／4拍子を基調にしながらも、フレーズ見合いでの帳尻合わせのように2／4や3／4、4／5、4／6が挟まるという変態度。かつサンチェスが容赦なくクロスリズムで追い込むので、聴いているこちらはクラクラになってしまう。

②の頭でようやくサウンドが落ち着き、まずはマレから印象的なAマイナーのメロディーが出る。これを追ってメセニーのギターが咽び泣くのだが、僅かにオーバードライヴ気味のトーンが新しい。左右ではアコギによるスライドが飾り、これまでにはなかった風景が広がっていく。メロディーは歌モノっぽいのだが完結せずに、ライトモチーフとして他の楽器に引き継がれ、エレクトロなシンセも漂い始めると、何やら異次元空間に迷い込んだようなムード。2分55秒からメセニーがソロをスタートし、ヴーも並行して漂い始める。ソロが盛り上がり、再びライトモチーフが登場して完結する6分20秒あたりまでが、主題部のような役割を果たしている。続いてナイロン弦のアコギとピアノのユニゾンでコラール《賛美歌》が奏でられ、繰り返しでハーモニカが加わる。そこに遠くからパルスが割って入り、8分50秒からはコードがスピーディーに交錯するパートに突入。ブリッジを経て12分過ぎあたりからギターとハーモニカがユニゾンで奏でるメロディーは、前作の延長にあるようなアフリカンなもので、14分22秒からのメセニーのスピーディーなインプロ、続くメイズのカスケイドのようなピアノソロも前作のPROOFを彷彿とさせる。サンチェスとロドビーのグルーヴも凶悪。更にヴーが駆けつけて最高のイマジネーションに満ちたソロを展開。このソロのリレーからテーマに戻る流れはアルバム中で最高の瞬間。盛り上がりの余韻を受けてゆったり気味にメセニーがソロを繰り広げるも、結局はサンチェスと大暴れ。②の締めはサンチェスの落雷のようなソロとなる（ライヴではサンチェスのソロが拡張されて、おそるべき迫力となっていた）。

ギターのアルペジオから入る③では、暗雲の立ち込めるようなミステリアスなムードの中から光が差し、2分15秒でギターとハーモニカのユニゾンによる希望に満ちたメロディーが美しく出る。程なくパルスが通り過ぎ、メイズのピアノがしばし空間を浄化して、リズムインしてヴーのロング・ソロへ。ビバップ的な常套句を吹かずにメロディーを弄びSE的に拡散するヴー、これをメセニーがギター・シンセで追いかける流れも大きなハイライト。12分7秒で昇天しオリエンタルで静謐なパートに移行してからは、マレの出番だ。概ねピアノトリオをバックに、孤独を噛み締めるようなフレーズを紡いでいく。SAN LORENZOの進化系のようなキラキラしたルバート・アンサンブルがこれに続き、17分51秒からは①と②の冒頭を合体させたようなパートへ。左右チャンネルでヴーとマレが彷徨い、メセニーが加わるとアンサンブルがまとまっていき、ピアノがディステニー感のあるベースラインを奏でる④へ。ここまでに出て来たさまざまなライトモチーフが交錯するアンサンブルの雲間から、ハーモニカが新たなメロディーを吹いて、それを受けてエレクトリック・ギター、ピアノ、ギター・シンセが歓喜に満ちたスピーディーなソロをリレー。複雑なブリッジから回帰するメロディーではボナによるヴォーカルも登場して、感動的に盛り上がっていく。7分17秒からアルペジオに収斂し、①の冒頭の主題が出て、9分38秒で一旦完結。ここまで約1時間を一気に聴かせるのだから、やはりPMGは破格である。

10秒以上の空白を置いて始まるラストパートは、楽曲全体の長いコーダ。静かなアンサンブルを重ねながら、次第に熱量を上げて沸点に達する。それが落ち着くと弛緩した空間にパルスが舞い散っていき、いつしか巨大な揺らぎとなって、未来永劫の彼方に遠去かっていく。——2018年の現在となっては、この先の長きに渡るPMGの休止を予見するかのようなエンディングである。

*1/『ジャズライフ』2003年8月号掲載、パット・メセニーへのインタビュー記事より。
*2/1975年、スイスのジュネーブ出身のハーモニカ・プレイヤー。ニュースクール大学で音楽を学び、ニューヨークのミュージック・シーンへ。マーカス・ミラーやハービー・ハンコック、カサンドラ・ウィルソン等と共演し、2012年には初リーダー作『Grégoire Maret』をリリース。
*3/本作の日本盤に掲載された、中川ヨウによるパット・メセニーへのインタビューより。

DAY TRIP
PAT METHENY
W/CHRISTIAN McBRIDE & ANTONIO SANCHEZ

2008

『デイ・トリップ』
パット・メセニー
（ウィズ・クリスチャン・マクブライド&アントニオ・サンチェス）

① SON OF THIRTEEN 5:49
② AT LAST YOU'RE HERE 7:59
③ LET'S MOVE 5:22
④ SNOVA 5:56
⑤ CALVIN'S KEYS 7:25
⑥ IS THIS AMERICA? (KATRINA 2005) 4:34
⑦ WHATNOT 7:36
⑧ WHEN WE WERE FREE 9:28
⑨ DREAMING TREES 7:46
⑩ THE RED ONE 4:47
⑪ DAY TRIP 9:03

All Music by Pat Metheny
Nonesuch Records

□2005年10月録音
□プロデューサー：パット・メセニー
□録音スタジオ：ライト・トラック・レコーディング（アメリカ、ニューヨーク）
□エンジニア：ピート・カラム
□参加ミュージシャン
パット・メセニー：ギター
クリスチャン・マクブライド：ベース
アントニオ・サンチェス：ドラムス

ニュートリオを従え、思う存分に弾きまくるメセニーに悶絶

若き巨匠アントニオ・サンチェスを得たことで、メセニーは「思う存分ギターを弾きまくるためのトリオ」を構想する。そしてサンチェスと組むのに相応しい若手のテクニシャンとして、クリスチャン・マクブライドに白羽の矢を立てる。ツアーは２００３年より行われ、２００４年12月には来日公演も行っているが、つまりは長期化する『ザ・ウェイ・アップ』のレコーディングと並行して、このトリオでのライヴツアーを行っていたわけだ。そしてツアーの合間に、スタジオ・ライヴの感覚でレコーディングしたのが本作となる。

曲は全てメセニーによるものだが、①と④はトランペットのアレックス・シピアギン*1のアルバム『RETURNING』（２００５年）のために書かれたもの。⑧はＰＭＧの『カルテット』で、⑩はジョン・スコフィールドとの共演盤で披露していた旧曲。残る②・③・⑤・⑥・⑦・⑨・⑪が書き下ろしの新曲となる。

速いアフロ系4ビートの①は、抽象的なメロディーとひっきりなしに同型コードが移動するナンバー。メセニーは複雑なコード進行を難なく乗りこなし、まずはトリオのポテンシャルを示す。続いて軽いワルツの②だが、これはもう抜群。ポップなAメロとジャジーでヴァンプ的なBメロ、スムーズに転調するCメロという歌モノのフォーマットで、とろけるようなメセニーのソロにはひたすらうっとり。マクブライドも高音で歌心を聴かせる。そこに勢いよく③が登場。このトリオでなければ物理的に演奏が不可能であろうと思われる凶悪なユニゾンのテーマを持つ難曲で、超速4ビートで弾きまくるメセニー、終始プッシュするリズム隊に口あんぐりの5分強。マクブライドの早弾きをニヤニヤ見ながらバッキングするメセニーの表情が見えるようだ。

④はジョビン・マナーのAマイナーのボサノヴァ。複雑な転調を軽々とすり抜けるメセニー。マクブライドのベースソロは早弾きでも歌心を忘れない。エンディングではサンチェスのドラムも存分に歌う。変形ブルースの⑤はメセニーお得意のパターンで、トリオ全体がゴキゲンにスウィング。ハリケーンの甚大な被害を受けた後のニューオーリンズで書かれた⑥は、TRAVELSに通じる美しいバラード。ナイロン弦で切々とメロディーを綴るメセニーを、リズム隊がしっとりと包む。マクブライドのアルコソロも絶品だ。

日本盤のボーナストラック⑦はオーネット・マナーのブルース。からの⑧がアルバムのハイライトで、ピカソ・ギターから入り、あのマイナー・メロディーが出る演出も憎い。たっぷり泣かせるメセニー、中間部でのサンチェスのソロ、後半はギター・シンセで天高く飛翔と文句なしに盛り上がる。タイトルどおり夢見心地のバラード⑨に続く⑩もお馴染みのナンバーだが、ディストーション・ギターでロックに歌うメセニーもやはり良いです。ラストは①と対をなすかのようなテイストの⑪で、豪快にフィニッシュ。

＊1／1967年、ロシア出身のトランペッター。1991年にアメリカに進出し、ギル・エヴァンスやジョルジュ・グランツのビッグバンドで活躍。2001年にクリス・クロス・ジャズと契約、多数のリーダー作を発表。『RETURNING』にはアントニオ・サンチェスが参加。ギターはアダム・ロジャース。

TOKYO DAY TRIP
PAT METHENY
W/CHRISTIAN McBRIDE & ANTONIO SANCHEZ

2008

『トウキョウ・デイ・トリップ』
パット・メセニー
(ウィズ・クリスチャン・マクブライド&アントニオ・サンチェス)

① TROMSØ 9:45
② TRAVELING FAST 11:54
③ INORI 6:04
④ BACK ARM & BLACKCHAGE 6:34
⑤ THE NIGHT BECOMES YOU 6:17

All Music by Pat Metheny
Nonesuch Records

□ 2004年12月録音
□ プロデューサー:パット・メセニー
□ コ・プロデューサー:スティーヴ・ロドビー
□ 録音地:Blue Note Tokyoでのライヴ
□ エンジニア:デイヴィッド・オークス
□ 参加ミュージシャン
パット・メセニー:ギター
クリスチャン・マクブライド:ベース
アントニオ・サンチェス:ドラムス

ライヴにおけるニュートリオの破壊力が確認できるEP

「クリス殺し文句花嫁」「材料です。私の気持ちは」「劇場のケズウィック」と文字が並ぶのを見てニンマリとしたそこの貴方。お好きですねー、メセニーが。本作はクレジットには「東京で録音」としかないが、『デイ・トリップ』のスタジオ録音以前、2004年12月にブルーノート東京で録音されたライヴ・テイク集。収録されたのは5曲とはいえ、時間にして約45分とLPなら両面フルサイズ。おまけに『デイ・トリップ』との曲の重なりは全くなく、このトリオがいかに幅広いレパートリーを楽しんでいたかがわかる。本作はメセニーの音楽を熱くサポートし続ける日本のファンに敬意を表する、最高のプレゼントだ。ジャケットも前作を踏襲しつつ東京の街並みに適当にコラージュを貼り付けたもので、冒頭の文字群はそこから。面白いなあ。

まず新曲の①だが、これがいきなりユニーク。シタール・ギターがアルペジオでペダルを示し、そこにベースがアルコでメロディーを弾くのだが、同時にベースの音も鳴っている。おそらくアルコは録音されたものなのだろうが、この幻想的なサウンドをトリオで奏でるとは、やはりこの3人は尋常ではない。5分40秒からはグロッケンも聴こえるが、おそらくサンチェスが叩いているのだろう。大きなソロもなく淡々と進むこの感じは、PMGにもなかった新たな風景だ。続く②も新曲で、初期PMGっぽいアメリカーナなナンバー。こういう速いサンバで繰り広げるメセニーのインプロは、やはり格別にアガがる。ヘイデンっぽいスライドから入るマクブライドのソロがこれまた抜群。アメリカ大陸を横断する黒い暴走機関車と化して、カントリー・フレイヴァーを交えながらグイグイと進んで行くからもう笑うしかない。5分22秒からはサンチェスのソロで、ライヴならではの存分なブッ叩きは痛快そのもの。テーマに戻った後の8分21秒からメセニーは再びソロを繰り広げて、バンドが完全にゾーンに入った状態でどこまでも突っ走り、やがて人力フェイドアウトで次第に遠去かっていく。メセニーのメンバー紹介や拍手の雰囲気から、セットリストのラストに演奏されたのだろう。

③も嬉しい選曲。1990年にメセニーが「アメリカ音楽の父」と称されるスティーブン・フォスターにインスパイアされて作った曲で、[*1]矢野顕子に捧げられ、日本語の歌詞をつけた弾き語りヴァージョンが矢野のアルバム『SUPER FOLK SONG』（1992年）に収録されている。メセニー的にはこれが初演だが、ナイロン弦で子守唄のように優しくゆったりと歌うのでもはや泣くしかない。その後にフリーな④を放つメセニーは、なんたるサディスティックな男なのか。7／8拍子に6連符を押し込んだテーマ・ユニゾンで脅し、ギター・シンセで存分に暴れ、ブルーノートを血染めにする。ラストはバラードの⑤でその興奮を鎮めるが、全体がコンパクトなこともあって、正直、筆者的には『デイ・トリップ』よりもこちらを聴くことの方が多いです。

※1／*PAT METHENY SONG BOOK*, 443　スティーブン・フォスター（1826〜1864年）はペンシルバニア州出身の作曲家で、代表曲は『おおスザンナ』『草競馬』『故郷の人々（スワニー河）』『オールド・ブラック・ジョー』など。

METHENY MEHLDAU
PAT METHENY / BRAD MEHLDAU

2006

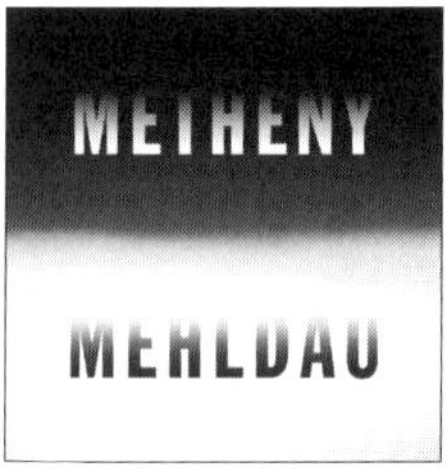

『メセニー・メルドー』
パット・メセニー&ブラッド・メルドー

① UNREQUITED 4:59
② AHMID-6 6:30
③ SUMMER DAY 6:21
④ RING OF LIFE 7:31
⑤ LEGEND 6:59
⑥ FIND ME IN YOUR DREAMS 6:05
⑦ SAY THE BROTHER'S NAME 7:11
⑧ BACHELORS Ⅲ 7:20
⑨ ANNIE'S BITTERSWEET CAKE 5:28
⑩ MAKE PEACE 7:05

①・⑤・⑨ by Brad Mehldau,
②・③・④・⑥・⑦・⑧・⑩ by Pat Metheny
Nonesuch Records

□ 2005年12月録音
□ プロデューサー：パット・メセニー
□ 録音スタジオ：ライト・トラック・レコーディング
（アメリカ、ニューヨーク）
□ エンジニア：ピーター・カラム
□ 参加ミュージシャン
パット・メセニー：ギター
ブラッド・メルドー：ピアノ
ラリー・グレナディア：ベース（④・⑦）
ジェフ・バラード：ドラムス（④・⑦）

相思相愛のメルドーと繰り広げる、刺激的過ぎるインタープレイ

ブラッド・メルドー[*1]の登場によって現在のジャズ・シーンが活性化していることを、疑う者はいないだろう。キース・ジャレット、ハービー・ハンコック、チック・コリアの3人がコンテンポラリー・ジャズピアノの扉を開いて以降、数多のピアニストが現れたが、そのスタイルにおいて彼らを超えるレベルのインパクトを持った若手はついぞ出てこなかった。そこに彗星の如く現れたメルドーは圧倒的な個性でピアノトリオの新たな可能性を示したばかりか、ジャンルの垣根も軽々と超えて2000年代のジャズの行方を指し示す存在になったのだった。彼が注目を浴びたのはジョシュア・レッドマンのアルバム『ムード・スウィング』（1994年）への参加だったが、メセニーは同作を聴いて「瞬時にして私のフェイバリットになった」と語っており、その理由を「過

去に私自身が目指してきたものと同じ方向性だと感じたから」としている。[*2] 一方でメルドーは、13歳の頃に友人から『トラヴェルズ』に収録されたARE YOU GOING WITH ME？を聴かされて衝撃を受けて以来のメセニーのファンであり、[*3] 相思相愛の関係にある両者がコラボレーションに向かうのは必然であったといえよう。

レコーディングはメルドーのトリオにメセニーが加わる形になり、最初の3日間でメセニーとメルドーのデュオが、続く3日間でカルテットによる演奏が録音される。当初は2枚組として発売される可能性もあったようだが、「一気に全てを発表してしまうと食傷気味になりかねない」との判断で、まずはデュオ中心の本作が、続いてカルテットの次作が、順にリリースされることになる。先に本作をリリースしたのは、両者の対話がいかに緊密なものであったかを示すためだろう。相手の音を完全に聴いて演奏の行方を合わせることはデュオ名人のメセニーにとって自家薬籠中のものだが、メルドーも自己のトリオで見せる嵐のようなオーバー・プレイを抑制して、メセニーのギターと溶け合うことを目指している。収録された楽曲は全て2人のオリジナルで、メルドーが3曲、メセニーが7曲という配分。メセニーは自作の7曲中⑦以外の全てを新たに書き下ろしており、このプロジェクトへの気合の入り具合が伝わってくる。

まず①は、メルドーのアルバム『ソングス：アート・オブ・ザ・トリオＶｏｌ．３』（１９９８年）に所収のオリジナル曲。内省的なテーマ・メロディーが印象的な楽曲だが、これをアルバムの最初に持ってくることで、両者が静かに向き合うかのような効果を生んでいる。一定のリズムを共有しながらメセニーが太く甘い音色でメロディーを紡いでいくが、メルドーがメロディーを弾く間もコードではなくカウンター的なインプロを繰り広げるメセニーのプレイは、ジム・ホールとのデュオ作と同様のスタイル。ソロがメセニーに回ると、メルドーは展開に合わせて時に合いの手を入れ、時にコードを刻み、少ない音数でサウンドを豊かに彩っていく。

リズミックな②は冒頭こそDm9とC♯m9の交代でシンプルに始まるが、すぐさま複雑にコードが展開、中間部ではコルトレーン・チェンジも挟まるという恐ろしい楽曲。両者とも楽勝にメロディックなソロを繰り広げるので複雑さを感じさせないのが凄い。続くバラードの③ではメセニーはアコースティック・ギターで出るが、スチール弦をメインに一部でナイロン弦のオーバー・ダビングを加えて厚みを増している。ソロはメルドーが先行。トーナリティーから自在に距離を置く個性的なラインを連発し、メセニーは綺麗にインサイドでプレイ。両者のコントラストが面白い。エンディングの闊達自在な会話もお見事。

④でラリー・グレナディアとジェフ・バラード[*4]が颯爽と登場。イントロのコードの動きとシンコペーションにビビるが、そのまま火事場のようなテーマに突入。ジェフの人力ドラムン・ベースがド迫力で、前半はその上でメルドーが完全に自分のトリオの演奏として飛ばしまくり、メセニーはひたすら成り行きを見守る。4分1秒で意を決したかのようにギター・シンセで斬り込み、若手3人の繰り出すビートの上で心行くまで飛翔。ジェフの短いソロの間に再びエレキに持ち替え、テーマの後はメルドーと絡みながらエンディングに向かってそれぞれの技を畳み掛けていく。その熱を冷ますかのようにメルドーの⑤が出る。これまたメルドーらしい複雑なバラードで聴く者は気を抜けないが、演奏する方も大変だろう。メルドーのコードの響きを縫うようにメロディーを綴るメセニー、対するメルドーは自作曲とあって遠慮なく両手で別のラインを弾く必殺のプレイを繰り出す。この曲は完全にメルドーのフィールドで、メセニーも大いに刺激を受けただろう。

⑥もバラード曲だが、こちらはメセニーによる歌モノ。Aマイナーのロマンティックなテーマを持ち、ソロはメセニーが先行。ルバート気味にゆったりと弾き進めるバックで、メルドーが随所で響かせるコードがハッとするような美しさ。ソロではメロディーのフェイクから入り、ノートを空間に散らしていくようなプレイで酔わせる。ラストのテーマの息の合い方も感動的。

ジョン・スコフィールドと共演した時のヴァージョンよりもかなり速いテンポで出る⑦で、再びリズム隊が加わる。ピアノが入るのでサウンドのニュアンスが異なって全くの新曲のようだ。メルドーのソロは時折ブルージーなフレーズを交えながらも、相当に遠いところまで飛んでいく。ジェフがピアノのフレーズに合わせて煽りまくるが、グレナディアが終始クールにグルーヴをキープしてアンサンブルの芯を崩さない。メセニーのメロディックで流麗なソロ、からのテーマ・アンサンブルは胸のすくような格好良さ。更にエンディングに向けてメセニーはより熱いソロで高まっていき、キメのフレーズまで完走する。

メルドーの作風を意識したようなメセニーの⑧は、ジャジーなワルツ。マイナーの歌モノなのだが、中間部に凄まじいコードチェンジを挟んで一筋縄ではいかない。ソロはメセニーとメルドーが1コーラスづつを分け合い、それぞれの歌心で惹き込む。リズムのフィーリングがピタッと噛み合い、終始スウィンギーに進むのが抜群に心地良い。エンディングではメルドー節が存分に炸裂する。メルドーの⑨は調性が揺らぎまくる楽曲で、メセニーはメルドーの高度なバッキングの上で、すこぶる気持ちよさそうにソロを展開。ソロ終わりの2分54秒のところで編集の跡が見えるが、この両者にして簡単な曲ではないのだろう。エンディング前でのフレーズをキャッチボールする両者の掛け合いも圧倒的。ラストのバラード曲⑩ではメセニーがバリトン・ギターで登場。豊かなベースラインが加わる上で、メルドーが個性的な歌心を聴かせる。3分あたりからはメセニーがひとしきりソロでムードを作り、再びのメルドーのソロではコード・ストロークによるバッキングで盛り上げていく。メルドーも右手でコードを連打、左手をストライドさせてメロディーを叩き込んでいく。この2人ならではのアツい演奏に、完璧にハートを打ち抜かれること間違いなし！そして次にはカルテットが待っている。

＊1／1970年、フロリダ州ジャクソンビル出身のピアニスト。ニュースクール大学で学び、1994年にジョシュア・レッドマンのバンドに参加して脚光を浴びる。翌年にはワーナー・ブラザーズとソロ契約、「アート・オブ・ザ・トリオ」シリーズの5作を残す。現在もピアノトリオ、ソロ、マーク・ジュリアナとのメリアーナ等の他、サイドマンとしても幅広く活躍し、ジャズシーンを牽引。

＊2／『ジャズライフ』2006年11月号掲載、パット・メセニーへのインタビュー記事より。

＊3／本作のライナーノーツに掲載されたブラッド・メルドー自身によるコメントより。

＊4／1963年、カリフォルニア州サンタクルーズ出身のドラマー。チック・コリアとの共演で頭角を現し、カート・ローゼンウィンケル、ジョシュア・レッドマン、マーク・ターナー等、若手のトップミュージシャン達と共演。2005年よりメルドーのトリオに加わり、不動のメンバーとして活躍。

QUARTET
PAT METHENY / BRAD MEHLDAU

2007

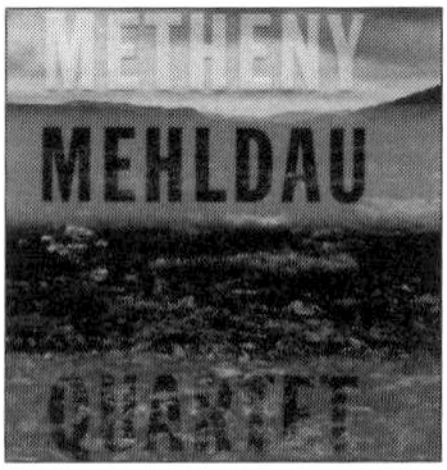

『カルテット』
パット・メセニー&ブラッド・メルドー

① A NIGHT AWAY 7:59
② THE SOUND OF WATER 3:53
③ FEAR AND TREMBLING 6:56
④ DON'T WAIT 7:08
⑤ TOWARDS THE LIGHT 8:10
⑥ LONG BEFORE 6:57
⑦ EN LA TIERRA QUE NO OLVIDA 7:43
⑧ SANTA CLUZ SLACKER 6:09
⑨ SECRET BEACH 9:07
⑩ SILENT MOVIE 6:03
⑪ MARTA'S THEME (FROM "PASSAGIO PER IL PARADISO") 2:31

① by Pat Metheny & Brad Mehldau,
②・④・⑤・⑥・⑦・⑩・⑪ by P. Metheny,
③・⑧・⑨ by B. Mehldau
Nonesuch Records

□ 2005年12月録音
□ プロデューサー：パット・メセニー
□ 録音スタジオ：ライト・トラック・レコーディング
（アメリカ、ニューヨーク）
□ エンジニア：ピーター・カラム
□ 参加ミュージシャン
パット・メセニー：ギター
ブラッド・メルドー：ピアノ
ラリー・グレナディア：ベース
ジェフ・バラード：ドラムス

カルテットの過激さとデュオの親密度がバランスよく味わえる名盤

前作同様にブラッド・メルドーとのコラボ作だが、「残りテイク集」というわけではなく、また全てがカルテットによるものでもなく、②・④・⑥・⑪の4曲はデュオによる演奏。作曲はメセニー7曲、メルドー3曲だが、①は共作であり、2人のコラボレーションが実りの大きいものだったことを示している。[*1]

ジェフ・バラードのクリスピーなリムショットから始まる①は、PMGで演奏してもおかしくないような、前作との2枚のアルバムを通じて最もポップなテーマを持つ楽曲。ソロはメルドーが先行しメセニー的な同音反復も交えつつ、独特の浮遊感のあるフレーズを紡いでいく。メセニーはペンタトニック中心で歌うが、ドラムスの激しい煽りにプレイもアツくなる。②はピカソ・ギターとピアノによるデュオ・インプロ。メセニーのピカソ・ギターにメルドーがアルペジオで絡んでオリエンタルな趣。スピーディーな4ビートの③では、オーバードライヴ気味のメセニーのギターがアブストラクトなメロディーを綴る。テーマの最後のノートを半音上にすることで異常なムードを演出。そのまま突入するギターソロはフリーキーに崩れていくスリリングなもの。メルドーはマイペースに弾き進めるが、メセニーのノイズ的バッキングを受けてノートの拡散方向を微妙に変えていく。

④はアコギとピアノによるチャーミングなデュオ。本作ではデュオは激しいカルテットの演奏の「間奏曲」のような役割を果たしている。続く⑤はこのカルテットによるARE YOU GOING WITH ME？的な楽想で、メセニーがギター・シンセによるロングトーンでテーマを取る。メルドーがムードを大きく崩さずにフローして、メセニーのソロは深めのリヴァーヴでたっぷりと歌い上げていく。エンディングはGm9とEbm9を4小節づつの交代でリピートして余韻を残して終わる。極めてPMG的な8分強。

Aマイナーのバラード⑥も親しみやすいメロディーの佳曲で、メルドーはコードを控え目にして、両手でメロディーを交錯させる、彼ならではのソロを聴かせる。メセニーのソロに入るとすぐさまオーソドックスなコード・バッキングに切り替え、メセニーの音域に絶妙に合わせていく。タンゴ・フィールの⑦も珍しい曲想で、メセニーがこの4人の可能性をいろいろ試していることがよくわかる。ラリー・グレナディアのグルーヴが終始心地良く、メセニーもメルドーもビートの上で自由に戯れている。⑧はレイドバックしたビートにミステリアスなテーマが、メルドーならではの不思議＆過激さ。続く⑨もメルドーによるものだが、自身のトリオでのライヴ盤でも披露しているので[*2]ぜひ聴き比べを。メセニーの存在が良い意味での軽さとポップさを加えていることがわかるはずだ。味わい深いバラードの⑩から、ムービースコアの⑪で締める流れも美しくもお洒落。メルドーとのコラボ2作は、聴けば聴くほどに味わいの深まる名盤なのである。

＊1／*THE PAT METHENY REAL BOOK*, 168　上記で採り上げられていることから、メセニーが中心になって共作の①を書いたことが窺える。
＊2／2008年の2枚組アルバム『BRAD MEHLDAU TRIO LIVE』に収録。気の合うトリオならではのフリーな展開が楽しめる。

PILGRIMAGE
MICHAEL BRECKER

2007

『聖地への旅』
マイケル・ブレッカー

① THE MEAN TIME 6:55
② FIVE MONTHS FROM MIDNIGHT 7:40
③ ANAGRAM 10:09
④ TUMBLEWEED 9:36
⑤ WHEN CAN I KISS YOU AGEIN ? 9:42
⑥ CARDINAL RULE 7:31
⑦ HALF MOON LANE 7:17
⑧ LOOSE THREADS 8:34
⑨ PILGRIMAGE 10:02

All Music by Michael Brecker
WA Records

□ 2006年8月録音
□ プロデューサー：マイケル・ブレッカー、ギル・ゴールドスタイン、スティーヴ・ロドビー、パット・メセニー
□ 録音スタジオ：ライト・トラック・レコーディング（アメリカ、ニューヨーク）
□ チーフ・エンジニア：ジョー・ファーラ
□ 参加ミュージシャン
マイケル・ブレッカー：テナー・サックス、EWI
パット・メセニー：ギター、ギター・シンセサイザー
ハービー・ハンコック：ピアノ①⑤⑧⑨
ブラッド・メルドー：ピアノ②③④⑥⑦
ジョン・パティトゥッチ：ベース
ジャック・ディジョネット：ドラムス

最後まで攻め続けたマイケルを囲む、友人たちの渾身の名演集

２００７年１月13日に白血病で天に召されたマイケル・ブレッカーの「白鳥の歌」となったのが本作だが、ここに収められている音楽は、病床に臥《ふ》しながらもステージへの復帰を目指して闘った彼が、最期までクリエイティヴかつアグレッシヴであったことを示すものである。お馴染みのメンバーに加え、メセニーと巡り合ったばかりのブラッド・メルドーや、ジャック・ディジョネットのお気に入りであるジョン・パティトゥッチ[*1]が新風を吹き込んでおり、マイケルのプレイも病院からスタジオに向かっていたとは思えないほどの好調ぶり。

曲は全て、マイケルのオリジナル。オープナーの①はマイケルとメセニーのユニゾンで出る、２人の長きにわたる親交を感じさせるモーダルなナンバー。ソロはマイケルが先行。友人たちの醸し出すサウンドのベッドを味

わうかのように音を探りつつ、次第にバーンアウトしていくプレイに胸が熱くなる。続くメセニーもモードチェンジを存分に愉しみ、こういうフォーマットでは神レベルの実力を発揮するハービー・ハンコックに繋ぐ。例の如くのディジョネットの煽りも容赦ない。ギル・ゴールドスタインによる緻密なスコアが素晴らしい②では、ピアノがメルドーにスイッチ。落ち着いた表情からソロを始め、3分あたりの性急なフレージングに持ち込む。メセニー、マイケルもお得意のフレーズを連発し熱量を高めていく。③もスリリングなテーマを持つ曲で、マイケルとメセニーがテーマをハーモナイズで演奏。マイケルが雄々しいトーンで走り出す。コーラスを重ねるごとにバンド全体がブチ切れていく素晴らしい演奏で、あくまで流麗なメセニーを受け、ドラムスとのデュオから入って場を完全に支配するメルドーがなんとも壮絶。

ファンキーな④もメルドー効果が大きく、テーマのバックで興奮気味に歌っているのはディジョネットか。ここでメセニーのギター・シンセが炸裂。アフリカンなビートの上でマイケル、メルドーも存分に大暴れ。そこにグイグイと割り込んでくるパティトゥッチも怖いもの知らず。切ないバラードの⑤で一旦クールダウンするも、⑥で再び熱くなるあたりに、マイケルの執念すら感じる。ここではパティトゥッチのテクニカルなソロもフィーチャーされ、メルドーのコンピングも冴える。

ミステリアスな美しさの⑦の魅力も捨てがたい。メロディーを綴るマイケルとメセニーの相性の良さと歌心が堪能できる。これまたファンキーな⑧ではマイケルもハンコックもフリーキーに暴走。叫びながら鍵盤をブッ叩くハンコックの気迫が凄過ぎる。怪物ですよねー、この人も。ラストに相応しいストーリー性のある⑨では、ハンコックが前半はエレピで出て、スペイシーな空間を生み出す。ソロをたっぷりと積み上げて、バンドが一丸となって大興奮でフィニッシュ。改めてマイケルの早すぎる死が惜しまれる作品である。

＊1／1959年、ニューヨーク州出身のベーシスト。1985年にチック・コリアのエレクトリック・バンドに抜擢されて脚光を浴び、エレクトリックとアコースティックの両刀遣いの名手として、トップの座に君臨。現在はウェイン・ショーターのカルテットや自身のグループで活躍。

MIGRATION
ANTONIO SANCHEZ

2007

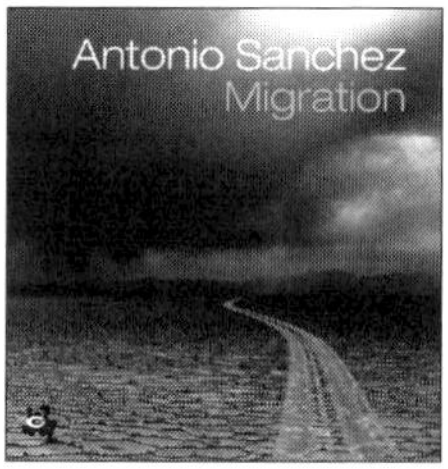

『マイグレーション』
アントニオ・サンチェス

③ ARENA (SAND)　9:30
⑧ SOLAR　4:35

※パット・メセニー参加曲のみ

③ by Pat Metheny, ⑧ by Miles Davis
CAM JAZZ

□ 2007年1月録音
□ プロデューサー：エルマノ・バッソ
□ 録音スタジオ：シアー・サウンド・スタジオ
（アメリカ、ニューヨーク）
□ チーフ・エンジニア：バーニー・カーシュ
□ 参加ミュージシャン
アントニオ・サンチェス：ドラムス
パット・メセニー：ギター
クリス・ポッター：テナー・サックス
ダヴィッド・サンチェス：テナー・サックス
スコット・コリー：ベース
チック・コリア：ピアノ①

子飼いのサンチェスの庭での、クリス・ポッターとの遭遇

もはやメセニーには欠かせないウェポンとなっていたアントニオ・サンチェスが、2007年に満を持してリリースしたリーダー・アルバム。ピアノの腕も抜群、作曲にも才能を発揮するサンチェスは、安定したプレイで知られるベースのスコット・コリー[*1]と組んで、クリス・ポッターとダヴィッド・サンチェス[*2]という個性の異なるツイン・サックスでライヴを重ねており、そこにチック・コリアとメセニーがゲストで加わった形になる。コリアはサンチェスとジョン・パティトゥッチのトリオで共演した仲。本作では① ONE FOR ANTONIOを提供し、1曲のみの参加だがソロデビューに華を添えている。メセニーは③と⑧の2曲に参加、律儀です。

まずメセニーが提供した③だが、これが必聴の演奏。何故か？　そう、ポッターとメセニーのレコーディングにおける初共演を捉えているからだ。メセニーの優しいギターから出て、左チャンネルでまずダヴィッドのサックスが折り重なる。45秒から右チャンネルでポッターが登場。コリーがアルコで低音を添えるこのサウンドに、『ユニティ・バンド』（↓P252）との共通点を見出すことは容易だろう。大らかに躍動するアフリカン・ビートの上で、メセニーは野太くも軽く歪んだトーンでソロを展開。彼のシグネイチャーであった透明感を捨て去り、より肉感的になったこのトーンがメセニーの次なる道を予言していたのだ。続くポッターのソロではサンチェスとコリーが束になって煽り、メセニーもコード・ストロークでバッキング。ポッターのしなやかな歌心とエネルギーにメセニーが惹かれていった流れが良くわかる。6分37秒からは軽快なリズムにスイッチして、今度はダヴィッドのソロ。これもテクニシャン振りを発揮したアグレッシヴなプレイで、一方では思わず叫ぶアントニオ・サンチェスという、2人のサンチェスを書き分けるのが面倒なんて言ってる場合ではない名演なのだ。

ラストの⑧は、必殺のギター&ドラムスによるデュオ。曲はメセニーお得意のマイルスのSOLARとくれば、ライヴでもお馴染みの風景だ。テーマを仄めかせながらフロウを始めるメセニー。サンチェスも抑え気味に様子を窺うが、1分28秒からメセニーが誘い始めるとサンチェスも徐々に熱を帯びてくる。2分44秒でようやくテーマを弾いてメセニーがコードプレイに切り替えると、サンチェスも疾走するが徐々に冷ましていって4分35秒で完走。メセニーをフィーチャーしてどうしてもコレを入れたかった、というサンチェスのボス想いの心境も伝わってくる。こうなると一刻も早くユニティ・バンドを聴きたくなるが、その前にオーケストリオンという大物が待ち構えているのだから、メセニーの音楽世界はなんと豊かであることよ。

＊1／1963年、カリフォルニア州ロサンゼルス出身のベーシスト。カリフォルニア芸術大学で学び、チャーリー・ヘイデンの個人レッスンを受ける。その後、カーメン・マクレエやジム・ホール、ジョン・スコフィールド、クリス・ポッター等と共演。リーダー作も多数。

＊2／1968年、プエルトリコ出身のサックス・プレイヤー。1990年にディジー・ガレスピーのオーケストラに抜擢される。以降、ロイ・ハーグローブやダニーロ・ペレス等と共演。アントニオ・サンチェスの『Live in New York at Jazz Standard』（2010年）でも快演を披露。

QUARTET LIVE
GARY BURTON, PAT METHENY,
STEVE SWALLOW, ANTONIO SANCHEZ

2009

『クァルテット・ライヴ』
ゲイリー・バートン&パット・メセニー

① SEA JOURNEY 9:00
② OLHOS DE GATO 6:36
③ FALLING GRACE 7:18
④ CORAL 6:23
⑤ WALTER L 5:30
⑥ B&G (MIDWESTERN NIGHT'S DREAM) 6:53
⑦ MISSOURI UNCOMPROMISED 7:34
⑧ FLEURETTE AFRICAINE (LITTLE AFRICAN FLOWER) 7:34
⑨ HULLO, BOLINAS 4:48
⑩ SYNDROME 4:42
⑪ QUESTION AND ANSWER 13:02

① by Chick Corea & Neville Potter,
②・⑩ by Carla Bley, ③・⑨ by Steve Swallow,
④ by Keith Jarrette, ⑤ by Gary Burton,
⑥・⑦・⑪ by Pat Metheny, ⑧ by Duke Ellington
Concord Records

□ 2007年6月10&11日録音
□ プロデューサー:ゲイリー・バートン&パット・メセニー
□ 録音地:ヨシズ(アメリカ、カリフォルニア)でのライヴ
□ チーフ・エンジニア:デイヴィッド・オークス
□ 参加ミュージシャン
ゲイリー・バートン:ヴァイヴ
パット・メセニー:ギター
スティーヴ・スワロー:エレクトリック・ベース
アントニオ・サンチェス:ドラムス

バートンと久闊《きゅうかつ》を叙するも懐メロとせず、サンチェスとともに大爆発

これは嬉しいリリースだった。メセニーの飛躍のきっかけであったゲイリー・バートンのグループのレパートリーを、アントニオ・サンチェスというフレッシュな才能を迎えて再現するプロジェクトによるライヴ。楽曲の多くはＥＣＭ時代に披露していたものだが、ゲイリーのリーダーバンドではなく、完全に４人が肩を並べて「オールド・ワイン、ニュー・ボトル」を実現しようという試みだ。このメンバーでブルーノート東京にも来日したので筆者も大阪から足を運んだのだが、30年程前の楽曲が全くフレッシュに響くことに、改めて「ジャズという音楽のマジック」を感じたことを鮮明に記憶している。

チック・コリアの①は『パッセンジャーズ』のオープナーで、アレンジも当時のまま。何よりもメセニーのソロを聴いてほしい。ギタリストの彼にとってのこの30年がいかなる年月だったか、こんなにわかりやすい例はないだろう。バートンもスワローも成熟の中にフレッシュさを湛えており、このプロジェクトが、ましてやメセニーが「懐メロ」をやる気など全くないことが一発で理解できよう。②はメセニー加入以前の1973年のアルバム『マレット・マン』所収の曲だが、メセニーもライヴで頻繁に演奏していたもの。但し、メセニーは当時12弦エレクトリックで弾いていたので、この②は別の曲と考えた方が良いだろう。メセニーはバートンとの共演では、ソロを意図的に「歌モノ的なプレイ」に寄せている。スティーヴ・スワローの名曲③はカノン的に出る冒頭からグッとくる。すぐさま飛び出すスワローの歌いまくるソロにまずニンマリ。それにバートンとメセニーも歓喜のプレイで応えるのだから堪らない。メセニーのソロが盛り上がる5分25秒あたりからバンド全体がゾーンに入っていく展開にはゾクゾクする。続くキース・ジャレットによるバラード④も『マレット・マン』の収録曲。もはやメセニーにとってはシンプル過ぎるコード進行だが、オーソドックスに歌い上げるプレイがじんわりと沁みる。

⑤はかつてメセニーがバートンに自身を売り込む際に、真っ先に「この曲知ってますよ」と伝えて共演した楽曲。本作での選曲もメセニーの提案に違いない。バートンにとってはラリー・コリエルを抱えていた時代のブルースで、メセニーのプレイはコリエル・マナーでチョーキングを多用して楽しい。⑥と⑦はメセニーの『ブライト・サイズ・ライフ』から。バートンが加わってよりコード感が強まる分メロディアスな演奏になっているが、⑦ではサンチェスの野生的なプレイが光る。そしてジャズファンなら渋いと思わず唸る、デューク・エリントンのマイナー・ブルース⑧へ。バートンの滑らかなソロも良いが、3分51秒からのメセニーのソロは軽く感涙もの。スワローの⑨は、バートンが初の完全ソロ作『アローン・アット・ラスト』（1971年）で披露していた曲だが、このカルテットに実によく合う爽やかさ。続くカーラ・ブレイのハード・チューン⑩で爽快に飛ばして、必殺の⑪ではサンチェスのソロもフィーチャーし、自身もギター・シンセで遠慮なく大爆発するメセニーにバートンも大いに満足したはず。必ず大音量で、ライヴの醍醐味を楽しむべき1枚。

「何でもアリ」の高度な作曲手法は、あくまでインプロヴィゼーションとの共存共栄を目指す

おそらくジャズ・ギタリストの多くは、ギターで作曲を行っているはずである。筆者もギターをメイン楽器にしているのでよくわかるのだが、ギターで弾きやすいメロディーの動きやコードの展開というものが結構明確にあって、それから外れるものを耳にした時には「ん?」と思うのだ。パット・メセニーは昔から、この「ん?」と思い続けてきたアーティストの代表格である。その原因はまだメセニーがゲイリー・バートン・グループで活動していた頃に、スティーヴ・スワローから「ギタリストのクリシェから逃れること」とサジェスチョンされて、[*1]早い段階からキーボードで作曲する癖を身につけたからである。

筆者の私見だが、メセニーが世に出てくるまでは、作曲能力を売り物にしているジャズ・ギタリストはいなかったと思う。そのことは*PAT METHENY SONG BOOK*と*THE PAT METHENY REAL BOOK*という2冊の楽曲集(ソロのトランスクリプションではない)が発売されていることからも明らかである。両書に収録されている曲はなんと220曲(重複を除く)。しかも『ザ・ウェイ・アップ』に代表されるような、見開き程度の楽譜にまとめることは不可能な近年の楽曲は含まれていないので、実際にメセニーが作曲した楽曲は更に多くなる。管見の及ぶ限り、過去から現在に至るまで、これほどまで膨大な数のオリジナルの楽曲を世に送り出したギタリストは存在しない。この単純な事実だけでも、作曲家としてのメセニーが破格の存在であるということが窺い知れよう。そのソングリストは、今後まだまだ充実していくはずだ。

メセニーの作曲手法の特徴としては、ツー・ファイヴやリズム・チェンジ、コルトレーン・チェンジ等に代表されるオーソドックスなケーデンスを十分に理解した上で、ポスト・ビバップのジャズ・アーティストに見られる多くの共通点——ノン・ダイアトニックなコード進行、ペダルやオスティナートの導入、ヴォイシングにおける2度や4度の多用、オルタード・テンションの細かな指示、オーネット流儀のノン・コード、メロディーのインターバルにおける4度・5度・6度の使用、ショート・モチーフの巧みな発展

作曲家としてのパット・メセニー

と転調、変拍子の積極的な導入――といったあたりを、当意即妙に組み合わせていることが挙げられる。特に「2度」の扱いがメセニーにとっては大きく、*PAT METHENY SONG BOOK* には「add2」というコード表記が見られるが、これはナッシュビル・チューニングとビッグバンドのブラス・アレンジという2つの流れからメセニーの「心の耳」に刻まれているものだ、というのが筆者の見立てである。

メセニーの楽曲の類型としては、インプロの素材、歌モノ、セクションの多い複雑な構成の曲の3つに大別できるが、いずれにおいてもブリッジやインタールードの要素を加えて一捻りする場合が多く、この点も他のギタリストとは一線を画すところである。またPMGの楽曲の多くはメセニーの書いたメロディーに、ライル・メイズがセカンド・メロディーやブリッジ、インタールードを付け足しているパターンが多く、本書でも都度、その点を意識して書き進めてきたが、初期作品ではメイズからの影響が大きかったのが、『シークレット・ストーリー』以降はそうした技術を完全に自己のものとしている。

リズムの面では、ストラヴィンスキー以降のクラシック音楽やミニマル・ミュージック（直接的にはスティーヴ・ライヒ）、フィルム・スコア（直接的にはジェリー・ゴールドスミス）の影響が顕著だが、先の「セクションの多い複雑な構成の曲」以外は、近年あまり変拍子を使わず、シンプルに4拍子や3拍子で通す傾向にある。これにはアントニオ・サンチェスのドラムスが加わりポリリズムとクロスリズムを多用することで、通常の拍子でも十分に複雑なビートを叩き出せていることが大きく関与している。「欲しいリズムはサンチェスに任せておけば大丈夫」というのが、現在のメセニーの心境だろう。

駆け足ではあったが、こうした作曲の技法とインプロヴィゼーションが緻密に絡み合うのがメセニーの音楽の素晴らしさだということを、正しく理解しておきたい。

＊1／*PAT METHENY The ECM YEARS, 1975-1984*, 38

ORCHESTRION
PAT METHENY

2010

『オーケストリオン』
パット・メセニー

① ORCHESTRION 15:48
② ENTRY POINT 10:28
③ EXPANSION 8:35
④ SOUL SEARCH 9:19
⑤ SPIRIT OF THE AIR 7:45

All Music by Pat Metheny
Nonesuch Records

□ 2009年10月録音
□ プロデューサー：パット・メセニー
□ アソシエイト・プロデューサー：スティーヴ・ロドビー
□ レガシー／MSRスタジオ（アメリカ、ニューヨーク）
□ チーフ・エンジニア：ジョー・ファーラ
□ 参加ミュージシャン
　パット・メセニー：ギター＆オーケストロニクス
　（ピアノ、マリンバ、ヴィブラフォン、オーケストラ・ベルズ、ベース、ギターボット、パーカッション、シンバル＆ドラムス、ブロウン・ボトルズ、その他カスタム・アコースティック・メカニカル・インストゥルメンツ、キーボード）

メセニーの一つの夢を形にした、驚異のワンマンバンド・プロジェクト

いろんな意味で物議を醸したアルバムであり、本作の発売時は「1人PMG的」と例えられたりもしたが、それは全く正鵠を射ていない。メセニー自身がライナーノーツで説明しているように、本作は彼が祖父の家の地下室で体験したプレイヤー・ピアノ[*1]の進化したもので、強いて過去作品と比べるとすると『ニュー・シャトークァ』と『ゼロ・トレランス・フォー・サイレンス』の延長線上に位置する「ソロ作品」であり、メセニーにとって、またリスナーにとっても「全く新しい音楽体験」をもたらす作品なのである。本作に対するあらゆる誤解を予め排除するために、メセニー自身がコンロン・ナンカロワ[*2]やジョージ・アンタイル[*3]という具体的な例を出して、長文のライナーノーツで説明しているにもかかわらず、本作を「1人PMG的」と短絡的に比喩するこ

とがいかに怠惰なことか。翻《ひるがえ》って、メセニーが本作で試みたようなチャレンジを彼以外の誰も思い付くことなく、例え思い付いたとしても（物理的にも経済的にも）それを実現できないというのが、音楽界の現状なのである。その意味で、２０００年代に入ってからの音楽界（ジャズに限らず）は、メセニーに大きな借りを作り続けていると筆者は考えている。メセニーのようなマッド・サイエンティストの存在なくして、音楽の「次の扉」が開くことは、決してないのだから。

　本作でメセニーが操っている「オーケストロニクス」については、ライナーノーツでも詳しく触れられているのだがいくつか補足をしておこう。まずこの楽器編成を考え出す過程において、メセニーには「表現したいサウンド」に対するビジョンがあった。それは打楽器をメインにアンサンブルを構築するということだ。核となる楽器はまずもってピアノ、そしてドラムスやパーカッション、マリンバ、ヴァイブであり、その上にパイプオルガンのような効果を発揮するブロウン・ボトルズ[*4]、独特のグリッサンドでアンサンブルをユニークに彩るギターボット[*5]、ソレノイド・テクノロジー[*6]でコントロールする複数のギターやベースが配されている。要するに管弦楽アンサンブルに聴かれるような持続音の要素については、この段階ではあまり重視されておらず（ブロウン・ボトルズが例外的）、「打楽器アンサンブルのカスケイドの上で自身のギターを響かせる」というサウンド・デザインになっている。これが作曲を進める上でのポイントとなり、そこで実際に得られるサウンドの中で「メセニーらしさ」をいかに埋め込んでいくかに主眼が置かれている。メセニーはこれを「私らしいゾーン」と表現しており[*7]、先のコラムで述べた作曲家としてのメセニーに本作は新たなスイッチを入れさせたということを指摘しておくべきだろう。結果として所収の5曲の作曲に要した期間は約6カ月、スコアは３００ページにも及んだというから恐るべし、である。なおドラムスのサウンドはジャック・ディジョネットに、マレットの選定はゲイリー・バートンにそれぞれ協力を得ており、生音の「鳴り」にも、徹底的にこだわっている。

　タイトル・チューンでもある①は、アルバムのステートメントを示すようなギターとピアノ、マリンバ（左チャンネル）、ヴァイブ（右チャンネル）のアンサンブルから始まる。出だしのキーはEマイナーで、すかさず3つの楽器が個別のラインを紡いでいき、そこにギターが12フレット上でのハーモニクスを響かせる。ギターがメインテーマを奏でるとオーケストラ・ベルズがシンクロして煌めく。1分からはトーナリティーがAbに移り、しばらくEとAbの間を行き来する。短いブリッジを経て、1分54秒からはアンサンブルの目玉であるギターボットが登場。ライヴではこれがスルスルと上下に動くのが視覚的な効果も生み出しており、ブロウン・ボトルズの点滅するライトとともに観ていて楽しいものだったところに、エンターテイナーとしてのメセニーのインテリジェンスを強く感じたのだった。その背後で淡々とビートを刻むハイハットがガイドリズムとして機能しており、いつしか各楽器がせわしなく織りなすアンサンブルの渦に巻き込まれてグルングルンになっていく。畳み掛けるアンサンブルは延々と続き、5分23秒でようやくジャジーなベースラインが出てオープンな空間が出現。7分26秒からは遂にメセニーのインプロに突入する。AmとGmが交替するモーダルな進行の上で、時にアウトフレーズも交えつつ歌心を聴かせるソロはいつもながらの素晴らしさ。9分13秒で再びアンサンブルの渦に向かうが、次第にシンバルライドの疾走感が高まっていき、12分1秒でBメジャーになって一気に壮大な風景が開けるカタルシスは、メセニーの音楽以外ではなかなか体験できないものだ。聴く者の心はイーグルとなってグランド・キャニオンの上空を軽やかにホバリング。13分49秒で曲の冒頭のフレーズとともに大地に降り立ち、ブロウン・ボトルズの優しいコードに包まれて、次第に眠りに落ちていく。

ハイハットの刻みから始まる②はアコギのアルペジオのオスティナートによる、①とは対照的に落ち着いた楽曲。但し、メロディーの展開はより複雑で、紆余曲折を経て2分46秒でAマイナーに落ち着く。ここでもブロウン・ボトルズの効果が大きく、その「遊び心のある生音」が音楽に温もりを与えてくれている。4分45秒からはメセニーのソロで、楽想に合わせてゆったりと入って揺らぎつつ進み、Aマイナーになる7分33秒でピークを迎える。クールダウンしていく間のピアノのフレーズは、どこかライル・メイズの存在を感じさせるもの。

コンガによるカウントから入る③がこれまた格好良い。曲調自体は『スピーキング・オブ・ナウ』以降のPMG的なジャジーかつクールなナンバーだが、お喋りするかのようなギターボットが飛び交うことで、一味違った風景を見せてくれる。2分36秒からは高速4ビートに切り替わり、氷上を滑走するようなソロを展開。エンディングではコンガのソロも挟むなど、オーケストロニクスがいかに自在にコントロールできるかを示している。続く④は、バンドさながらのスタートを見せるバラード。ヴァイブとピアノが織りなす繊細なタペストリーの上で、メセニーがマイナー・ブルースをしっとりと歌い上げていく。3分59秒からはスウィングとなり、ギタートリオの体裁で、ソロを展開しながらドラムがそれっぽくタムを入れたり、ギターとブロウン・ボトルズでコール&レスポンスを楽しむあたりが面白い。ラストの⑤はベースのメロディーから入り、ギターがアンサンブルに回ってサウンド・オン・サウンド的に重なっていく。2分5秒からのアコギのストロークも加わった厚みのあるアンサンブルは強力。メセニーはバックと対話するかのようにソロを始め、クロマティックの嵐で大暴れ。以上5曲、すべて異なる楽想によるものであることから、オーケストロニクスの凄まじい可能性を感じるだろう。そしてそのシステムの一部は、ユニティ・バンドにも持ち込まれることになる。

＊1／「自動ピアノ」とも呼ばれる。ピアノロールという巻紙に記録された楽譜を読み取らせることで、さまざまな曲を自動演奏させるピアノ。

＊2／1912年、アーカンソー州出身の作曲家。後にメキシコに移住。プレイヤー・ピアノの特性を生かした数多くのユニークな楽曲で知られる。代表作に『自動ピアノのための習作』など。1997年、メキシコシティにて死没。

＊3／1900年、ニュージャージー州出身の作曲家。代表作である『バレエ・メカニック』（1926年）は飛行機のプロペラや電子ブザー等がダンサーと演じる演奏会を企図した実験的な作品で、賛否両論を巻き起こす。後年には映画音楽も手掛ける。1959年没。

＊4／複数のガラス瓶に液体を入れてピッチを変え、瓶口に風を吹き込んでパイプオルガンのような音色を鳴らすオリジナル楽器。

＊5／シリンダーのように動く可動部により、独特のグリッサンド効果を生むオリジナルの変形ギター。

＊6／電気エネルギーを機械的な線的エネルギーに変換させる技術の総称。ここでは打楽器を叩くスティックやマレットを制御したり、ギターやベースをピッキングするための技術を指す。

＊7／『ジャズライフ』2010年2月号掲載、パット・メセニーへのインタビュー記事より。

THE ORCHESTRION PROJECT
PAT METHENY

2013

『オーケストリオン・プロジェクト』
パット・メセニー

(DISC-1)
① IMPROVISATION #1　5:00
② ANTONIA　6:31
③ ENTRY POINT　10:46
④ EXPANSION　8:50
⑤ IMPROVISATION #2　10:13
⑥ 80/81-BROADWAY BLUES　4:27
⑦ ORCHESTRION　16:02
(DISC-2)
① SOUL SEARCH　10:04
② SPIRIT OF THE AIR　8:51
③ STRANGER IN TOWN　5:44
④ SUEÑO CON MEXICO　8:58
⑤ TELL HER YOU SAW ME　5:21
⑥ UNITY VILLAGE　7:38

All Music by Pat Metheny,
Except ⑥ BROADWAY BLUES by Ornette Coleman
Nonesuch Records

□ 2010年11月録音
□ プロデューサー：パット・メセニー
□ アソシエイト・プロデューサー：スティーヴ・ロドビー
□ 録音地：セント・エリアス教会
（アメリカ、ニューヨーク）でのライヴ
□ チーフ・エンジニア：
ピーター・カラム&デイヴィッド・オークス
□ 参加ミュージシャン
パット・メセニー：ギター&オーケストロニクス
（ピアノ、マリンバ、ヴィブラフォン、
オーケストラ・ベルズ、ベース、ギターボット、
パーカッション、シンバル&ドラムス、
ブロウン・ボトルズ、その他カスタム・アコースティック・メカニカル・インストゥルメンツ）、
ロボティック・アンジェリ・ギター

オーケストリオンの可能性と底力が確認できる、教会での無人ライヴ

『オーケストリオン』での1年にわたるワールドツアーを終えたメセニーが、ブルックリンのセント・エリアス教会で収録した映像作品の撮影音源をCDディスク化したもの。2012年に先行発売された映像作品とは曲順が大きく異なるので、音源こそ同じだがそれぞれ別の作品と考えたほうが自然かもしれない。『オーケストリオン』で披露していた楽曲は、教会というアンビエントでより豊かなライヴ感のある響きとなっており、楽器の定位も異なるので、じっくりと聴き比べてほしい。ここではそれ以外の8曲について言及していく。

まずディスク-1の①と⑤だが、タイトルどおりに完全なインプロヴィゼイションによるもの。①はまずアコースティック・ギターの不協和音がガツンと放たれ、フィンガー・シンバルにリズムを刻ませた上で、メセニーがブルース・ロック的なソロを展開する試演的な演奏。⑤はサウンド・オン・サウンド的にフレーズをさまざまな楽器に振り分けていき、音のカーペットを順に敷き詰めた上でギターのインプロを奏でた曲。インターフェイスを介して、全てのサウンドをギターでコントロールしている様子が理解できる流れが興味深い。②は『シークレット・ストーリー』所収の名曲をオーケストロニクスで実演するとどうなるか、というアンサンブルのショーケースだが、これが実に素晴らしい。特にテーマ終了後、2分52秒でリズム・インしてからのグルーヴはナチュラルそのもの。その上で気持ちよさそうにフロウするメセニーのソロも抜群だ。⑥も面白い。ブロウン・ボトルズの不思議なサウンドから入り、チャイムとのユニゾンでお馴染みのテーマを弾いた上にベースも重ねて、さまざまなパーカッションをシンクロさせる。2分過ぎでフリーキーに乱れていく様子も痛快で、そこからオーネットの名曲のメロディーへと向かう。

ディスク-2ではなんと言っても『ウィ・リブ・ヒア』の③が凶悪。軽快だが強靭なリズムを放ってテーマを突っ走り、ソロではリズム隊のみを残してドラムスとのデュオの如く、スピーディーなリックを連発して盛り上げる。コードが入ってきてからのアンサンブルの積み重ね、それに煽られて昇天していくギター、複雑なインタールードの再現には舌を巻く。ラストのテーマはギターボットを使ってズレを作りラストまで疾走。PMGとは異なる魅力に満ちた激演だ。そこにアコギのオスティナートが『ニュー・シャトークァ』の原曲そのままに④が登場する。多重録音ではなくライヴでこれを実演できるのがオーケストロニクスの妙味ですよ、との完璧なプレゼンテーション。リズム楽器やハーモニーも加わり、好きなようにインプロとアンサンブルを組み合わせて進んで全く飽きさせない。バラードの⑤もブロウン・ボトルズから入り、心ゆくまで泣かせてくれる。ラストの⑥はシングルラインの独奏からスタート、1人コール&レスポンスを経て、フィンガー・シンバルと自らが伴奏パターンをロボティック・アンジェリ・ギターに移植した上でソロを展開していく。いやーホント、なんでもできるんですね、オーケストロニクスって。機材とか大変でしょうが、またツヤーやってくれないかなぁ。

WHAT'S IT ALL ABOUT
PAT METHENY

2011

『ホワッツ・イット・オール・アバウト』
パット・メセニー

① THE SOUND OF SILENCE　6:32
② CHERISH　5:25
③ ALFIE　7:41
④ PIPELINE　3:23
⑤ GAROTA DE IPANEMA　5:07
⑥ RAINY DAYS AND MONDAYS　7:10
⑦ THAT'S THE WAY I'VE ALWAYS HEARD IT SHOULD BE　5:57
⑧ SLOW HOT WIND　4:23
⑨ BETCHA BY GOLLY, WOW　5:12
⑩ AND I LOVE HER　4:22
⑪ ROUND MIDNIGHT　6:40
⑫ THIS NEARLY WAS MINE　4:29

① by Paul Simon, ② by Terry Kirkman,
③ by Burt Bacharach & Hal David,
④ by Bob Spickard & Brian Carman,
⑤ by Antonio Carlos Jobim & Vinicius De Moraes,
⑥ by Roger S.Nicoles & Paul H. Williams,
⑦ by Carley Simon & Jacob Brackman,
⑧ by Henry Mancini & Norman Gimbel,
⑨ by Thomas Bell & Linda Creed,
⑩ by John Lennon & Paul McCartney,
⑪ by Thelonius Monk,
⑫ by Richard Rodgers & Oscar Hammerstein
Nonesuch Records

□ 2011年2月録音
□ プロデューサー：パット・メセニー
□ 録音スタジオ：パット・メセニー自宅スタジオ（アメリカ、ニューヨーク）
□ エンジニア：パット・メセニー、ピート・カラム、デイヴィッド・オークス
□ 参加ミュージシャン
パット・メセニー：ソロ・バリトン・ギター、42弦ギター（①）、6弦ギター（④）、ナイロン弦ギター（⑩）

メセニーの成熟プレイにほっこりと和む、青春のポップス名曲集

本作には泣かされました。筆者はメセニーのサイトでの先行予約で、ウィル・リーの奥さんのサンドリン・リーによる美しいジャケット写真のナンバー入りプリントが付いた盤を買ったのだが、その後にリリースされた日本盤にはなんと気前良くも⑪と⑫の2曲が追加されていたという。仕方なく日本盤も買いましたよ、そりゃあ。以上は筆者の個人的な話ですが、こういう時ってボーナス・トラックの存在が恨めしくなりますね。

アルバムは『ワン・クワイエット・ナイト』同様、バリトン・ギターによる独奏集なのだが、収録曲は全てメセニーにとって青春時代の想い出のポップスのカヴァー。なるほど……というものから意外なものまで、よく知られた美メロをどのように処理しているのか。聴きどころを押さえていこう。

まずピカソ・ギターの①は、イントロこそあのお馴染みのアルペジオから入るが、メロディーが完全にピカソ化しているため、オリエンタルで神秘的な曲に様変わり。②からがバリトン・ギターの出番だが、これがなかなか。メセニーの耳に残っているのは世代的にアソシエイションのヴァージョンと思われるが、シンプルでフォーキーな楽想にはあまり手を加えずに、淡々とメロディーを綴っていくのが味わい深い。続くバート・バカラックの③も美しい演奏で、少ない音数から入って重厚な低音とコード・アルペジオによる伴奏、メロディーを綺麗に弾き分ける「1人オーケストラ」状態。ベンチャーズの④は6弦アコースティックのストロークにお馴染みのリフを混ぜ込んだメセニーならではのアレンジで、中間部では存分にかき鳴らしまくって盛り上がる。一転してアントニオ・カルロス・ジョビンの⑤はボサノヴァとせず、バラードへと変貌させる。曲を完全に素材として扱い、バリトンの特性を生かした大胆なリハーモナイズが幻想的。

筆者の一番のお気に入りは、カーペンターズでヒットした⑥。オリジナルの良さと上品なリハーモナイズのバランスが良く、中間部の自由な展開も絶妙。ひたすら聴き惚れる名演。カーリー・サイモンの⑦はちょっと意外だったが、サウダージを感じさせるムードにして芸風の広さを見せる。⑧はヘンリー・マンシーニの佳曲で、メセニー世代のアメリカ人達にとってはマンシーニは大きな存在だったんだなぁ、と改めて思う。アレンジはシンプルだが、多彩なハーモナイズで深みを加えている。

⑨はスティービー・ワンダーで有名だが、ハーモニクスから明るく入ってリズムを活かしながら歌い上げていく。良いですねーこれも。⑩はナイロン弦に持ち替えて、自身のライヴでも頻繁に演奏していたビートルズのカヴァー。オリジナルに忠実なアレンジだが、中間部のインプロではしっかりと泣かせてくれる。日本盤のボーナス・トラックの⑪もオーソドックスなアレンジで孤独を一身に背負い、ラストはミュージカル『南太平洋』で知られた名曲を渾身の歌心で響かせる。有名なカヴァー曲を弾いても原曲の持ち味にプラスαの魅力を加えつつ、きっちり自分の世界として表現するメセニーのギタリストとしての成熟に、ほっこりと和める1枚。

UNITY BAND
PAT METHENY

2012

『ユニティ・バンド』
パット・メセニー

① NEW YEAR 7:37
② ROOFDOGS 5:33
③ COME AND SEE 8:28
④ THIS BELONGS TO YOU 5:20
⑤ LEAVING TOWN 6:24
⑥ INTERVAL WALTZ 6:26
⑦ SIGNALS (ORCHESTRION SKETCH) 11:26
⑧ THEN AND NOW 5:57
⑨ BREAKDEALER 8:34

All Music by Pat Metheny
Nonesuch Records

□ 2012年2月録音
□ プロデューサー：パット・メセニー
□ 録音スタジオ：アヴァター・スタジオ（アメリカ、ニューヨーク）
□ エンジニア：ジェームス・ファーバー
□ 参加ミュージシャン
パット・メセニー：エレクトリック&アコースティック・ギター、ギター・シンセサイザー、42弦ピカソ・ギター、オーケストロニクス
クリス・ポッター：テナー・サックス、ソプラノ・サックス、バス・クラリネット
ベン・ウィリアムス：ベース
アントニオ・サンチェス：ドラムス

気鋭の若手と共に、「新たなバンド・サウンド」の地平へ

「この作品における私の使命のひとつは、あらゆる要素をユニファイ《統合》すること。伝統と革新、過去と未来をね」とメセニーが語っているように[*1]、本作は彼にとってのマイルストーンとなったアルバム『80/81』以来の、管楽器入りの伝統的なジャズ・カルテット編成による作品である。キーマンは、もちろんクリス・ポッター[*2]。アントニオ・サンチェスのリーダー・アルバムでの共演を機に、メセニーの中で本格的に高まっていたポッターとのコラボレーションが、本作で身を結んだわけだ。面白いことにポッターと組むことを決めた際に、メセニーはまだサンチェスの存在を念頭に置いていなかったらしい。ポッターと2人で音楽のスタイルや方向性について検討した結果、「自分たちの作ろうとしている音楽に相応しい、壮絶なエネルギーを持ったドラマー」として、結果的にサンチェ

スを選んだ。ここまでのメセニーとサンチェスの関係を考慮すればサンチェスの起用は自明のように思えるが、このバンドが「ポッターと何をするか、何ができるか」を優先していたことを物語るエピソードだ。カルテットの最後のピースとなったベン・ウィリアムス[*3]はクリスチャン・マクブライドからのレコメンドで、トリオのギグの際にマクブライドが参加できず、代わりのベーシストとして「ベンはどうだろう」とメセニーが投げかけたところ、マクブライドが太鼓判を押したことがきっかけ。レコーディングの前に4人は何度かのシークレット・ギグを行い、その成果を生かしてスタジオ入り。収録された全ての楽曲がメセニーによるニュー・マテリアルであることからも、「新たなバンド・サウンド」を強く意識していたことが窺える。

オープナーの①は、メセニーのナイロン弦のアコギによる独奏から始まる。筆者はこのイントロが始まった瞬間に、金縛りにあったような衝撃を受けたことを告白しておこう。ここでのナイロン弦のプレイには、メセニーのギタリストとしての過去が凝縮されつつも、さらに先へ、高みへと進もうとする決意のようなものが感じられたからだ。その予感は、1分7秒でバンドが一斉に入ってくるところで確信に変わる。テーマをユニゾンするポッター、このバンドのためにドラムセットを整えたであろうサンチェスのシンバル、重すぎないトーンのウィリアムスのベースが、生き生きとした音の奔流となって迫ってくる。メセニーのソロは過去の全てのナイロン弦によるプレイの中でもベストで、背後で動くサンチェスのドラムスと語り合っているかのようだ。そして3分25秒からのポッターは、モチーフ・ディベロップメントの名手としての技量を早くも披露。続くウィリアムスはチェロを思わせるプレイで存分に歌う。エンディングに向かうポッターのソロも、あくまでメロディーの延長上でフロウする。この1曲だけで、聴く者のハートは完全に鷲掴みにされるだろう。

そこにアグレッシヴな②が続く。シークレット・ギグの結果、足りないものを埋めるために録音前夜に書いたという曲だが、ギター・シンセとソプラノ・サックスのユニゾンという新しいパターンで、極めてロック的にエモーショナルなテーマを奏でる。サンチェスの野生のドラミングが活きるタイプの曲で、先行して出るポッターのソロも最初から激アツ。こうなるとメセニーも黙っておれず、高音のペンタトニックでひたすら絶叫。ソロの締め括りでのサンチェスの暴れ具合も凄まじく、5分30秒まで息をもつかせぬテンションで疾走する。

ピカソ・ギターでハープのように始まる③では、ポッターがバス・クラリネットで登場。ウィリアムスのベースリフはSO MAY IT SECRETLY BEGINを彷彿とさせるが、サンチェスのドラムスが走り出すとよりダイナミックな風景が広がる。テーマではポッターがテナーに持ち替えて、メセニーとマイケル・ブレッカーのユニゾン同様のパターンになるが、メセニーのソロの頭ではベースラインにバス・クラリネットを重ねて、重厚なムードを醸し出す。スピーディーなリックをふんだんに盛り込んだメセニーのソロ、続くポッターは大きくはトーナリティーを崩さないが、時折キーから大胆に乖離して雄々しく歌い上げる。5分53秒からサウンドを落ち着かせてウィリアムスのソロに入るが、メセニーがウィリアムスをソロイストとして扱っていることがよくわかる。過去のメセニーの音楽で、これほどまで頻繁にベースソロをフィーチャーしたことはなかった。自在にメロディーを発展させるウィリアムスのヴォイスも、ユニティ・バンドの大きな武器なのだ。バラードの④はスチール弦のアコギから静かにスタート。シンバルロールと共にポッターがユニゾンで加わり、カルテットとは思えないサウンドの広がりを聴かせる。ポッターはメセニーのソロの間に適宜カウンターラインをインサートして奥行きを加える。

⑤はＰＭＧスタンダードのJAMESを思わせる楽想で、ここまでとは異なる軽やかさが実に良い感じ。メセニーはお得意のフレーズを重ねながら、時にブルージーにソロを組み立てる。ポッターはここではマイケル・マナーの雄々しい歌心で始めて、サンチェスの煽りを受けて徐々にアブストラクトに狂っていく。最高のイマジネーション、このソロが本作でのポッターのベストか。唐突なエンディングも格好良し。一転してミステリアスなワルツ⑥に滑り込み、バンドの音楽性の幅を見せる。ウィリアムスとサンチェスのしなやかなリズムは、常に生き物のように変化してソロイストを鼓舞する。メセニー、ポッター、ウィリアム、それぞれの歌心を聴かせるが、ソロのバックでもリフを入れて終始バンドとしてアンサンブルを積み上げている点にも注目。

⑦で遂にオーケストロニクスを投下。まずは音響的なSEを放ち、そこにポッターやウィリアムスを泳がせて行く。メセニーがオーケストロニクスで鳴らすフリーな空間に、インプロヴィゼイションで自由に絡んでおいで、ということなのだろう。2分40秒からはリズムインし、サウンド・オン・サウンド的に各楽器にショート・フレーズを散りばめていく職人作業の末、4分10秒から完成した音のタペストリーの上でバンド全員が気ままに戯れる。そこにメセニーもギター・シンセで参入し、ポッターとともに天界を目指して飛翔する8分14秒からの広大な風景はどうだ。こんなことができるカルテットが過去に存在していたはずもなく、メセニーにとってオーケストロニクスの意味合いが、このカルテット編成によって大きく変わってきたと思われる。『オーケストリオン』の世界が苦手だというリスナーは、この⑦から近づくのも良いかもしれない。

再びのバラード⑧でも、ウィリアムスのベースが大きくフィーチャーされる。美しいメロディがスムーズに繋がるが、Eのペダルを軸にしながらもほぼ分数コードで進む進行は中々に複雑怪奇。それをものともせずに歌うポッターが素晴らしく、メセニーもコードのかき鳴らしで応じて大きく盛り上げる。ラストの⑨は低音のリフからじわじわと盛り上げて、緊張感のあるテーマに持ち込む。アルバム中、最もフリーかつ凄みのある展開で、メセニーもポッターも鬼気迫る勢いでプレイ。気の抜けない展開は②と双璧だが、こちらは8分オーバーでより体力が要求される。エンディングのサンチェスのソロも壮絶。圧倒的な体力を誇るこのカルテットの演奏を余裕を持って楽しむためには、ステーキを1キロ程度食してから対峙することをお勧めする。

＊1／『ジャズライフ』2012年8月号掲載のパット・メセニーへのインタビュー記事より。
＊2／1971年、イリノイ州シカゴ出身のサックス・プレイヤー。10歳でサックスを始め、18歳でジャズの名門ニュースクール大学に進学するためにニューヨークへ。ケニー・ワーナー、ジム・ホール、デイヴ・ホランド等と共演し、スティーリー・ダンのツアーやアルバムにも参加。新世代のサックス・ヒーローとして、最注目の存在。リーダー作では2007年の『フォロー・ザ・レッド・ライン〜ライヴ・アット・ザ・ヴィレッジ・ヴァンガード』は必聴。
＊3／1984年、ワシントンDC出身のベーシスト。10歳でベースを始め、デューク・エリントン芸術学校、ミシガン州立大学、ジュリアード音楽院で学ぶ。2009年にセロニアス・モンク・インターナショナル・ジャズ・ベース・コンペティションで優勝。2枚のリーダー作も秀作。

TAP：JOHN ZORN'S BOOK OF ANGELS, VOL 20
PAT METHENY

2013

『タップ』
パット・メセニー

① MASTEMA 7:19
② ALBIM 9:07
③ THARSIS 5:54
④ SARIEL 11:09
⑤ PHANUEL 10:55
⑥ HURMIZ 6:12

All Music by John Zone
Nonesuch Records

□ 2012～13年録音（推定）
□ プロデューサー：パット・メセニー
□ 録音スタジオ：パット・メセニー自宅スタジオ（アメリカ、ニューヨーク）
□ アディショナル・レコーディング・スタジオ：MSRスタジオ（アメリカ、ニューヨーク）
□ エンジニア：パット・メセニー
□ 参加ミュージシャン
パット・メセニー：アコースティック&エレクトリック・ギター、バリトン・ギター、シタール・ギター、ティプル、ベース、ピアノ、オーケストロニクス（マリンバ、オーケストラ・ベルズ、バンドネオン、パーカッション）、エレクトロニクス、フリューゲルホルン
アントニオ・サンチェス：ドラムス

ゾーンの変態的ワールドを心から楽しみ、過激な自由人の一面を見せる

好奇心の塊であるメセニーが取り組んだ、ジョン・ゾーン[*1]の楽曲集。メセニーが無条件にリスペクトするのは、ジャンルやスタイルとは一切関係なくオリジナルな音楽を創造しているアーティストであり、その意味ではこれまでゾーンとの接点がなかったことが不思議なくらいだ。本作はノンサッチとゾーンのレーベルであるツァディクからの同時リリースとなったが、ジャケットが異なるだけで内容は同じ。

ゾーンの数あるユニットの一つ「マサダ」はユダヤの伝統音楽であるクレズマーを採り入れたフリー・ジャズを展開し、500を超える短い楽曲群を有するが、本作はそのマサダのソングブック「ブック・オブ・エンジェルス」シリーズの一環で、ゾーンからのオファーに対してメセニーはメールでやり取りしながら未レコーディングの6曲を選び出し、自宅スタジオでレコーディングを重ねて、アントニオ・サンチェスのドラムスを加えて完成させた。

まず①はプログラミングによるリフの上で、メセニーがシタール・ギターでクレズマー的なメロディーを奏でるところからスタート。程なくサンチェスの力強いドラムスも加わるサウンドは、ジミ・ヘンドリックス・トリビュートのTHIRD STONE FROM THE SUNやトリロク・グルトゥの『クレイジー・セインツ』への参加曲にも通じる、エスニックかつユニークなもの。2分2秒からのスクラッチを交えたフリーキーなギターソロに、メセニーが心からこのプロジェクトを楽しんでいることが窺える。②はアコースティック・ギターでしっとりと出るバラードだが、ゾーン固有のメロディーなのでメセニーのプレイもいつもとは違う表情を見せてくれる。3分16秒からのギターソロでは、お得意のフレーズにクレズマー風味をまぶしつつ、バックにバンドネオンも添えて新たな風景を描く。③はオーケストリオン風の出だしで、ドラムスが加わると『イマジナリー・デイ』のTHE HEAT OF THE DAYをフラメンコからクレズマーに振り替えたようなムードに移行。ソロはギター・シンセでゆったりと歌うが、ウネウネしたメロディーには脳味噌が掻き回される。エンディングではサンチェスも大暴れ。

長尺ナンバーの④では、完全に中近東に飛んで行ってしまう。ティプルの甲高い音色も含めたアコースティック・アンサンブルは、メセニーと聞かなければ気付かないだろう。しかし2分54秒からリズムが加わってギターがグルーミーな音色で吠え始めると、濃厚なメセニー風味の変態サウンドとなるわけで、さすがに懐が広いです。SEがふんだんにブチ込まれる⑤は抹香臭さが凄まじく、それでいてギターソロは切なくメロディアス。ラストはピアノを中心にしたデモーニッシュかつフリーな演奏で、サンチェスも好き放題に遊んでいて面白い。こういう他人のフィールドで飛び跳ねるメセニーも、たまに聴きたいですよね。

＊1／1953年、ニューヨーク州出身のサックス・プレイヤー、作曲家。1970年代よりニューヨークを拠点に活動を開始。フリー・ジャズやグラインド・コア等を主なフィールドとし、ネイキッド・シティ、ペインキラー、マサダ等のユニットで活動。オーガナイザーとして、プロンプターを使った即興演奏スタイルの「コブラ」を編み出している。自身のレーベル・ツァディクからさまざまな異才の作品をリリースしている。

KIN (←→)
PAT METHENY UNITY GROUP

2014

『KIN (←→)』
パット・メセニー・ユニティ・グループ

① ON DAY ONE　15:13
② RISE UP　11:54
③ ADAGIA　2:14
④ SIGN OF THE SEASON　10:11
⑤ KIN (←→)　11:02
⑥ BORN　7:48
⑦ CENEALOGY　0:38
⑧ WE GO ON　5:30
⑨ KQU　5:24

All Music by Pat Metheny
Nonesuch Records

□ 2013年6月録音
□ プロデューサー：パット・メセニー
□ コ・プロデューサー：スティーヴ・ロドビー
□ 録音スタジオ：MSRスタジオ（アメリカ、ニューヨーク）
□ エンジニア：ピーター・カラム
□ 参加ミュージシャン
パット・メセニー：エレクトリック&アコースティック・ギター、ギター・シンセサイザー、エレクトロニクス、オーケストロニクス、シンセサイザー
クリス・ポッター：テナー・サックス、クラリネット、バス・クラリネット、ソプラノ・サックス、アルト・フルート、バス・フルート
アントニオ・サンチェス：ドラムス&カホン
ベン・ウィリアムズ：アコースティック&エレクトリック・ベース
ジュリオ・カルマッシ：ピアノ、トランペット、トロンボーン、フレンチホルン、チェロ、ヴァイブ、クラリネット、フルート、リコーダー、アルト・サックス、ウーリッツァ、ホイッスル、ヴォーカル

音楽的な血族を川のように繋ぐ、壮大なサウンド・ファンタジー

『ユニティ・バンド』リリース後のワールドツアーの終盤。ライヴを重ねるごとに緊密になり音楽的な深みを増していくバンドの状況を見るにつけ、メセニーは「このまま活動を終えるのはあまりにも惜しい」と考えるようになる。はたして他のメンバーも全く同じ想いを抱いており、これを確認したメセニーは早速、カルテットのサウンドを更に広々としたランドスケープへと導くべく、アンサンブルのためのメンバー増強を目論む。そこに現れたのが、ジュリオ・カルマッシ[*1]という新たな才能であった。ニューヨーク在住のマルチ・プレイヤーであるカルマッシはウィル・リーからの紹介だが、「彼はどんな楽器を演奏するんだい？」とメセニーが尋ねたのに対して、リーは「ピアニストでもあり、シンガーでもあり、トランペットもサックスも演奏でき

る。それにカルマッシの目標は、君と一緒に演奏することなんだよ」と答えた。[*2] それを聞いたメセニーは、PMGの楽曲を独自の解釈で、しかもたった1人で高度に再現するカルマッシの姿をYouTube上の動画で確認。[*3] この時点でメセニーが求めていたのは新たなソロイストやインプロヴァイザーではなく、あくまでもアンサンブルを忠実に再現し、更に豊かなカラーリングを加えることができるミュージシャンであり、マルチ・インストゥルメンタリストのカルマッシはまさに理想的な人材だった。こうして新たなウェポンを得たメセニーは、2013年の3月から4月にかけて「より高度な新たなマテリアル」を書き起こし、バンド名も「ユニティ・グループ」として、MSRスタジオでのレコーディングに入る。結果として「前作がモノクロのドキュメンタリーであるとするならば、今回は3Dのアイマックス・シアター体験といえる」とメセニー自身が表現するとおりの、最先端かつ前人未到のサウンドを生み出したのだった。

なおアルバム・タイトルのKINとは「親族、血縁」の意味だが、そこに左右方向への矢印を加えることで、メセニーより世代が上のミュージシャンと下の世代のミュージシャンを音楽的な血族として川のように繋いで、世代を超えて同じものを共有していることを示している。要するに「ユニティ」という言葉を掘り下げて、より具体的なものとして表現し直したわけだ。このあたりにメセニーの自身のジャズ界におけるポジションへの強い自覚、そして責任感を見る想いである。

アルバムは長大なスコアから成る①からスタートする。ピアノとドラムスがカスケードとなって流れ落ちていく冒頭のムードは、ジョン・コルトレーンの『エクスプレッション』[*4] あたりを思わせるオーソドックスなものであり、ジャズの「伝統」の部分をまずは提示する格好だ。ルバートの中でクリス・ポッターとメセニーがテーマをユニゾンして49秒からリズムインするが、ここからが「革新」の部分。アントニオ・サンチェスのバスドラムがいったいリズムのどの位置を取っているのか？ アンサンブルが入ってきてもしばらくは戸惑うだろう。実はこれ、11／4拍子で書かれているのだが、8分音符で取ると22／8拍子、つまりTHE FIRST

CIRCLEと同じパターンに一応はなる。但しアンサンブルはより複雑怪奇で、ベースラインが加わってようやく8分音符を3・3・2・3で合計11で取っていることが浮き彫りになるのだ。メセニーが弾くテーマ・メロディーには早々にオーケストロニクスのアンサンブルも重なっているし、3分21秒からはTHE WAY UP的な同音反復のパルシヴなフレーズが出てくるので、聴く者はただサウンドの渦に身を任せるしかない。だが個々の楽器のトーンは全て「生」なので、どこか柔らかで温かい感触が失われていない。このあたりのニュアンスが、メセニーの狙いどころだったのだろう。

3分50秒からメセニーのソロに入るが、ここでわずかにBPMを上げているのも新たな試みだ。ウェイン・クランツ[*5]が多用している、曲中で突如としてBPMをスイッチする手法だが、メセニーの場合はよりさりげない。グリスダウンで気合いを入れてから入るソロはほんの僅かに歪みを加えた凄みのあるトーンで、バンドのサウンドを味わいながらじっくりとフレーズの城壁を積み上げていく。6分19秒で同型のフレーズランを9連発するあたり、かなりアツくなっていることが窺える。再びのパルス攻撃から、今度はリズム隊がサンバとアフロが合体したような高速ビートに切り替えて、ポッターのソロへと突入するが、このポッターのソロが実に素晴らしく、彼の数ある名演の中でもベストの一つだろう。メロディーが迸《ほとばし》るように次々と現れ、ジグザグしたラインに時折シャウトも交えて、リズム隊を先導するようにどこまでもサバンナを突っ走る。こうなるとサンチェスも黙っておれず千手観音の如く煽っていき、バンドが一丸となって別次元にワープするかのようなこのバトルは、メセニーもバッキングしながら大興奮したはずだ。またしても、のパルス攻撃からのブリッジでは、今度はベン・ウィリアムズがエレクトリック・ベースでのソロを繰り広げる。前作ではウッドに専念していたのでメセニーの芝生では初披露となるが、同じく両刀使いのクリスチャン・マクブライドが太鼓判を押したのも納得のイマジネーションに満ちたプレイ。そこから余裕を持ってテーマに戻り、ラストのパルス攻撃に入る前にはサンチェスのドラムソロをフィーチャーして、遂にはメセニーのギターのかき鳴らしとカルマッシのヴォーカルによる追い込みで、途轍もない高みに向かって突き進んでいく。全てが圧倒的な15分強。

②もまた無双極まりない。メセニーがジャ～ン！とスチール弦のアコギで一閃。そこにサンチェスがカホンで加わりフラメンコ風に進むのだが、コード進行が完全にメセニー・ワールドなのでそこに広がる風景は「スパニッシュとアメリカーナの何処か」といったヴァーチャルなものになる。1分28秒で終止符が打たれ、ポッターのソプラノが主軸となってテーマ・メロディーを展開。この希望に満ちたメロディーはどうだ、メセニーの他にこのような感動を得られるジャズがあるだろうか。メセニーを長年聴き続けてきて本当に良かった、と思える瞬間である。3分11秒からはメセニーが、今度はあの透明感に満ちたシグネイチャー・トーンで明らかに「さあ、たっぷりと泣かせますよ」というムードでソフトにフロウを始める。4分30秒からはリズムがタイトに引き締まってピアノトリオをバックにソロを繰り広げるが、ウィリアムズのベースが力強く密林を掻き分けてメセニーのために獣道を切り拓いていく。ウィリアムズ、なんというボス想いの男なのか。そこにメセニーは安心してスピーディーなフレーズで歌い、6分過ぎからは完全に大空に向かって飛翔して、ポッターとのユニゾンで再び大地へと還る。ここからのオーケストロニクスによるしっとりしたアンサンブルも優美で、ポッターはテナーでジェントルに乗っかっていく。やはり素晴らしい歌心で、アップテンポになる8分51秒からはそのままハイトーンを織り交ぜて進み、サンチェスの短いブリッジを挟んでテーマに回帰。バンド全体でダイナミクスをコントロールしつつ、メセニーのギターのかき鳴らしもいよいよ激しくなり、カルマッシのヴォーカルが高らかに歌い上げて、11分36秒のピークに向かって昇天していく。

ここまでの2曲で遠くに旅立った我々の心を優しく癒すかのように、バラード③が登場。メセニーのスチール弦のアコギにカルマッシが柔らかくピアノを添えて、ポッターがたおやかに重なる。全編ルバートによる演奏は次の④へのプレリュードとしての役割を果たしており、直ぐに同音反復フレーズから静かに入る④は、再びの大作でドラマティックなテーマメロディーがじわじわと迫ってくる。メセニーのギターとポッターが綺麗にブレンドして、サウンド全体が巨大な雲海となって広がっていく。その上でメセニーがソロを展開、ポッターもソプラノでこれに続いて紺碧の空へと向かう。5分30秒からは天界での風景が描かれて、ウィリアムズのベースが透明感いっぱいにフロウ。7分39秒からは再び雲海へと戻り、肥沃な大地に向かって高度を下げていく。ラストはオーケストロニクスによるチャイムとともに、静かに地上に降り立つ。

タイトルチューンの⑤は、サンチェスによる速いライド・シンバルにエレクトロなサウンドが重なる、またしても新たなランドスケープ。メセニーが⑤でチャレンジしているのは、短いモチーフだけでどこまで複雑な楽曲を組み上げられるかということ。楽譜を見れば明らかだが、セクションはなんと51にも渡り、コード進行も頻繁に移ろうが、音符そのものは極めてシンプル。バンドにとってはオープンなスペースが多くなるわけで、これはPMGではなく、ユニティ・グループだからこそ演奏可能な楽曲だと言えるだろう。短いテーマの後、1分57秒からはギター・シンセでメセニーが降臨。サウンドに溶け込むかのように大きく歌い上げて、エレクトロの波をすり抜けていく。4分25秒からはテナー・サックスとベースのアルコによるユニゾンでインタールードを奏で、そのままポッターとウィリアムズによるソロの交換に移行。お互いにフレーズをキャッチボールする間も、左右チャンネルを終始忙しなく飛び交うエレクトロ・サウンドが空間をジリジリと捻れさせる。7分25秒でテーマに戻るが、その表情は一層険しくなり、何処にも着地することなくひたすら彷徨い続ける。エンディングではサンチェスがエレクトロの嵐の中で落雷のようなドラムソロを披露。新しさの中に静かな熱を込めたサウンド体験は、約11分で収束へと向かう。

長めのポーズを置いて、バラードの⑥がスタート。本作の収録曲はどれも複雑なので「1曲ぐらいはシンプルな曲を」という想いで、メセニーがブルーノート東京での来日公演の際に書き上げた曲。*6 前曲に引き続いてエレクトロなパルスが響くので、バラードだが新鮮に響く。ポッターもメセニーも最高の歌心で酔わせてくれるが、特にメセニーが4分20秒で感極まるかのように同音をタメを効かせてピッキングしたり、ソロのラストでコードを漂わせてたっぷりと間を取ってグリスダウンで締めるあたりは成熟の極みだ。

その静けさを突き破ってオーネット・マナーの⑦が投下され、すかさずステディなアメリカン・ロックの⑧へと以降する流れも最高だ。ここでもピコピコしたエレクトロ・サウンドの音が効果的。1分42秒からはメセニーとポッターが手を携えるように歓喜に満ちたメロディーを歌い上げていき、3分18秒からポッターが感極まって繰り出すソロは短いながらも落涙必至の素晴らしさ。これまでのメセニーであれば、ここは自らギター・シンセでソロを繰り広げていたはず。このあたり、いかにポッターを信頼しているかがよくわかる。そして壮大なスケールのバラード⑨で、ユニティ・グループは人類の起源であろうアフリカの大地へと向かい、アルバムは大きな感動と共に締め括られる。

現時点では本作が、メセニーのスタジオアルバムとしては最新作品ということになる。聴く度に新たな発見があるこの音楽は、ジャズというジャンルとバンド・サウンドの可能性を大きく拡張しつつ、高度なインプロヴィゼイションにより、聴く者の耳と心を広々とした場所に開放してくれる。メセニーの音楽の旅はまだまだ終わらないが、本作が一つの極点であり、その輝きが永遠であることは間違いないだろう。

＊1／1981年、イタリア出身のマルチ・インストゥルメンタリスト。ピアノ、キーボード、ベース、ドラムス、ギターから各種管楽器、打楽器、ヴォーカルまでを高度なスキルでこなす超人的なプレイヤー。ウィル・リー、キース・カーロック、スティーヴ・ガッド、オズ・ノイ、ティム・ルフェーブル、チャック・ローブ等、トップ・アーティストと共演。3枚のリーダ作もリリース。

＊2／ハイレゾ音源配信サイトの『e-nkyo music』2014年2月掲載の、パット・メセニーへのインタビュー記事より。

＊3／本書の刊行時では、カルマッシがTHE FIRST CIRCLEを独演する動画が確認できる（https://www.youtube.com/watch?v=RixsSF4Xat0）。

＊4／1967年リリースのジョン・コルトレーンの遺作。コルトレーン（テナー・サックス）以外のメンバーは、ファラオ・サンダース（フルート、ピッコロ、タンバリン）、アリス・コルトレーン（ピアノ）、ジミー・ギャリソン（ベース）、ラシッド・アリ（ドラムス）。

＊5／1956年、オレゴン州出身のギタリスト。マイク・スターンとレニ・スターンに師事し、ニューヨークのシーンで活躍。スティーリー・ダンのツアーにも参加。近年は自身のトリオで活動しており、開放弦を多用した独自のプレイと、バンド全体で突然リズムをスイッチする変態的な楽曲で、ギター・ヒーローとしてリスペクトを集めている。

＊6／音楽情報サイト『Mikiki』2014年2月掲載の、パット・メセニーへのインタビュー記事より。

PMGのライヴからコラボまで、ならではの音源も存在する映像作品の数々

パット・メセニーほど、多くの映像作品でその演奏の様子を確認できるジャズ・アーティストは、他に存在しない。なにしろアルバム『シークレット・ストーリー』以降は、そのカヴァー・ツアーのライヴ映像を中心に、何らかの形で必ず映像作品がリリースされているのだから、もはや「アイドル並み」といってもいいだろう。またコラボレーションや他のアーティストへの参加作品も結構な数の映像作品がリリースされており、そこにはアルバムでは聴かれないナンバーもあるので、映像も全てフォローしなくてはならないのだ。ここでは「必見！」というものを、いくつか挙げておこう。

まずは最初の映像作品、1992年の『**モア・トラヴェルズ**』。バレエのシーンを重ねたり、シネマティックな画質と編集センスが芸術的なスタジオ・ライヴ作品だが、ペドロ・アズナールやアーマンド・マーサルが在籍した時代のPMGを楽しめるという意味で貴重なものだ。メセニーの手元のアップも多く、この時点で既にテクニック的にはピークを迎えていたことがよくわかる。HALF LIFE OF ABSOLUTIN や THIRD WIND の演奏は、あまりにも強烈。

日本でシュートされた『**ウイ・リヴ・ヒア・ライヴ・イン・ジャパン**』（1995年）は、コンサートの様子を楽しむという意味では曲順にちょっと問題ありだが、MINUANO や ANTONIA や HERE TO STAY のライヴが楽しめるし、この頃ライヴでのみ演奏していたフリーな SCRAP METAL も収録されているので、やはり見逃せない。インタビュー映像も大変興味深く、特にライル・メイズのそれは、インテリジェンスに富んでいる。

ジャック・ディジョネットのアルバム『パラレル・リアリティーズ』リリース時のライヴを収録した『**イン・コンサート**』（1999年）は、デイヴ・ホランドが加わったカルテットによる演奏が貴重、かつ最高。1人づつ登場するオープニングからメチャクチャに格好良い。ハービー・ハンコックに関しては、こちらの方がアルバムより圧倒的にノリまくって大暴れしているし、SOLAR や EYE OF HURRICANE、

パット・メセニーを観よ!

CANTALOPE ISLAND等、インプロを楽しむためのレパートリーがふんだんに盛り込まれているのが嬉しい。ギター・シンセでEYE OF HURRICANEを弾きまくるメセニーは必見!

時代は遡るが、ジョニ・ミッチェルの『**シャドウズ・アンド・ライト**』の映像盤（1980年）も忘れてはならない。メセニーとマイケル・ブレッカーの初共演ステージで、髭面のマイケルと若かりしメセニーは微笑ましくも懐かしい。元気いっぱいなジャコ・パストリアスもいるし、ドン・アライアスのダイナミックなドラミング・センスも映像で観た方がよくわかる。CDでは冗長ゆえカットされていたジャコパスのソロも、映像盤ではちゃんと収録されています。メイズの存在感のなさも含め、見どころ多し。

「仕組みがわかる」という意味では、やはり『**オーケストリオン・プロジェクト**』（2012年）だろう。音だけでは何がどうなっているのかわからないオーケストロニクスの動きを映像で観てから音を聴いた方が、絶対にその世界に近づきやすい。その前の『ザ・ウェイ・アップ・ライヴ』（2006年）あたりからはハイビジョン撮影となり、ブルーレイもリリースされているので、音質もCDより圧倒的に向上。『**ザ・ウェイ・アップ・ライヴ**』はアルバムには参加していないサポート・メンバーのナンド・ローリア[*1]の活躍も見られるし、アントニオ・サンチェスのドラムスの容赦ないブッ叩きは、やはり必見。

メセニーもMTV時代に合わせて、PVを作っていたことがありました。筆者はテレビ録画したYOLANDA, YOU LEARNとSLIP AWAY, LAST TRAIN HOMEのPVを持っているが、いずれも相当に面白い。特にLAST TRAIN HOMEは、汽車の映像とSE、なんちゃってな演奏をするメンバーを編集で重ねたものだが、ホームレスみたいなコートを羽織ってシタール・ギターを弾くメセニーは、本人にとっては黒歴史の可能性大。あとは『シークレット・ストーリー』のTHE LONGEST SUMMERのロマンティックなPVも要チェック。

＊1／1960年、ブラジルのペルナンブーコ州出身のギタリスト、シンガー・ソングライター。ブラジルで活動後、1983年にバークリー音楽大学で学ぶ。1994年のリーダー・アルバム『Points of View』には、ライル・メイズ、ダン・ゴットリーブも参加している。

同郷の後輩のアルバムに全面参加、ギター・シンセでカッ飛びまくる

オーケストリオンからユニティ・バンド、さらにはユニティ・グループと、めまぐるしく自己の音楽世界を更新し続けるメセニーには、以前のように他のアーティストのセッションに頻繁に参加する時間はなくなりつつあった。とはいえ、気に入った若手が現れれば相変わらず軽いフットワークで参加し、自身の烙印をきっちりと押していきつつ、セールス面でのサポートも惜しまないのだから見上げたものである。カンザスシティのジャズ・シーンで鍛えられたローガン・リチャードソン[*1]は、いわばメセニーの同郷の後輩。作曲も含めたトータル・ミュージシャンとしてのオリジナリティが、メセニーのお眼鏡にかなったのだろう。楽曲こそ提供していないが全曲に参加、更にはジェイソン・モラン[*2]との共演という贅沢なオマケ付きなのだから、聴き逃すわけにはいかない。

SHIFT
ROGAN RICHARDSON

2015

『シフト』
ローガン・リチャードソン

① MIND FREE 6:35
② CREEPER 8:31
③ IN YOUR NEXT LIFE 7:07
④ LOCKED OUT OF HEAVEN 6:45
⑤ SLOW 7:38
⑥ WHEN I WAKE (INTERLUDE) 1:14
⑦ IMAGINE 4:44
⑧ ALONE 6:14
⑨ IN BETWEEN (INTERLUDE) 0:27
⑩ TIME 2:29
⑪ UNTITLED 7:52
⑫ DREAM WEAVER 5:14
⑬ SHIFTING SAND 8:05

All Music by Logan Richardson,
Except ④ by Bruno Mars & Ari Levine &
Philip Lawrence
Bluenote

□ 2013年12月録音
□ プロデューサー：パット・メセニー
□ 録音スタジオ：パット・メセニー自宅スタジオ
アディショナル・レコーディング・スタジオ：MSRスタジオ
（アメリカ、ニューヨーク）
□ エンジニア：パット・メセニー
□ 参加ミュージシャン
ローガン・リチャードソン：アルト・サックス
パット・メセニー：ギター
ジェイソン・モラン：ピアノ&フェンダー・ローズ
ハリシュ・ラガヴァン：ベース
ナシート・ウェイツ：ドラムス

まず①は、アルバム全体のアンセム的なナンバー。冒頭からメセニーとモランが揃って登場して、思わず「おおっ」となる。リチャードソンのトーンはケニー・ギャレットと共通する軽めのもので、メセニーは軽く歪んだトーンでテーマをユニゾン。凝ったアンサンブルはセッションというよりバンド的で、サックスソロのバックでモランがテーマを頻繁に仄めかす。3分28秒からはモランがソロを展開、ストップ&ゴーを巧みに使ってメセニーに繋ぐ。泣きのフレーズで攻め込むメセニーの熱いソロ、そこにテーマが交わってフィニッシュ、好調な滑り出しだ。②ではモランが必殺のフェンダー・ローズで出て、メセニーはギター・シンセのリフで不敵にバッキング。テーマの後半でユニゾンに加わるが、このサウンドの構成は相当にユニーク。スタティックにならずに、前のめりに攻め込むリズム隊も中々の力強さで、リチャーソドンのブッ飛び気味のソロも痛快。さすがにメセニーが見初めただけあって、良いプレーヤーだ。そのリチャーソドンのソロの勢いを受けて、メセニーのギター・シンセによるソロもグイグイと力技で攻め込み、ユニティ・バンドにも匹敵する高まり具合がゴキゲン。唯一のカヴァーの④は、なんとブルーノ・マーズ[*3]のヒット曲。原曲のムードとは関係なく、極端にスローかつスペイシーなサウンドとして、メセニーはノイズ絡みでサディスティックに斬り込む。他にも、モランのピアノが甘美な⑧、ドラムンベース的なビートの上でメセニーが暴れる⑪、やはりメセニーがギター・シンセで咆哮する⑬も強くレコメンドしておく。

*1／1980年、ミズーリ州カンザスシティ出身のサックス・プレイヤー。バークリー音楽大学、及びニュースクール大学で学び、グレッグ・オズビーにも師事。2007年に『Cerebral Flow』でソロデビュー、『シフト』は3作目のリーダーアルバム。

*2／1975年、テキサス州ヒューストン出身のピアニスト、作曲家。幼少時よりクラシック・ピアノを学ぶも、セロニアス・モンクの演奏を聴いてジャズに開眼。マンハッタン音楽学校で学び、1997年にグレッグ・オズビーのバンドに加入して注目される。以降チャールズ・ロイドやデイヴ・ホランド、ロバート・グラスパー、メアリー・ホルボーソン等と共演。

*3／1985年、ハワイ州ホノルル出身のシンガー。2010年に『ジャスト・ザ・ウェイ・ユー・アー』でデビュー。以降、人気アーティストとしてヒットチャートの常連入り、2018年のグラミー賞では『24Kマジック』で最優秀アルバム賞、最優秀レコード賞等を獲得。

HOMMAGE À EBERHARD WEBER

2015

『オマージュ』
パット・メセニー / ヤン・ガルバレク / ゲイリー・バートン 他

② HOMMAGE 31:33

※パット・メセニー参加曲のみ

② by Pat Metheny based on improvisations by Eberhard Weber
ECM Records

□ 2015年1月録音
□ プロデューサー：マーティン・ミューレイス
□ 録音地：シアターハウス（ドイツ、シュトゥットガルト）におけるライヴ
□ エンジニア：ドリス・ハウザー、ヴォルカー・ノイマン
□ 参加ミュージシャン
パット・メセニー：ギター
ゲイリー・バートン：ヴァイブ
スコット・コリー：ベース
ダニー・ゴットリーブ：ドラムス
エバーハルト・ウェーバー：ベース（テープ）
SWR ビッグバンド

メセニーならではの高度な作曲手法による、ウェーバー賛歌

若き日のメセニーが大きな影響を受けたベーシスト、エバーハルト・ウェーバーへのトリビュート・アルバム。事の経緯はこうだ。2007年に脳梗塞のために演奏ができなくなったウェーバーだが、彼の75歳の誕生日とドイツのバーデン・ヴュルテンベルク州特別功労賞ジャズ賞の受賞を記念して、2015年1月23日と24日の2日間に渡って、メセニーやゲイリー・バートン、ヤン・ガルバレク等[*1]、ウェーバーゆかりのアーティストを招いたコンサートが企画される。メセニーはそこに特別なものを加えるべく、ウェーバーのライヴ映像をチェックして、1986年のシュトゥットガルトと1988年のレヴァークーゼンでのウェーバーのライヴ演奏を基に発展させたオリジナル曲を作曲。そしてソロイストとしてバートン、懐かしのダニー・ゴットリーブ、そし

てウェーバーの代わりを務めるベーシストにスコット・コリーを迎え、30分を超える一遍のサウンドスケープとして、プロジェクターによる映像を交えつつライヴで披露した。本書で対象とするのはメセニー参加の②のみだが、その他の5曲は全てウェーバーの楽曲をSWRビッグバンド用にアレンジしたものとなる。

曲はSWRビッグバンドがロングトーンによる雄大なハーモニーを響かせるシーンから始まる。1分12秒からウェーバーの特徴的なメロディーがテープで登場。これをビッグバンドが包み込み、ゴットリーブがライド・シンバルを響かせていく。メセニーは透明感のあるエレクトリック・ギターでテーマを奏で、バートンもここに加わる。オマージュとはいえ、極めて有機的にビッグバンドを使いこなしたメセニー・ミュージックとなっているあたりに、彼のチャレンジ・スピリットを感じざるを得ない。まずはバートンがソロを披露するが、ミックスがちょっと小さいため、ビッグバンドに埋もれ気味なのが残念。8分過ぎからアンサンブルが折り重なっていき、8分47秒でウェーバーのソロを巧妙にフィーチャーする流れを演出して霧の中に吸い込まれていく。10分47秒からゴットリーヴがスピードを上げて、ビッグバンドがシネマティックなメロディーで追う。バックでメセニーが激しくグリスダウンして盛り上げ、11分55秒からはコリーのソロをブリッジに一瞬ブルース・パートに突入するが、13分12秒から風景を戻してメセニーが「パラパ〜」とギター・シンセで降臨し、たっぷりと名人芸を聴かせてくれる。ソロ終わりの16分52秒で大きな拍手が入るのもいいムード。そこからしばらくの間、ミニマル・ミュージック風のアンサンブル。これが混沌の中に消えていくと、20分25秒からはアコースティック・ギターのストロークにウェーバーのカントリー風のソロが浮かび上がり、アメリカーナな風景が広がる。ほどなくゴットリーヴのソロに移行、存分にブッ叩いたあとは優美なコラールに進み、ウェーバーのソロを大きくフィーチャーしてエンディングへ。充実の約31分。

※1／1947年、ノルウェー出身のサックス・プレイヤー。1960年代よりテリエ・リピダルやボボ・ステンソン等と共演を重ね、1970年代後半にはキース・ジャレットのヨーロピアン・カルテットで活躍。ECMを代表するアーティストで、リーダー作も多数。

CUONG VU TRIO MEETS PAT METHENY

2016

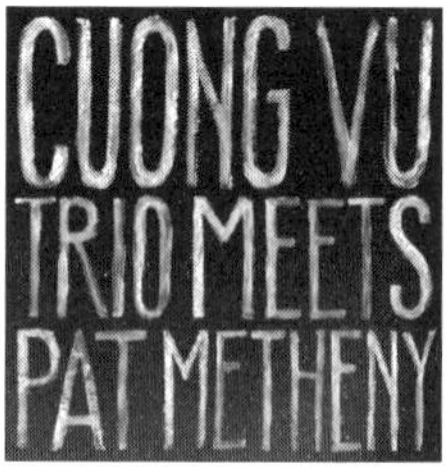

『ミーツ・パット・メセニー』
クォン・ヴー／パット・メセニー

① ACID KISS 9:02
② NOT CRAZY (JUST GIDDY UPPING) 6:02
③ SEEDS OF DOUBT 6:55
④ TINY LITTLE PIECES 10:26
⑤ TELESCOPE 7:01
⑥ LET'S GET BACK 7:19
⑦ TUNE BLUES 6:14

All Music by Cuong Vu,
Except ⑤ by Pat Metheny,
⑦ by Andrew D'Angelo
Nonesuch Records

□ 2015年2月録音
□ プロデューサー：クォン・ヴー&パット・メセニー
□ 録音スタジオ：アヴァター・スタジオ（アメリカ、ニューヨーク）
□ エンジニア：ピーター・カラム
□ 参加ミュージシャン
クォン・ヴー：トランペット
パット・メセニー：ギター
ツトム・タケイシ：ベース
テッド・プア：ドラムス

NYのアンダーグラウンドで、ノイジーに荒れ狂う

クォン・ヴーに対するメセニーの想いには、特別なものがある。メセニーが最初に手にした楽器はトランペットであり、メイン楽器をギターにスイッチした後、マイルス・デイヴィスの音楽がきっかけでジャズに惹かれるようになったというのは既に記したとおり。自らのプレイにも常に「トランペット的な意識」があると述べている。[*1] PMGではマーク・レッドフォードのトランペットをフィーチャーしたことこそあったが、専任の奏者を迎え入れたのはヴーが初めてであり、エフェクターの使用も交えてビバップのリックに頼らないプレイを聴かせるヴーのクリエイティヴィティに対して、メセニーが大きなシンパシーを感じていることは間違いない。

本作はツトム・タケイシ、[*2] テッド・プア[*3] というヴーのレギュラー・トリオにメセニーが加わったアルバムだが、エクスペリメンタルなヴーの土俵で、伸び伸びと音群と戯れるメセニーのプレイが堪能できる。

　タイトルが軽くヤバい感じの①は、まずはヴーが不穏に出てトリオがいつものように追従。メセニーはしばし様子を窺いつつノイズを散りばめ、エレクトロ方面に拡散していく。4分6秒で遂にギター・シンセで咆哮、タケイシとプアの凶暴な煽りを受けつつ、ヴーとともに飛翔を開始。ロングトーンで狼煙を上げ、ギュワンギュワンとノイジーに荒れ狂う。マイルスのアガパン・バンド[*4]にも通じる興奮を届けてくれる9分間。

　無調のバップ的な②も面白い。ヴーとメセニーがユニゾンで疾走、それを追うタケイシとプアという構図でテーマを切り抜けると、メセニーが幾分コーダルにオーネット・マナーのソロを繰り広げる。続いてヴーが走り出すと、タケイシはディストーションをカマして早い4ビートの中で地を這う恐竜と化し、プアともにコンクリートの地面を掘削《くっさく》する。このトリオの凄まじい破壊力には惚れるしかない。続くバラードの③はテーマこそアブストラクトだが、メセニーが透明感のあるトーンでナチュラルに歌い、ヴーも独自のメロディアスなプレイで魅了する。長尺曲なのにタイトルが真逆な④は、前半は空間を慈しむかのように静かに進むが、次第にメセニーがエゴイスティックに徘徊を始め、ヴーも空間に毒を塗り込めていく。更に触発されたメセニーは6分過ぎからリミッターを解除してギター・シンセで大暴れする。メセニーの⑤は凶暴さを秘めたワルツで、タケイシは頭からディストーションで荒れ気味、メセニーはソロのラストで爆発。エレジーの⑥でも後半でインダストリアルなノイズを撒き散らし、ラストのブルース⑦ではヴーもメセニーも荒々しく闊歩。アヴァンギャルド好きには迷わずお勧めの1枚。

※1／本作に掲載されたメセニー自身による長文のライナーノーツより。
＊2／1964年、茨城県水戸市出身のベーシスト。1983年よりバークリー音楽大学で学び、その後ニュースクール大学で学ぶためにニューヨークへ移る。以降ニューヨークを拠点に、ドン・チェリー、ヘンリー・スレッギル、ポール・モチアン等と共演。
＊3／1981年、ニューヨーク州ロチェスター出身のドラマー。イーストマン音楽学校で学び、ベン・モンダー、クリス・ポッター等と共演。
＊4／マイルス・デイヴィスの『アガルタ』『パンゲア』の2枚のライヴ・アルバムに収録された、1975年の日本ツアーで激演を繰り広げたバンドの呼称。

THE UNITY SESSIONS
PAT METHENY

2016

『ユニティ・セッションズ』
パット・メセニー

(DISC-1)
① ADAGIA 2:08
② SIGN OF THE SEASON 10:42
③ THIS BELONGS TO YOU 5:38
④ ROOFDOGS 7:50
⑤ CHEROKEE 5:02
⑥ GENEALOGY 2:04
⑦ ON DAY ONE 15:18
⑧ MEDLEY; PHASE DANCE / MINUANO / PRAISE/ MIDWESTERN NIGHTS DREAM / AS IT IS / THE SUN IN MONTREAL / OMAHA CELEBRATION / ANTONIA / THIS IS NOT AMERICA / LAST TRAIN HOME 10:52
(DISC-2)
① COME AND SEE 12:55
② POLICE PEOPLE 2:52
③ TWO FOLK SONGS (#1) 4:58
④ BORN 7:51
⑤ KIN (←→) 11:06
⑥ RISE UP 12:28
⑦ GO GET IT 4:18

All Music by Pat Metheny,
Except DISC-1 ⑤ by Ray Noble,
DISC-2 ② by Ornette Coleman & P.Metheny
Nonesuch Records

□ 2014年12月5日録音
□ プロデューサー:パット・メセニー
□ コ・プロデューサー:スティーヴ・ロドビー
□ 録音地:ANGELSシアター(アメリカ、ニューヨーク)でのライヴ
□ エンジニア:ピーター・カラム&デイヴィッド・オークス
□ 参加ミュージシャン
パット・メセニー:エレクトリック&アコースティック・ギター、ギター・シンセサイザー、エレクトロニクス、オーケストロニクス
クリス・ポッター:テナー・サックス、ソプラノ・サックス、バス・クラリネット、フルート、ギター
アントニオ・サンチェス:ドラムス、カホン
ベン・ウィリアムズ:アコースティック&エレクトリック・ベース
ジュリオ・カルマッシ:ピアノ、シンセサイザー、フリューゲルホルン、ホイッスル、ヴォーカル

ユニティの圧倒的な成果の、生々しくもド迫力のドキュメント

ユニティ・バンド、及びその進化系のユニティ・グループは、2枚のアルバムと2度にわたるワールドツアー(都合250回を超える規模)で世界中を熱狂の渦に巻き込んだのだが、その成果をスタジオ・ライヴの形で残したのが本作だ。まずは映像作品をリリースし、その後に2枚組のCDをリリースするという流れは『オーケストリオン・プロジェクト』の際と同様。また曲順も映像盤と本作では異なる(映像盤の方が実際のライヴのセットリストに近い)ため、やはり単独作品として聴くべきかと思う。選曲は『ユニティ・バンド』と『KIN(←→)』の両アルバムからピックアップされたレパートリーに加え、スタンダードのディスク-1⑤、ギターソロによる自作曲メドレーのディスク-1⑧、オーネットとの共作であるディスク-2②、『80/81』所収のディスク-2③、

『トリオ99→00』所収のディスク－2⑦とかなりバラエティに富むもので、このバンドによる音楽的達成の記録として最高のフォーマットだろう。ちなみにメセニーの本来の狙いは「観客席ではなく、バンドの中に入って聴いているような新たなサウンド体験」にあり、映像盤のサラウンド・サウンドこそがそれを実現するものではあるが、しっかりと奥行き感のあるCDのミックスも十分に素晴らしいものになっている。

ディスク－1①はメセニーがゆったりと語りかけてくるギターソロだが、これがオープニングに来ることで、めくるめくサウンド・ワールドにさりげなく誘う効果を上げている（映像盤ではフリーキーなディスク－1⑥が最初にくるので印象がかなり異なる）。そのラストノートの余韻の中、風雲急を告げるように『KIN（←→）』の②が登場。トラックタイムはオリジナルとほぼ変わらないが、ライヴゆえ音はより生々しい。特にベン・ウィリアムズのウッドベースは肉感的で、そのトーンの魅力を知る意味では本作がベストかもしれない。ソロはメセニー、クリス・ポッターの順だが、ポッターはライヴではより音数が多くなり、ソプラノでスリリングに滑空していく。ウィリアムズのベースソロも歌心たっぷりで、ラスト・テーマも感動的。

続く③と④では『ユニティ・バンド』のカルテットの世界に遡る。メセニーが厚みのあるトーンでスタートするバラードの③こそオリジナルに忠実だが、④はライヴ仕様にエキスパンドされた演奏。ギター・シンセで先行するメセニーは最初からフルパワーで絶叫。それに連れてポッターも当然アツくなる。ソプラノで速射砲フレーズを連発するところにアントニオ・サンチェスがタムを重ねて、このカルテットならではの興奮をもたらし、エンディングではメセニーとポッターが絡みつつ昇り詰めていく。その2人のデュオが、お馴染みのスタンダードの⑤。ツアーでは日によってALL THE THING YOU AREやSOLARなどもチョイスして演奏していたが、ここでは最もシンプルな曲で爽快にスッ飛ばしてくれる。シングルノートの超速ビバップ・フレーズが途切れることは全くなく、両者共にロングブレスで延々と付かず離れずで絡んでいく。ホント、とんでもない怪物ですね、この2人。

⑥はオリジナルでは数十秒で終わっていたが、本作ではフリーなインプロから始めて拡張させ、終盤でようやくテーマのユニゾンを畳み掛ける。そこから『KIN（←→）』のオープナーの⑦に持ち込むが、一糸乱れぬアンサンブルはそのままに、よりエモーショナルかつロック的にクネるメセニー、サンチェスとウィリアムズによる豪雪のリズムの上をスピーディーにスケルトンで突っ込んでいくポッター、いずれも手に汗握る音のアドベンチャーで酔わせてくれる。ウィリアムズの流麗なエレクトリック・ベースのソロ、エンディングに向かって雪崩のようにブッ叩くサンチェスのコントラストも圧巻だ。そしてディスク-1のラスト⑧では、メセニーの過去から現在に至る名曲群が走馬灯のように登場。ライヴではアンコールの締めくくりとして恒例のシーンだが、毎回少しずつ曲を変えてくれるのが楽しみなのだ。心安らぐ、温かいムードに包まれながらディスク-1は終了（映像版ではこれが全体のラスト）。

ディスク-2①は、『ユニティ・バンド』の目玉曲。やはりライヴ向けに拡張されたヴァージョンで、ピカソ・ギターのイントロから長めにインプロを展開。3分16秒からが本来のスタートだが、ポッターのバス・クラリネットもインプロで絡みつつ4分41秒でようやくリズムイン。派手に飛ばすサンチェス、バス・クラリネットでテーマを吹くポッターは、アグレッシヴなメセニーのソロの後、テナーに持ち替えてグリグリと迫る。これをウィリアムズがメロディックに落ち着かせるのは、もはやお馴染みのパターン。サンチェスが暴れるエンディングに続いて、オーネットとの『ソングX』で披露した②を投下する流れも最高に盛り上がる。ユニゾンによる能天気なテーマの後はサンチェスを放し飼いにして、恐ろしく複雑なコンビネーション・プレイで錯乱状態に持ち込む。更にメセニーのギターのかき鳴らしから始まる③に移行し、ウィリアムズとポッターが野太く荒野を駆け抜けて、『80/81』の世界を最新ヴァージョンへと更新する。ポッターはどんどんアツくなり、それをギターをかき鳴らしつつ「とことん行けー！」と煽るメセニーも楽しげ。

④はクールダウンにふさわしい壮大なバラードだが、エレクトロなパルスやジュリオ・カルマッシのヴォー

カルも、控えめながら効果的。雄々しく叫ぶポッター、これ以上ないぐらいに繊細に揺らぐメセニー、どっしりと支えるウィリアムズ、全てがこの音楽の僕《しもべ》となって、大地の歌を響かせる。そこにすかさず飛び出すのが⑤で、いやがうえにも緊張感が高まる。スタジオ盤を凌ぐ強力極まりない演奏で、完璧なアンサンブルや飛び交うエレクトロなSE、終始ハイテンションなメセニーのソロ、ポッターのテナーとウィリアムズのアルコによる場外バトルがめまぐるしく展開する。エンディングのサンチェスも、この日一番の大暴れで興奮の坩堝に叩き込んでくれる。これはもう聴き終わると確実にフラフラになるのだが、そこへメセニーは容赦なく⑥を投入。ポッターとともに仲良くアコギを激しくストロークして、そのままテーマに雪崩れ込む。ピアノで盛り上げるカルマッシも大活躍で、3分21秒からはオーケストロニクスによるマリンバをバックに、メセニーがここぞとばかりに泣きのソロを繰り広げる。前半はゆったりとリズムに乗っかり、アップテンポになる4分41秒からは時折クロマティックを交えつつ、天空に向かうトルネードの如くフロウ。3分半にわたるイマジネーションに満ちた見事なインプロに、全ギタリストはひれ伏すしかないだろう。高まるブリッジとオーケストリオンのアンサンブルを挟んで、広々とした景観の中、ポッターがテナーでゆったりと歌い始める。どのようなシチュエーションでも単純なリックに走らず、巧みにメロディーを発展させていき、気がつけば高みに上り詰めるポッターの頼もしさよ。ラストのテーマからはメセニーのコード・ストロークも一層激しくなり、メンバーが一丸となって成層圏の彼方へと飛び立っていく。ここで終わっても全然おかしくないのにメセニーに休息する気配はなく、ドラムスとのデュオの⑦ではフレットレス・ギターで過激に突っ走る。サンチェスも激しい息づかいでメセニーを追いかけるのに対して、メセニーがいつになくロックンロールかつフリーキーなリフで攻撃を仕掛ける。一通りやり切ったメセニーはサンチェスに任せて怒涛のドラミングをしばし見守るが、頃合いを見計らってテーマを弾いて強引にフィニッシュに。2枚組でたっぷり2時間。やはり十分に体力を蓄えてから臨まねばならない。そして「ユニティの旅」を終えたメセニーは、次なる風景へと向かうのであった。

メセニーは何処へ向かうのか

本書の執筆の段階では、音楽的な意味でのメセニーの最新作はユニティ・グループでの『KIN（←→）』であり、PMGに限れば『ザ・ウェイ・アップ』ということになる。いずれもジャズを全く新たな風景へと導いた作品であり、これらの作品を超えるレベルの「高度な芸術作品でありながら、十分なポピュラリティを獲得できるジャズ・ミュージック」を、メセニー以外の誰かが創ることができるか？と問われれば、遺憾ながら筆者は「現時点では誰もいない」と答えるしかない。つまり「メセニーを超えるものはメセニーしかいない」といえるわけで、その意味ではメセニーは実に孤独だ。「ジャズの唯一の伝統。それは、絶えることのない変化だと思う」とは、1995年の『ウィ・リブ・ヒア』の時点で彼が発していた言葉だが、同じように考え、しかるべき責任感を伴って活動しているジャズ・アーティストが、いったいどれだけいるだろうか。

そのメセニー自身も、今年で64歳。いかにジャズ・ミュージシャンの息が長いとはいえ、アーティストとしてのクリエイティヴィティを発揮し続けることができるのは、長くてもあと10年というのが正直なところだろう。マイルス・デイヴィスが65歳で、デューク・エリントンやジョー・ザヴィヌルが75歳で天に召された事実を冷静に受け止めれば、メセニーに残された時間も、そう長くはないはずだ。

2016年から翌年にかけてのメセニーは、「アン・イヴニング・ウィズ・パット・メセニー」というタイトルで、ワールドツアーを行なっていた。これは彼が「ザ・リサーチ」と称する過程であり、自身のウェブサイトで「これまでの慣例では、曲を作り、レコードを作り、ツアーに出るのが普通だった。しかし今はちょっと、このパターンを止めてみよ

終章

うと思う。これまで私が取り組んできた幅広い音楽全体をプレイできる特別なグループを組んで、長年演奏していない曲を更に発展させるのも面白いと思った」と語っている。その新たなグループとは、今やメセニーが最も信頼するドラムスのアントニオ・サンチェス、マレーシア出身でオーストラリア育ちの女性ベーシストのリンダ・オー、イギリス生まれのピアニストのグウィリム・シムコックという、やはり若い世代の俊英から成るカルテットだ。２０１７年末段階でのツアーのセットリストを見ると、SO MAY IT SECRETLY BEGIN や MINUANO, HAVE YOU HEARD といった１９８０年代のＰＭＧ時代の代表曲から、BRIGHT SIZE LIFE や UNQUITY ROAD あたりのデビュー当時の曲、QUESTION AND ANSWER や WHAT DO YOU WANT ? 等トリオで頻繁に演奏した曲、更には ALL THE THINGS YOU ARE 等のスタンダードまで、実に幅広い範囲のレパートリーを演奏しており、メセニーが称する「ザ・リサーチ」の実態がよくわかる。

このカルテットで２０１７年の12月にスタジオに入ってレコーディングを行っているはずで、そこでは「ツアーを経て、メセニーの40余年にわたる音楽世界にある普遍的なサムシングに習熟したグループのために、新たに書き下ろしたマテリアル」が録音されているはず。そして今年の6月末からのヨーロッパツアーが発表されていることから推測すると、待望のニューアルバムは今春から初夏にかけてのいつかのタイミングでリリースされるのだろう。本書のリリースにあたっては、そのニューアルバムの公式発表を待つことも考慮したが、メセニーが称するところの「ザ・リサーチ」について、彼の過去の作品を通史的に「文章で確認する」ということにも十分な意義がある、との結論に至り、あえてニューアルバムの発表を待たずに、本書を世に送り出すことにした。読者の皆さんが本書を通読していただいた上で新しいカルテットによる音楽を聴くことにより、そのサウンドやインプロヴィゼイションの意味をより深いレベルで理解する一助となれば、筆者の目論見は概ね達成されたことになる。また誰よりも筆者自身が本書の執筆を経た上で、最新形態へと歩を進めたメセニーの音楽から貪欲に快楽を得ようとしているのであり、読者の皆さんにはそうした筆者の思惑にお付き合いいただいているようなところも正直あることを、お断りしておきたい。

ここで今一度、メセニーが称する「ザ・リサーチ」の意味を考えてみよう。彼がこうした形で立ち止まったことはこれまでに一度たりともなかった。また「多くのジャズ・アーティストが、何周年記念みたいな形で過去のアルバムを再現するようなイベントを行っており、リスナーたちもそれを歓迎しているようだが、自分はそういうことには興味がない」と各所ではっきりと語っていることからも、一見すると「懐メロ大会」になりかねない「ザ・リサーチ」が、実際には全く異なるものであることがわかる。

２００９年のゲイリー・バートンとの『クァルテット・ライヴ』にも聴かれるように、メセニーは過去の曲を採り上げて演奏する際も、そこに新たな血を通わせて、必ず「今、ここ」のサウンドへと昇華させている。一方で、自身の幅広い音楽の全体を鳥瞰するということは、彼がデビューから40余年に渡って生み出してきた創作物から「想いもよらなかった意味や価値」を見出すことにより、音楽家としてのアイデンティティを確認しようとする意図も汲み取れる。つまりはメセニー自身が、「メセニーを超えるものはメセニーしかいない」ということを強く自覚しており、自らに残された時間がそんなに潤沢にはないこと

終章

についても、それなりの意識があるということだ。

その上で、彼が数多くのジャズ・レジェンド達との共演により「ジャズの奥義」を学んだように、自身の音楽言語を若い世代に直接伝えてレガシーとして残していくために、自らに残された時間を割こうとしているようにも筆者には思える。そこで伝えようとしているものは、インプロヴィゼイションの技法や、作曲やサウンドメイキングにおける魔法だけではなく、絶えざるテクノロジーの進化がもたらす新たな音の風景——メセニーが時代と共に歩み、体験してきたもの、更にはハイレゾ配信等の音楽メディアの変化も含めた、「音楽という芸術の、過去と未来を繋ぐ可能性のすべて」なのだと思う。それらを次の世代へとパスすることが「絶えることのない変化というジャズの伝統」を保つ、唯一にして最良の方法であり、パット・メセニーという真の天才と呼ぶべきジャズ・ミュージシャンに残された、最後の大仕事になるはずだ。

メセニーの音楽の旅は、今しばらくは続くだろう。私たちはメセニーと同時代に生き、彼の絶えざるチャレンジを見守り、またそこから大きな音楽的快楽を享受しながら、次の世代へと継承されていくであろう「絶えることのない変化というジャズの伝統」を見守るべきなのだ。

メセニーの向かう先——それは、彼の次の世代が鮮やかに創造してくれるであろう「メセニーも未だ見ていない、新たな音楽的風景」に違いない。

（了）

おわりに

最後までお読みいただきまして、ありがとうございます。

なにしろアルバム92枚、読むだけでも大変でしょうし、読んだ後には、「そうなのか」と紹介したそれぞれの作品を聴き直して確認していただかないと先に進みにくい構成になっていますので、初めから終わりまで全てお読みいただいた皆さんにはひたすら感謝しかありません。

本書はパット・メセニーという音楽家の40余年にわたる音楽的な冒険を、「文章でヴァーチャルに体験する」という試みでした。つまりは「ありえたかもしれない、ライナーノーツの一気読み」みたいな感じです。昨年の11月末から今年2月初めにかけての2カ月余り、本業の合間を縫って毎日こりこりと書き進めて、なんとか完走することができました。当然ながらその間は、毎日がメセニー漬けの日々で、あまり他の音楽を聴くことができませんでした。文章を書きながら、1日に2~3枚のアルバムを数度に渡って聴き込まなければならないのですから、まあ当然ですよね。一方で、それは全く苦痛ではなく、メセニーのギタリストとしての、音楽家としての成長をカメラの早回しのように楽しみ、そこで奏でられている素晴らしいサウンドやプレイに、ひたすら感動する毎日でした。全てを書き終わった今、筆者が一番楽しみにしているのは、本書を再度初めから読みなおすことです。我ながら幸せな人間ですよね。

筆者が高校時代にメセニーを強く意識した時の話は、『想い出のサン・ロレンツォ』のところで書いたとおりです。当時、既にギター道を歩んでいた筆者にとってのギター・アイドルは、ウェス・モンゴメリー、ジム・ホール、ジョージ・ベンソン、ロベン・フォード、ジョン・スコフィールド、ロバート・フリップ、ヤン・アッカーマン、渡辺香津美、アンドレス・セゴヴィア、ジョン・ウィリアムスといったあたりで、パット・メセニーはそうしたギタリスト陣に較べると、プレイそのものはちょっとフワフワした軽い印象があったのですが、何よりもそのサウンドが圧倒的に新しかった。

その後、メセニーの過去のアルバムを遡って聴いていくに連れて、ギタリストとしての新しいセンスにも次第に強く惹かれるようになり、いつしか筆者にとってのギター・アイドルのトップの座に躍り出ていたのでした。

メセニーは自身のウェブサイトで、「1980年代のどこかで、自分のプレイが突如ブレイクスルーを果たした」と語っています。推測するにそれは、『オフランプ』の前頃のことでしょう。そこに聴かれた音楽の内容とギタープレイは、私たちが初めて耳にしたものであり、メセニーは以降、前人未到の領域を歩まざるをえなくなったのだと思います。そして私たちは、彼の新作を常に大きな期待を持って待ち続け、また他のアーティストへの参加作品についても都度チェックし、その進化の過程をリアルタイムで体験してきたのでした。PMGを含むメセニーのリーダーアルバムが全て傑作であることについては本書で十分に語ってきましたが、それは改めて考えると、とんでもなく凄いことだと思います。また他のアーティストとの共演や参加作品についても、メセニーが演奏している限りは名演であるということも、本書をお読みになった皆さんとご一緒に確認することができたのではないでしょうか。

本書から遡ること2年前に『ももクロを聴け!』という書籍を上梓して著述家として世に出た筆者は、ジャズ評論家ではなく単なる巾井の一音楽ファンなので、専門家の方々からすると批評性が足りないとのご指摘を受けるのかもしれません。しかし本書の目論見は「ありえたかもしれない、ライナーノーツの一気読み」なので、メセニーの音楽を一気通貫で聴くことで、さまざまな点と点を繋げて、パット・メセニーという音楽家の相貌を可能な限り正確に浮かび上がらせるということが、筆者の仕事だと考えました。故に「メセニーは何処から来て、何処へ行くのか」についても、それなりの紙幅を割いたつもりです。「読んだら聴きたくなり、聴いたら読みたくなる」という本を目指したという点では、本書と同じ出版社からリリースしている『ももクロを聴け!』や『アイドルばかり聴け!』と、なんら変わりありません。ただし文体については、ジャズ・リスナーの方々にもあまり違和感のないように、工夫したつもりです(『ももクロを聴け!』や『アイドルばかり聴け!』より、ちょっぴり端正なものにしました)。

このような機会を与えてくれたのは、ブリコルール・パブリッシングの島田 亘さんです。書き手としてさしたる実績のない筆者にチャンスを与えてくれていることについては、いつも大きな励みになっています。また本書の装丁とデザインを担当いただいた水野賢司さんには、「やはりメセニーといえば、これでしょ」的な素晴らしい表紙と、読みやすくスマートな本文のレイアウトで、大きな仕事をしていただきました。共に御礼を申し上げます。

最後に。本書を手にしていただいた読者の皆さんにも、改めて心より感謝いたします。皆さんと共に、音楽という芸術の豊かさを末長く味わっていくことができれば、これほどうれしいことはありません。引き続き、どうぞよろしくお願いいたします。

2018年2月吉日　堀埜浩二

参考文献

PAT METHENY SONG BOOK（*HAL・LEONARD CORPORATION,1999*）

PAT METHENY ONE QUIET NIGHT : RECORDED VERSIONS GUITAR（*HAL・LEONARD CORPORATION, 2003*）

PAT METHENY GROUP THE WAY UP : THE COMPLETE SCORE（*HAL・LEONARD CORPORATION, 2005*）

PAT METHENY ORCHESTRION : THE COMPLETE SCORE（*HAL・LEONARD CORPORATION, 2011*）

UNITY BAND : GUITAR RECORDED VERSIONS（*HAL・LEONARD CORPORATION,2013*）

PAT METHENY UNITY GROUP : KIN : LEAD SEETS（*HAL・LEONARD CORPORATION,2014*）

PAT METHENY The ECM YEARS,1975-1984 / MERVYN COOKE（*OXFORD UNIVERSITY PRESS,2017*）

THE PAT METHENY REAL BOOK（*HAL・LEONARD CORPORATION,2017*）

ELECTRIC COUNTERPOINT / STEVE REICH（*HENDON MUSIC INC. A BOOSEY AND HAWKES COMPANY,1987*）

『クロスオーバー・ギタリスト列伝』（リットーミュージック・ムック、２０１６）

『ゲイリー・バートン自伝』ゲイリー・バートン／著、熊木信太郎／訳（論創社、２０１７）

『ジャコ・パストリアスの肖像』ビル・ミルコウスキー／著、湯浅恵子／訳（リットーミュージック、１９９２）

『ジャコ・パストリアス エレクトリック・ベースの神様が遺してくれたもの』松下佳男／著（DU BOOKS、２０１４）

『季刊ジャズ批評』86号 パット・メセニー大特集（ジャズ批評社、１９９６）

『森の中からジャズが聞こえる パット・メセニーのギターを作る』
リンダ・マンザー／著、菊池淳子／訳・編（フィルムアート社、１９９６）

その他、パット・メセニー自身のウェブサイトや各種ウェブサイト、雑誌、各作品のライナーノーツ等については、本文中の注釈をご参照ください。

堀埜浩二（ほりの・こうじ）

1960年、大阪市生まれ。イベントプロデューサー、エディター&ライター、ギタリスト。関西を中心に様々なイベントの企画・制作を手掛けるかたわら、街や店、音楽ライターとして、情報誌などに原稿を執筆している。2016年4月に『ももクロを聴け！ももいろクローバーZ 全134曲 完全解説』を上梓。現代思想からアニメまでを網羅する怪物的な知識と独自の視点で「今、ここ」の音楽を読み解き、熱い支持を集める。その他の著書に『アイドルばかり聴け！』『大阪（+神戸&京都）ソースダイバー』（全て小社刊）など。

希望をカタチにして届ける出版社
Bricoleur Publishing

Listen to PAT METHENY
74 → 17
パット・メセニーを聴け!

2018年 3月 5日 初版第1刷発行
2020年 2月 25日 第4刷発行

著　者　堀埜浩二
発行者　島田 亘
発行所　ブリコルール・パブリッシング株式会社
〒618-0002
大阪府三島郡島本町東大寺2-27-11
電話 075-963-2059
振替 00930-4-275552
http://www.bricoleur-p.jp

装丁・デザイン　水野賢司（オフィスキリコミック）
印刷・製本　シナノパブリッシングプレス

Published by Bricoleur Publishing co,.ltd.
ISBN 978-4-9908801-4-9